Gefühle

3

inhalt

Abbildung Umschlag:
Ohne Titel
(Ausschnitt)
Rudolf Schoofs,
Öl auf Leinwand,
1994

Abbildung links:
Ohne Titel
Rudolf Schoofs,
Öl auf Leinwand,
2004

Gefühle

Gefühle sind unvermeidbare Zustände, die uns oft ohne erkennbaren Grund überfallen, Tönungen des Erlebens, die sprachlich nur schwer zu beschreiben sind. Da man über Gefühle rational nicht verfügen kann, erscheinen sie vielen Verfechtern der reinen Vernunft als bedrohlich. So bezeichnet Chrysippos Gefühle als „Krankheiten der Seele", für Immanuel Kant sind sie lediglich die menschliche Empfänglichkeit für Lust und Unlust, und Johann Friedrich Wilhelm Hegel schreibt mit Verweis auf die Privatheit und somit Nicht-Mitteilbarkeit der Gefühle: „Man beruft sich häufig auf sein Gefühl, wenn die Gründe ausgehen; ... mit dem Appellieren an das eigene Gefühl ist die Gemeinschaft unter uns abgerissen." Aristoteles ist der Meinung, dass, wer sich zu sehr von seinen Emotionen bestimmen lasse, weder sich selbst beherrschen noch andere regieren könne, und für die Philosophen der römischen Stoa ist weise nur derjenige, dem es gelingt, durch seine Vernunft alle Leidenschaften und Triebe zu beherrschen.

Selbst wenn man derart die Geschichte der Philosophie vereinfacht als den Versuch lesen kann, Verfügungsmacht über die Gefühle zu gewinnen, ist die Tradition der Unterwerfung der Gefühle unter den Herrschaftsanspruch der Vernunft in der Geschichte der Philosophie nicht ganz so ungebrochen, wie es scheinen mag. Blaise Pascal zum Beispiel gesteht Verstand und Gefühl unterschiedliche Gegenstands- und Erkenntnisbereiche zu, bei Jean-Jacques Rousseau heißt es:

„Die Vernunft formt den Menschen, das Gefühl leitet ihn",

und für Ronald de Sousa haben Gefühle eine eigene Form der Rationalität. Martin Heidegger zufolge ist die theoretische Erkenntnis gar darauf angewiesen, dass Gefühle dem Menschen die Welt bereits in einer Art und Weise „erschlossen" haben, wie es durch Sinneswahrnehmung und Rationalität allein nicht möglich wäre. „Vernunft ist niemals ganz frei von Befindlichkeiten und Stimmungen; Letztere strukturieren jede theoretische Erkenntnis ebenso vor wie die praktische Orientierung in der Welt", schreibt Hilge Landweer in ihrem Beitrag *Die Grenze der Vernunft. Gefühlskonjunkturen in der Philosophie*. In ihrer Analyse des Denkens über Gefühle in der Geschichte der Philosophie verweist sie auf die Rolle der Gefühle für die Selbstwahrnehmung des Menschen. Subjektivität, so schreibt sie mit Bezug auf Hermann Schmitz, wird erst möglich durch die Betroffenheit, welche Gefühle in uns erzeugen, „denn dass etwas mich angeht, mir geschieht, merke ich leiblich, etwa in Angst oder Schreck als plötzliche Verengung: *Ich* zucke zusammen, *ich* bin erschrocken, und nicht irgendjemand anderes." Da-

bei, so Landweer, darf auch nicht vergessen werden, dass, wie Jean-Paul Sartre in seiner Theorie der Emotionen ausführt, die Beziehung des Ichs zum anderen durch nichts anderes als durch ein Gefühl thematisierbar ist – durch das Gefühl der Scham nämlich, das die Perspektive des anderen von vornherein enthält.

Das Grundgefühl der Scham, das weder ein Ziel noch einen Zweck kennt, das in keiner Weise steuerbar ist und weder der Willkür noch einer kulturellen Variation unterliegt, so Stefan Diebitz unter dem Titel *Die Moral des Striptease. Anmerkungen zu einer Philosophie der Scham*, hat seinen ursächlichen Bezug im anderen – es gründet im „In-der-Welt-Sein" des Menschen. Die Schamhaftigkeit, deren Ausdruck rein körperlich und in der Intensität nur mit der Angst vergleichbar ist, gründet im „Bewusstsein des Menschen von seiner Individualität". Und, so führt Diebitz aus, sie ist abhängig vom Vermögen, „sich mit den Augen anderer zu betrachten".

Unter dem Titel *Sehnsucht. Das Außer-sich-Sein der Vernunft* verweist Günther Bien auf einen besonderen Zusammenhang von Vernunft und Gefühl – auf das einzigartige Grundgefühl der Sehnsucht, das schmerzliche Verlangen als der Erfahrung des göttlichen Lebens der Vernunft. Die Sehnsucht, so Bien, führt dem Menschen seine Endlichkeit vor Augen, „sie ist die ausgezeichnete Seinsweise, in der er von allem Seienden ursprünglich und dem Wesen nach unterschieden ist". In der Sehnsucht sieht er das „Streben der Vernunft, sich in ihrem Einssein mit dem Ewigen (dem Absoluten) zu fassen".

Frank Ike verweist in seinem Beitrag *Das Gefühl der Vernunft. Gefühl zwischen innerem Zustand und Offenbarung* auf die Wertschätzung des Gefühls durch Johann Gottlieb Fichte und Friedrich Heinrich Jacobi. Den Abschluss der Begriffsentwicklung des Gefühls innerhalb der Fichte'schen Wissenschaftslehre sieht er in der Lehre vom „Gewissensgefühl". Darunter versteht Fichte ein leitendes Gefühl des Wahren und Guten als Voraussetzung für alles ethische und religiöse Denken:

„Das Gefühl gibt der Erkenntnis außer der Gewissheit auch die Richtung vor."

Anthony Ashley Cooper Shaftesbury und Francis Hutcheson sind der Ansicht, dass Motivation und Rechtfertigung einer Handlung nicht ohne eine Bezugnahme auf Gefühle möglich seien. Mit der These, dass die Leidenschaften des Herzens – weit mehr als die Erkenntnisse des Verstands – Ursache menschlicher Handlungen seien und die Menschen über einen natürlichen „Sinn für das Richtige und das Falsche" verfügten, beantwortet Shaftesbury die Frage nach der Rolle der Gefühle für die Moral. Demgegenüber sieht Bernard de Mandeville in Anlehnung an Thomas Hobbes die Selbstliebe als alleinige Triebfeder menschlicher Handlungen, weshalb er es für vorteilhafter erachtet, die Entstehung einer tugendhaften Gesellschaft einem Gesetzgeber anzuvertrauen, der die Menschen überzeugen könne, dass es besser sei, das allgemeine Wohl im Auge zu haben, als den privaten Begierden zu folgen, erläutert Laura Benzi unter dem Titel *Sind Gefühle moralisch?*. Erst die Verinnerlichung der vom Gesetzgeber aufgestellten Bewertungsregeln, quasi als Gefühl, ermögliche die Zivilisierung der Menschen.

Die gegensätzlichen Bewertungen des Gefühls seitens der Philosophen legen den Verdacht nahe, so Bernhard Waldenfels in seinem Beitrag *Das Fremde im Eigenen. Der Ursprung der Gefühle*, dass man über alle Maßen verdammt beziehungsweise preist, was man vermisst. In der Verengung von Gefühlen auf das Empfinden des Einzelnen sieht er die Entsprechung zur Entzauberung des beseelten Kosmos. Seit die Gestirne und Naturereignisse nicht mehr Repräsentationen beziehungsweise Manifestationen der Götter sind, der Mond nurmehr ein kaltes, Naturgesetzen unterworfenes Gestirn und nicht mehr Fluchtpunkt der Träume der Verliebten, ist uns das verloren gegangen, was die Denker der Antike Pathos nannten. Das Pathos ist weit entfernt vom heutigen Gefühlsmanagement, das heißt von einem Gefühlshaushalt, den jeder selbst zu verwalten glaubt. Pathos meint die Einbettung des Denkens und Fühlens in ein sinnvolles Ganzes, eine Form der Wahrnehmung, die mit der Empfindung anhebt, ein Überschwang der Leidenschaft, in der sich die Welt auf einen einzigen hellen oder dunklen Punkt zusammenzieht. Anders als die privaten Gefühle der Neuzeit ist Pathos keine Komponente der Erfahrung, sondern deren treibende Kraft, ist Abweichung vom Gewohnten, Überschuss an Nichtlernbarem in allem Lernbaren. Werden die pathischen Überschüsse wegrationalisiert, so Waldenfels, laufen wir Gefahr, „dass der Logos (die ordnende und lenkende Vernunft) sich von dem Pathos abspaltet, dem er seine Schwungkraft verdankt".

Auch der Hirnforscher Ernst Pöppel kritisiert den blinden Glauben an ein sich im Wesentlichen rational seiner selbst versicherndes Ich. „Wir bewegen uns in einem Meer neuronaler Prozesse, aus denen manchmal Prozesse herausdestilliert werden, die bewusst werden, damit ich mich anderen mitteilen kann. Das meiste läuft aber implizit ab", so Pöppel im Interview. Gefühle könne man auf Grund der engen Verzahnung der Prozesse, die wir Gefühle nennen, mit anderen Leistungen des Gehirns wie Erinnern, Wahrnehmen oder Handeln nicht isoliert betrachten. Gefühle sind für ihn Bewertungen, die einzig dazu da sind, neue Handlungsoptionen zu eröffnen, und:

> „Gefühle sind der Klebstoff, um eine Kontinuität des Erlebens herstellen zu können."

Gefühle gelten als authentisch und ursprünglich. Sie lassen uns etwas durch Wahrnehmungsschleier hindurch ahnen, das uns mit dem Verstand nicht zugänglich ist. Dass Gefühle weit mehr sind als eingebildete Sentimentalitäten und auch mehr als unbewusste Wahrnehmungen, weist Wolfram Hogrebe in seinem Beitrag *Gefühle als Antennen* auf. Ahnungen, so Hogrebe, scheinen einen Kontakt zur Wahrheit zu unterhalten, der über ein sehr feines oder unbewusstes Wahrnehmen und Empfinden hinausgeht: „Wir müssen mit einer Eigendynamik im Reich der Gedanken rechnen, die sich unser als Medien bedient. Den glücklichen Einfall, die Idee, die uns kommt, können wir jedenfalls nicht erzwingen. Ohne diese Eigendynamik der Gedanken wären wir eines neuen Gedankens überhaupt nicht fähig."

Robert Musil begreift die Gefühle als Brücken, welche die Seinsbereiche des Rationalen und des Irrationalen verbinden. Jeder Denkvorgang ist Musil zufolge so beschaffen, dass in ihm Gefühl und Gedanke untrennbar verknüpft sind. In seinem Roman *Der Mann ohne Eigenschaften* übt er Kritik sowohl an der rationalistischen, naturwissenschaftshörigen Moderne als auch an einer irrationalistischen, quasi-mystischen Betonung der „Seele" und entwirft eine Theorie des Gefühls als eines „anderen Zustands", als neuem ganzheitlichem Lebenskonzept, als Betonung des „Möglichen", dem verdrängten Gegenpol des „Wirklichen". Um jedoch nicht in einen mystisch gefärbten Irrationalismus zu geraten, so schreibt Jutta Heinz unter dem Titel *Der „Scherbenberg der Gefühle". Die wirklichkeitsverändernde Kraft der Gefühle bei Robert Musil*, „muss das Reden über Gefühle wissenschaftliche Genauigkeit mit anschaulicher Lebendigkeit verbinden. Musils Ziel ist ein sachlicher Enthusiasmus des Denkens, der die verlorene Einheit von Gedanken und Gefühlen wiederherstellt."

Wie auch immer man das richtige Verhältnis von Gefühl und Verstand gewichten mag, ob man, wie Baruch de Spinoza, die Vernunft als einzige Autorität gelten lassen mag oder wie Scheler mit Verweis auf das ursprünglich im Erleben des Menschen verankerte Gefühl der Sympathie dem Gefühl das größere Gewicht beimisst, bedenken sollte man immer die Erkenntnis Fjodor Dostojewskijs: „Große Gedanken entspringen weniger einem großen Verstand als einem großen Gefühl." Ist es doch nur allzu oft so, dass der Verstand im Nachhinein das zu begründen sucht, was das Gefühl längst gefunden beziehungsweise immer schon gewusst hat.

S. Reusch

Siegfried Reusch
Chefredakteur

Hilge Landweer

Die Grenze der Vernunft

Gefühlskonjunkturen in der Philosophie

Üblicherweise geht es Philosophen vor allem um Rationalität. Als ihr Gegenspieler wurden in der zweieinhalbtausendjährigen Geschichte der Philosophie zumeist die Gefühle angesehen. In der gegenwärtigen philosophischen Fachdiskussion ist jedoch ein ungewöhnliches Phänomen zu beobachten: Fast alle reden von Gefühlen. Darunter auch viele, die sich bisher für solch „weiche" Themen nicht interessierten.

> **Bestimmt die Vernunft die Gefühle oder verhält es sich umgekehrt?**

Wenn eine Auffassung sich durchsetzt, so ist dies – trotz des gegenläufigen Selbstverständnisses vieler Philosophen – nicht unbedingt dem zwanglosen Zwang des besseren Arguments geschuldet. Aber wie auch immer man die Ursachen für die neue Konjunktur des „Gefühls" bewerten mag – es steht allerhand auf dem Spiel. Es geht um nicht mehr und nicht weniger als um den Rationalitätsbegriff (von lateinisch ratio: Vernunft, Verstand), um die Frage, wie weit er reicht: Ist die Vernunft in der Lage, die Gefühle zu kontrollieren, oder gerät sie hier an eine Grenze? Womöglich „fundieren" sogar umgekehrt die Gefühle die Erkenntnis und die Rationalität, in dem Sinne, dass Stimmungen und Emotionen das Grundlegendere sind, dasjenige, auf dem Erkenntnis und Rationalität erst aufbauen (müssen) und das sie nicht ignorieren können. Gefragt wird auch, in welchem Maße Gefühle die Moral beeinflussen, oder ob der Moralbegriff im Gegenteil unabhängig von Emotionen gefasst werden muss wie beispielsweise bei Immanuel Kant.

Ressentiment

Gefühl der Unterlegenheit und Verletztheit, das – wenn es nicht eingestanden und entsprechend verleugnet wird – zum Gefühl des Hasses gegenüber dem Überlegenen wird. Es wird von Nietzsche als Vergeltungsgefühl der schwachen Unterdrückten gegen die starken Unterdrücker analysiert: Die Unterlegenen nehmen die Definitionsmacht über Gut und Böse in Anspruch und versuchen so, die Starken ins Unrecht zu setzen und damit bei ihnen ein schlechtes Gewissen hervorzurufen, um sie zu schwächen.

Für die Beantwortung all dieser Fragen muss man sich zunächst darüber verständigen, worüber man genau spricht, in diesem Fall also: was das denn ist, ein Gefühl (im Folgenden gleichbedeutend mit „Affekt" und „Emotion" verwendet). Und damit begeben wir uns auf das Terrain der Philosophie des Geistes (siehe Erläuterung), denn dass Gefühle zumindest auch „mentale" (geistige) Phänomene sind, ist unstrittig. Wenn zudem der Zusammenhang des Emotionalen mit der Vernunft und der Moral geprüft werden soll, so zwingt dies dazu, auch diese beiden Begriffe zunächst klar zu bestimmen. Dabei wird schnell deutlich, in welch engem Verhältnis das jeweilige Verständnis der Gefühle zu anderen Fragen der Philosophie steht: Viele, vielleicht sogar alle zentralen Begriffe geraten ins Rutschen, wenn an die Grundunterscheidung von Vernunft und Gefühl gerührt wird. Wurden sie in der Geschichte der Philosophie doch zumeist als Gegensatz aufgefasst; als ein Gegensatz, der nicht überbrückt, sondern im Verhältnis des Menschen zu sich selbst nur durch eine klare Herrschaftsbeziehung bewältigt werden kann. Nur wer seine Gefühle zu kontrollieren weiß, kann rational und damit auch tugendhaft handeln, wie etwa schon Aristoteles annahm. Das Verhältnis zu den eigenen Gefühlen wurde dabei auch politisch gefasst: Wer sich zu sehr von seinen Gefühlen bestimmen lässt, kann weder sich selbst beherrschen noch andere regieren.

Zunächst einmal ist festzuhalten: Die Tradition der einseitigen Unterwerfung der Gefühle unter die Vernunft ist so ungebrochen nicht. Schon Baruch de Spinoza, David Hume und Martin Heidegger äußerten sich äußerst skeptisch bis ablehnend gegenüber dem Herrschaftsanspruch der Vernunft. Und allein die Tatsache, dass Gefühle von Beginn der Philosophie an bis weit ins 18. Jahrhundert hinein im Zentrum philosophischen Fragens standen, macht deutlich, dass die „neue" Philosophie der Gefühle wie die meisten Entdeckungen der Philosophie eine Wiederentdeckung ist.

Historische Gefühlskonjunkturen

Liest man die homerischen Epen, so gewinnt man den Eindruck, dass deren Figuren ihren Gefühlen noch weitgehend schutzlos ausgeliefert sind; die Affekte werden dort oft so beschrieben, als seien es Mächte, welche die Handelnden quasi von außen angreifen und heimsuchen. Man kann die Geschichte der Philosophie sehr vereinfacht als einen Versuch der Befreiung von solchen äußeren und inneren Zwängen interpretieren, ein Versuch, der auf Selbstermächtigung und in diesem Zusammenhang auf eine Verfügungsmacht über die Gefühle abzielt. Das lässt sich schon anhand von Platons Seelenrosse-Gleichnis im Dialog *Phaidros* zeigen. Die Dreiteilung der Seele wird dort verglichen mit einem Wagenlenker mit zwei Rossen, von denen das eine, edel und schön, sich leicht lenken lässt, während das andere ungestüm, hässlich und gewalttätig ist. Ob das schlechte Pferd nur für erotisches Begehren und sexuelle Leidenschaft steht oder für unkontrollierte Affekte überhaupt, kann hier offen gelassen werden. Der „Lenker der Seele" ist der Geist. Klar ist, dass der Wagenlenker in der überlegenen Position ist und zu bleiben hat, wenn er nicht riskieren will,

Kognitionswissenschaft/Kognitivismus

Bezeichnung für eine Richtung der Forschung, deren Vertreter Fragestellungen unter **kognitiven** Kategorien wie zum Beispiel Informationsverarbeitung und Repräsentation zu erklären versuchen. Der Begriff **Kognition** bezeichnet in den allermeisten Zusammenhängen all das, was uns bewusst ist, alle Phänomene der so genannten inneren wie auch der „äußeren" Wahrnehmung; in anderen Worten: alles, was wir bewusst wahrnehmen, denken, fühlen, vorstellen.

dass die Tiere den Wagen umwerfen. Genau darin besteht die Aufgabe der Vernunft im Verhältnis zu den Gefühlen. Die Stoa (siehe Erläuterung) vertrat sogar das Ideal einer absoluten Affektlosigkeit. Auch in ihrer Perspektive bedrohen unbeherrschte Affekte die Autonomie der Vernunft.

Emotionen sind zentraler Bestandteil unserer Intelligenz.

Die philosophischen Affektenlehren von Aristoteles über René Descartes und Spinoza bis hin zu Hume artikulieren Gefühle als einen eigenständigen Phänomenbereich, der für Ethik und Moral von großer Bedeutung ist. Den meisten Autoren geht es darum, die guten von den schlechten Leidenschaften zu unterscheiden und beide richtig zu lenken. Hume dagegen versucht, die Funktion *aller* Gefühle herauszuarbeiten; er lehnt keine Emotion von vornherein ab.

Im 19. Jahrhundert werden in der Philosophie Gefühle nicht mehr mit dem Anspruch thematisiert, die einzelnen Affekte in ein System zu bringen wie in den älteren Affektenlehren. In Arthur Schopenhauers Ethik nimmt zwar das Mitleid eine zentrale Position ein, und Friedrich Nietzsches Moralkritik basiert auf Analysen des Ressentiments (siehe Erläuterung). Aber erst die Phänomenologie (siehe Erläuterung) am Anfang des 20. Jahrhunderts hält Gefühle wieder für philosophisch so

aufschlussreich, dass sie diese in ihrer Struktur untersucht. In ihrem Umkreis entstehen etliche Gefühlsanalysen, so etwa von Max Scheler und Edith Stein. Heidegger macht deutlich, dass Befindlichkeit und Stimmungen die Welt auf eine Weise erschließen, wie es durch Sinneswahrnehmung und Rationalität allein nicht möglich wäre.

Die Tradition der Unterwerfung der Gefühle unter den Verstand ist nicht ungebrochen.

Diese starke phänomenologische Tradition bricht unvermittelt ab und wird in Bezug auf Gefühle erst von Hermann Schmitz (geboren 1928) wieder aufgenommen, der sein zwischen 1964 und 1980 in zehn Teilbänden erschienenes *System der Philosophie* wesentlich auf Phänomene leiblich-affektiver Betroffenheit gründet. Auf dieser Basis wird Subjektivität erst möglich, denn dass etwas mich angeht, mir geschieht, merke ich leiblich, etwa in Angst oder Schreck als plötzliche Verengung: *Ich* zucke zusammen, *ich* bin erschrocken und nicht irgendjemand anderes. Das ist die rudimentäre leibliche Erfahrung von Subjektivität, die wir mit manchen höheren Tieren teilen. Schmitz geht als Phänomenologe von der Erfahrung aus, die mit möglichst wenigen theoretischen Vorannahmen beschrieben werden soll. Danach ist unser subjektives Erleben sehr viel reichhaltiger, als mit den Mitteln der Naturwissenschaften erfasst werden kann. Angst beispielsweise können wir als eine bedrohliche Atmosphäre im Raum wahrnehmen, und sie ist *wirklich*, auch wenn sie nicht in physikalisch beschreibbare Größen – wie Ausdehnung, spezifisches Gewicht und so weiter – zerlegt werden kann. Schmitz wendet sich gegen die übliche Vorstellung, wonach unsere Gefühle ausschließlich in einem diffusen Innenraum, der Seele oder dem Bewusstsein, angesiedelt sind und betont dagegen deren intersubjektiven Charakter. Deshalb ist das, was an den Gefühlen naturwissenschaftlich beschreibbar ist, etwa die körperlichen Prozesse, die sie begleiten, für unser Erleben nicht ausschlaggebend. Eine weitgehend vollständige Beschreibung sämtlicher körperlicher Prozesse könnte jemandem, der keine Angst kennt, niemals vorstellig machen, wie sich Angst anfühlt. Die physikalische Beschreibung ist nicht ohne Verluste in die Perspektive der erlebenden Person zu „übersetzen"; sie abstrahiert notwendigerweise von dem reichhaltigen subjektiven Erleben und reduziert es auf einige wenige Größen, die den Vorteil haben, gemessen werden zu können. Alles Atmosphärische geht in dieser Sichtweise verloren oder wird als „Projektion" der Seele zugeschrieben, die zugleich als „Haus" der Bewusstseinsinhalte (also auch der Gefühle) und als „Herr im Haus" angesehen wird. In der kritischen Perspektive von Schmitz ist die Objektivität der Naturwissenschaften aus der umfassenderen Subjektivität abgeleitet, nicht etwa umgekehrt. Die großen Erfolge der Naturwissenschaften drohen nach Schmitz ins Gegenteil umzuschlagen, wenn deren Weltsicht die Subjektivität verdrängt und wir uns durch diese falsche Übertragung auf nichtnaturwissenschaftliche Bereiche immer mehr von der Fülle unserer eigenen Erlebensmöglichkeiten entfernen.

> **Unsere Weltsicht wird immer mehr von den Naturwissenschaften bestimmt und die Subjektivität verdrängt.**

Die Phänomenologie von Schmitz und damit auch seine Theorie der Gefühle wurde jahrzehntelang in der etablierten Philosophie nicht zur Kenntnis genommen. Auch in der internationalen Diskussion klafft nach 1945 eine Lücke in der Rezeption von Gefühlstheorien: Sartres *Skizze einer Theorie der Emotionen* von 1939 findet lange kaum Beachtung. Berühmt wird zwar seine Schamanalyse in *Das Sein und das Nichts*, in der er beschreibt, dass jemand sich von einem anderen dabei ertappt fühlt, wie er durch ein Schlüsselloch schaut. In den üblichen Interpretationen dieser anschaulichen Darstellung der Bedeutung des anderen für das Selbstverhältnis geht oft das unter, was offenkundig im Zentrum liegt: Dass jene vorreflexive Beziehung des Ichs zum anderen, die das Verhältnis zu sich selbst überhaupt erst ermöglicht, durch nichts anderes als durch ein Gefühl thematisierbar ist – durch das Gefühl der Scham nämlich, das die Perspektive des anderen von vornherein enthält.

> **Stimmungen und Emotionen sind grundlegender als Rationalität und Erkenntnis.**

Auch vereinzelte Beiträge in der angelsächsischen Philosophie werden erst seit den 1980er Jahren breiter diskutiert. In den darauf folgenden Jahren kommt es zu einem Boom der philosophischen Diskussion über Gefühle, der bis heute anhält.

Seitdem ist eine Verschiebung von Themen der Moralphilosophie (zum Beispiel: Wie ist das Verhält-

> **Philosophie des Geistes**
> Teilgebiet der Philosophie, das die mentale (geistige) Seite des menschlichen Lebens untersucht. Im Zentrum steht dabei das Leib-Seele-Problem beziehungsweise das Problem des Verhältnisses von Körper und Bewusstsein, vor allem die Frage, was genau geistige Eigenschaften sind und wie diese mit körperlichen Vorgängen zusammenhängen.

> **Phänomenologie**
> Von Edmund Husserl (1859–1938) entwickelte philosophische Lehre von den Erscheinungen (ihrer Form, Struktur, Aufbau) als Gegenstände des Bewusstseins. Martin Heidegger (1889–1976) kritisiert diesen starken Bewusstseinsbezug. Spätere Phänomenologen wie Maurice Merleau-Ponty (1908–1961) oder Hermann Schmitz (geboren 1928) setzen die Leibgebundenheit der Erfahrung dagegen. Die Phänomenologie betont die Wichtigkeit einer möglichst vorurteilsfreien Beschreibung der Erfahrung für die Philosophie. Wesentlich sind ihr Phänomenanalysen. Dabei unterstellt sie keinen naiven, sprachfreien Zugang zur Wirklichkeit, sondern versucht, traditionelle Vorurteilsstrukturen durch philosophiehistorische, kritische Untersuchungen aufzudecken.

nis von Gefühlen zur Moral?) hin zur Philosophie des Geistes zu beobachten, zu der Frage vor allem, was Gefühle sind, wodurch sie von anderen „mentalen Zuständen" zu unterscheiden sind, in anderen Worten: was die Besonderheit der Gefühle ausmacht.

Ein zweiter Schwerpunkt der Debatte bezieht sich auf die mögliche Rationalität der Gefühle, auf ihr Verhältnis zu Erkenntnis. Dies kann als der eigentlich neue Aspekt in der Thematisierung der Affekte in den letzten beiden Jahrzehnten betrachtet werden: Dass durch die philosophische Auseinandersetzung mit der praktischen Funktion der Gefühle im menschlichen Leben der bis dahin verwendete Rationalitätsbegriff *erweitert* und das, was bis dahin traditionell als das *Andere* der Vernunft konzipiert worden war, jetzt in ein *neues* Vernunftkonzept *integriert* werden soll.

Gefühl und Vernunft

Das Verhältnis von Gefühlen und Rationalität kann von unterschiedlichen Annahmen aus in den Blick genommen werden:

1. Die Vernunft kann und soll die Gefühle anleiten.
2. Gefühle „fundieren" die Vernunft in dem Sinne, dass Letztere abhängig von Gefühlen ist, darauf aufbauen muss.
3. Gefühle sind „intrinsisch rational", das heißt in sich vernünftig.

Diese Hypothesen fußen auf unterschiedlichen Rationalitäts- und Gefühlsbegriffen.

Die erste Position steht in der dominanten Tradition der Aufklärung, wie sie zum Beispiel von Kant vertreten worden ist. Hier ist die Differenz zwischen Gefühl und Vernunft am größten, während diese bei der dritten Position ganz aufgehoben ist. Diese letzte Position wird oft damit begründet, dass Gefühle als einer Situation angemessen oder unangemessen beschrieben werden können. Dieses Eingepasstsein des Gefühls in eine Situation wird zum Beispiel von Ronald de Sousa als eine besondere Form der Rationalität angesehen. Der „Preis" für die Auffassung einer den Gefühlen von ihnen selbst her innewohnenden Rationalität („intrinsische Rationalität") besteht in einer erheblichen Erweiterung des Rationalitätsbegriffs: In der Strukturiertheit überhaupt wird bereits etwas Rationales gesehen. Dagegen scheint die erste Position Vernunft und Gefühl als einander ausschließend vorauszusetzen: Die Vernunft ist dadurch definiert, dass sie nicht Gefühl ist, und das Gefühl dadurch, dass es nicht Vernunft ist. Denn Vernunft und Gefühl können zwar übereinstimmen, und das ist auch der Zustand, der angestrebt wird, aber dabei bleibt die Vernunft deutlich vom Gefühl unterschieden, auch wenn beide auf das gleiche Ziel gerichtet sind. Die zweite These dagegen behandelt die Vernunft als etwas, das auf Gefühle zurückgeführt werden kann. So ist zum Beispiel bei Heidegger die theoretische Erkenntnis darauf angewiesen, dass Gefühle dem Menschen bereits die Welt „erschlossen" haben, weil Menschen sich immer irgend-

> **Subjektivität entsteht aus leiblich-affektiver Betroffenheit.**

wie „gestimmt" in der Welt befinden und sich ohne dieses Gestimmtsein nicht in ihr zu orientieren vermöchten, denn nichts würde sie „angehen" und würde ihnen wichtig sein. Bei dieser zweiten Position, die zum Beispiel in unterschiedlichen Varianten auch von Hume, Nietzsche und Schmitz vertreten wird, sind Vernunft und Gefühl zwar – anders als bei Position drei – unterschieden, aber – anders als bei Position eins – in einem Kontinuum angesiedelt: Vernunft ist niemals ganz frei von Befindlichkeiten und Stimmungen; Letztere strukturieren jede theoretische Erkenntnis ebenso vor wie die praktische Orientierung in der Welt.

Hier wird deutlich, wie stark die Diskussion über den rationalen oder a-rationalen Charakter der Affekte davon abhängt, wie genau die Strukturen des Gefühls beschrieben werden. In der aktuellen Diskussion dominiert in dieser Frage der Kognitivismus (siehe Erläuterung), der aber inzwischen an eine Grenze stößt. In kognitivistischen Gefühlstheorien wird davon ausgegangen, dass es bestimmter Überzeugungen, Wünsche oder Werturteile über einzelne Sachverhalte oder Objekte in einer Situation bedarf, damit ein bestimmtes Gefühl entstehen kann: Erst das Urteil, dann das Gefühl. Manche kognitivistische Theoretiker behaupten darüber hinaus, dass Gefühle Urteile *sind*, die sich durch die jeweilige Kombination von „propositionalen" (aussageförmigen) Einstellungen (Überzeugungen, Wünschen) rekonstruieren lassen. In einer abgeschwächten Version des Kognitivismus wird die Urteilskomponente im Gefühl als die jeweilige Emotion hervorrufend betrachtet, wobei weitere Aspekte hinzukommen können. Diese Rede von verschiedenen Komponenten scheint auf den ersten Blick der All-

9

tagserfahrung nahe zu kommen. Aber über die Beziehung der einzelnen Komponenten zueinander ist damit noch nichts ausgesagt, außer dass die kognitive Komponente Vorrang vor möglichen anderen Aspekten (wie der physiologischen Erregung, des Gefühlsausdrucks oder möglicher Handlungsimpulse) hat, und deshalb bleibt diese populäre Rede zumeist philosophisch unbefriedigend, nämlich zu vage.

Markieren die Gefühle die Grenze der Vernunft?

Einer der interessantesten Versuche im Feld kognitivistischer Gefühlstheorien ist Martha Nussbaums Untersuchung *Upheavals of Thought. The Intelligence of Emotions (Aufruhr des Denkens. Die Intelligenz der Gefühle)*. Die Autorin benutzt das Bild geologischer Hebungen in der Landschaft, um zu veranschaulichen, dass Gefühle in vergleichbarer Weise die Landschaft unseres mentalen und sozialen Lebens formen. Die Emotionen weisen darauf hin, dass unser Leben nur in bestimmten Aspekten berechenbar und kontrollierbar und ebenso uneben, ungewiss und anfällig für Erschütterungen und unerwartete „Verwerfungen" ist wie die Erde. Gefühle stehen in enger Verbindung zu unseren Gedanken, ja, sie sind zentraler Bestandteil

Über Gefühle kann man nicht verfügen.

unserer Intelligenz. Nussbaum fasst Emotionen als Werturteile auf, welche die Wichtigkeit bestimmter Objekte für unser Wohlergehen markieren. Sie wird unserer Bedürftigkeit und Unvollständigkeit gerecht,

da in ihrem Verständnis der Emotionen – als Einschätzungen und Wertquelle – den Dingen und Personen, die außerhalb der Kontrolle des Subjekts stehen, Wichtigkeit für die Entfaltung der Person zugeschrieben wird.

Nussbaum formuliert einen Gedanken, der als eine Art Kränkung für das Selbstverständnis vieler moderner Intellektueller angesehen werden kann: Nämlich dass wir trotz aller erreichten Autonomie immer noch bestimmten „Widerfahrnissen" ausgeliefert sind, das heißt Geschehnissen, die uns zustoßen und uns nicht verfügbar sind. Widerfahrnisse, das zeigt Nussbaums Emotionsanalyse, haben nicht nur eine negative Bedeutung für uns. Sie schränken zwar unsere Autonomie ein, insofern sie uns daran hindern, unsere Pläne zu verfolgen. Aber gleichzeitig macht gerade unsere emotionale Reaktion auf das, was wir nicht ändern können, deutlich, was uns wirklich wichtig ist. Dabei fasst Nussbaum die Emotionen selbst als Widerfahrnisse auf – das heißt als etwas, worüber nicht frei verfügt werden kann.

Dass Gefühle Werturteile enthalten, macht die Autorin vor allem daran fest, dass sie ein Objekt haben. Sie sind auf etwas gerichtet, beziehen sich auf eine Sache oder einen Sachverhalt (= „Intentionalität" des Gefühls; ein Begriff, den Franz Brentano und Edmund Husserl zuerst in diesem Sinne benutzten): Ich freue mich *über* etwas, habe Angst *vor* etwas anderem und so weiter. Nussbaum erläutert Intentionalität damit, dass jedes Gefühl eine aktive Weise des Sehens beinhaltet: Wir werden nicht bloß neutral durch äußere Objekte angesprochen, sondern wir sehen sie aus unserer subjektiven Perspektive, die ihnen Wert und Wichtigkeit gibt, und genau das macht den Urteilscharakter der Gefühle aus.

Wie kann man sich das Gefühl als Urteil genauer vorstellen? Das biografische Beispiel, das Nussbaums Überlegungen durchzieht, ist ihre Trauer über den Tod ihrer Mutter. Dabei muss der Sachverhalt, dass die Mutter gestorben ist, trivialerweise als von der Trauernden gewusst unterstellt werden. Es kann aber nicht dieses Urteil sein, worauf es in dieser Emotion ankommt. Eher scheint Nussbaum das kognitive Urteil ihrer Trauer damit erläutern zu wollen, dass sie in dem

Stoa
Richtung der griechisch-römischen Philosophie (ca. 300 v. Chr. – ca. 200 n. Chr.), benannt nach ihrem ursprünglichen Versammlungsort, einer Säulenhalle (griechisch: stoa) in Athen. Für die Stoiker ist Freiheit nur in völliger Unabhängigkeit von äußeren Ursachen zu erlangen. Als weise gilt derjenige, welcher durch seine Vernunft alle Leidenschaften und Triebe beherrscht.

Gefühl der Trauer ihre verstorbene Mutter *als* geliebte Person, als jemand, der ihr wichtig ist, erkennt. Zudem erhält die gesamte Wahrnehmung ihrer Umgebung durch die Trauer ihr spezifisches Gepräge, wie aus Nussbaums Beschreibungen hervorgeht. Wenn dies alles den kognitiven Charakter der Emotion ausmachen soll, so wird damit ein der Emotion innewohnendes (intrinsisches) Merkmal, nämlich wie es sich anfühlt, sie zu haben, ihre subjektive und damit notwendigerweise auch leibliche Qualität, etwa die Last oder die Schwere der Trauer, unter der Hand zum Bestandteil des intentionalen Gegenstands. Nussbaum macht damit sozusagen das Fühlen zum Bestandteil des Gegenstands, auf den es sich bezieht.

Für das Spüren, das notwendigerweise leibliche Erleben des Gefühls, steht im Englischen lediglich der sehr weite Begriff des „feelings" zur Verfügung, der sowohl die intrinsische Qualität des Fühlens des jeweiligen Gefühls meint, aber auch Körperempfindungen wie Herzklopfen, Schwitzen und so weiter bezeichnet.

Ist die Vernunft in der Lage, die Gefühle zu kontrollieren?

Letztere begleiten aber nicht zwangsläufig ein Gefühl: Man muss bei Angst kein Herzklopfen haben, kann es aber. Und schließlich kann Herzklopfen auch in Verbindung mit Verliebtheit oder Zorn auftreten. Für die Emotionen ist der Bezug auf Körperempfindungen, so als ob es sich dabei um etwas von der Emotion Isolierbares handelt, aber von vornherein irreführend. Die so genannte Feeling-Komponente im Sinne der intrinsischen Qualität des Gefühls dagegen ist ein ureigener Bestandteil des Gefühls als Ganzem und kann – ebenso wie der Gegenstandsbezug („Intentionalität") – nur analytisch von dem Gefühl selbst unterschieden werden. Zudem liegt hier ein Verwechseln des leiblichen Spürens mit objektiven, von außen beobachtbaren Körperprozessen nahe: Das Spüren oder „feeling" bezeichnet eine andere Beschreibungshinsicht als physiologisch nachweisbare Körperprozesse.

Hier gibt die Phänomenologie klarere Begriffe vor. So bezeichnet der Begriff des Leibes den erlebten und gespürten Körper, das, was aus der Perspektive der ersten Person (ich) ganzheitlich, das heißt ohne Zuhilfe-

nahme einzelner Sinnesorgane oder der Hände, erfahren wird. Der Begriff des Körpers bleibt nur noch dem vorbehalten, was aus der Perspektive einer dritten Person (er, sie) am Körper wahrgenommen werden kann; „Körper" ist der reduzierte, der vergegenständlichte, seiner Subjektivität entkleidete Leib – also zum Beispiel das, was „am" Schmerz oder „an" der Trauer gemessen werden kann (im Unterschied zum Erleben des Schmerzes beziehungsweise der Trauer, das leiblich ist). Zum Körper gehören das äußerlich beobachtbare Verhalten und der gestische Ausdruck ebenso wie messbare medizinische Daten, kurz das, was man an sich selbst oder an anderen sehend, tastend oder hörend wahrnehmen kann.

Alle zentralen Begriffe geraten ins Rutschen, wenn an die Grundunterscheidung von Vernunft und Gefühl gerührt wird.

Was gewinnt man dagegen, wenn man Gefühle als – vor allem oder ausschließlich – „kognitiv" beschreibt? Die kognitiven Prozesse werden als den körperlichen Prozessen, die ohne begleitendes Bewusstsein von ihnen ablaufen, entgegengesetzt verstanden. Damit gehen kognitivistische Theoretiker von der schlechten Alternative aus, bei der Beschreibung von Gefühlen entweder den „Körper" oder den „Geist" (das Kognitive) als vorrangig beschreiben zu müssen – und sie entscheiden sich für den mentalen Zustand. Aber der Begriff der „Kognition" ist viel zu weit, als dass er das Charakteristische der Gefühle erfassen könnte. Alle Errungenschaften kognitivistischer Gefühlstheorien lassen sich bereits in der phänomenologischen Tradition finden, und zugleich werden dort methodisch sehr viel reichhaltigere Beschreibungen von Gefühlen in ihrer Besonderheit und in ihrer allgemeinen Struktur, der Leiblichkeit und des intentionalen Gehalts, möglich. Das gilt besonders für die Neue Phänomenologie, die Hermann Schmitz entwickelt hat. Warum nicht gleich davon ausgehen?

11

Dr. Hilge Landweer ist Privatdozentin für Philosophie an der Freien Universität Berlin.

Literatur:

– Landweer, Hilge: Scham und Macht. Phänomenologische Untersuchungen zur Sozialität eines Gefühls. Verlag Mohr Siebeck, Tübingen 1999
– Landweer, Hilge: Phänomenologie und die Grenzen des Kognitivismus. In: Deutsche Zeitschrift für Philosophie. 52. Jahrgang, 2004, Heft 3, Seite 467–486
– Landweer, Hilge; Demmerling, Christoph: Philosophie der Gefühle. Von Achtung bis Zorn. Metzler Verlag, Stuttgart (voraussichtlich April 2006)
– Schmitz, Hermann: Der unerschöpfliche Gegenstand. Grundzüge der Philosophie. Bonn 1990

Wolfram Hogrebe

Gefühle als Antennen

Gefühle sind unvermeidbare Zustände. Sie stellen sich ein, und wir können, obwohl sie sich ändern, nicht aus ihnen heraus. Sie sind für uns „bedeutende" Tönungen, die wir sprachlich in der Regel nur unzureichend beschreiben oder artikulieren können. Am besten gelingt es den Dichtern, die spezielle Bedeutsamkeit unserer Gefühle in Worte zu fassen. Prominent und weltweit bekannt sind die Zeilen von Heinrich Heine: „Ich weiß nicht, was soll es bedeuten, daß ich so traurig bin." Die Bedeutsamkeit, um die es hier geht, ist gewiss keine Wortbedeutung, sondern eine Gefühlsbedeutung, die den Wortbedeutungen vorhergeht.

Mundus intelligibilis

(von lateinisch mundus: Welt, Weltall, Weltordnung): die geistige Welt (der Ideen). Mundus intelligibilis und **Mundus sensibilis** (die sinnlich wahrnehmbare Welt) wurden besonders in der antiken griechischen Philosophie (zum Beispiel bei Platon), bei Augustinus und im Mittelalter als unterschiedliche Seinsbereiche angesehen.

Abbildung:
**Prophetische Gestalt
nach Michelangelo**
John Flaxmann,
Federzeichnung

Schon früh hatten die Menschen bemerkt, dass es nicht nur Gefühle von Lust und Leid, sondern auch Gefühle gibt, die uns veranlassen, mit etwas zu rechnen, das sich ansonsten noch nicht zeigt. Ein Zucken in der Miene, ein Geräusch in einem dunklen Raum, Gräser, die sich bewegen, „verraten" uns manchmal Absichten oder die Präsenz von etwas. Die vorbedeutende Kraft solcher Anzeichen ist natürlich von der Situation ab-

hängig. Ein Zucken in der Miene lässt uns normalerweise gänzlich gleichgültig. In Situationen jedoch, in denen es „um etwas geht", kann es hochbedeutsam sein. Wir „ahnen" dann manchmal schon, dass unser Gegenüber gleich zum Messer greifen wird.

Ahnungen haben einen besonderen Kontakt zur Wahrheit.

Auch in unserem heutigen Sicherungsverhalten werden Nuancen für uns wichtig, denen wir Fingerzeige für Bevorstehendes oder anders nicht wahrnehmbares, verborgenes Gegenwärtiges entnehmen.

Die Gesichtszüge verraten manchmal mehr über die Absichten von Personen als ihre sprachlichen Äußerungen. In der rechten Deutung der Miene unserer Mitmenschen geübt zu sein, ist bei Verhandlungen aller Art sicher von Vorteil. Auch hier knüpfen wir heute noch an eine mantische Praxis an, die Plinius „Vorhersagen aus dem Gesicht der Menschen" (divinatio ex facie hominum) nannte. Wer über diese Fähigkeit nicht verfügt, dem bleibt das bedeutende Antlitz dieser Welt verschlossen, vom Bild bis zur Miene, vom Klang bis zur Metapher.

Wir können diesen Befund auch so fassen, dass Ahnungen uns mit „mutmaßlichen" Ereignissen rechnen lassen. Wir sind uns keineswegs sicher, was gleich geschehen wird, aber wir ahnen es manchmal doch. So liefern uns Ahnungen im Sinne einer sehr schwachen Form der Erkenntnis gewissermaßen einen Erkenntnisvorsprung, der uns schon reagieren lässt, bevor wir sicher sind. In geeigneter Umgebung können wir ahnen, dass sich die Gräser vor uns deshalb bewegen, weil sich dort, für uns nicht sichtbar, eine Bestie heranschleicht. Gerade dieses Beispiel macht deutlich, dass Gefühle in der Form von Ahnungen eine Antennenfunktion haben, die für unser Verhalten bedeutsam ist. Ahne ich, dass sich dort eine Bestie heranschleicht, kann ich schon die Flucht antreten, bevor ich dieses Umstands gewiss bin. Manchmal ist es in der Tat besser, auf eine mögliche Sicherheit unseres Erkennens zu verzichten, eben weil sie uns Kopf und Kragen kosten könnte.

So sind Gefühle, wenn sie uns zu Ahnungen veranlassen, manchmal gleichsam Sensoren, die im Dienste unserer Sicherheit stehen. In diesem Sinne haben alle alten Völker eine für ihren Lebensraum spezifische Technik der Vorhererkundung ausgebildet, die die Griechen „Mantik" nannten.

Mit diesem Wort bezeichneten sie die Kunst des Sehers der, wie Homer und Hesiod schreiben, aus Zeichen sieht, was ist, was war und was sein wird, oder zeichenlos Ahnungen formuliert. Es ist keine Frage, dass die Mantik allmählich zu einer Form des reinen Aberglaubens verkam, der sich übrigens bis heute zum Beispiel als „Handlesen" (*Chiro*mantik) oder in „Horoskopen" (*Astro*mantik) erhalten hat.

Interessanterweise wurde in Rom – das Christentum, allem Aberglauben eigentlich abhold, war schon seit geraumer Zeit Staatsreligion – die letzte Vogelschau (Haruspizien) noch im Jahre 408 praktiziert. Und zwar, das ist hier die Pointe, unter stillschweigender Zustimmung des damaligen Papstes Innocentius I. Der Grund dafür macht diesen verzweifelten Versuch allerdings verständlich: Der Gotenführer Alarich stand mit seinem Heer vor der Tür.

Cicero, der der Mantik ebenfalls skeptisch gegenüberstand, gibt uns in seinem Buch über die Seherkunst (*De divinatione*) trotzdem manche Einblicke in die antike Theorie der Mantik, die für ihre Einschätzung erheblich sind. So verwendet Cicero für mantische Deutungen, also für die Deutung natürlicher Zeichen im Hinblick auf Zukünftiges, den lateinischen Ausdruck „sagire", das man mit „ahnen" übersetzen kann. Die sprachlichen Verwandtschaften sind hier ebenfalls sehr aufschlussreich: Lateinisch „sagire" ist nämlich mit gotisch „sokjan", althochdeutsch „suochen", neuhochdeutsch „suchen", englisch „to seek" und schwedisch „söka" stammverwandt und geht auf die indogermanische Wurzel „sag-" („witternd nachspüren") zurück.

Ahnen heißt fein empfinden.

Wir müssen also damit rechnen, dass mantische Deutungen ursprünglich auf das zurückgehen, was man bei Tieren die „Witterung" nennt. In diesem Sinne erläutert Cicero tatsächlich den Sinn des lateinischen Wortes „sagire": „Denn ahnen (sagire) heißt eben fein empfinden. Daher spricht man auch von alten wahrsagenden Weibern (sagae), weil sie vieles zu wissen beanspruchen. Und die Spürhunde werden scharf witternd (sagaces) genannt. Wer also vorherahnt (praesagit), ehe

der Gegenstand sich zeigt, von dem sagen wir, er habe eine Vorahnung, das heißt er empfinde das Zukünftige voraus." (De divinatione I, 65)

Die Mantik ist also geboren aus einem sensorischen Einsatz unserer Gefühle für Zukünftiges. In dieser ursprünglichen Form lassen wir uns übrigens zweckmäßigerweise auch heute noch von Gefühlen leiten.

Wir müssen mit einer Eigendynamik im Reich der Gedanken rechnen.

Wenn wir zum Beispiel einen Raum betreten, in dem sich bei „schummrigem" Licht „finstere" Gestalten aufhalten, dann erfassen wir die Szene schlagartig als riskant, weil wir ganz einfach das „mulmig" genannte Gefühl haben, dass hier etwas nicht stimmt. Ahnungen kommen über uns, ja sie können uns sogar be-

schleichen, und sie tun es schon im Dunkeln. In einem dunklen Zimmer beschleicht uns zum Beispiel die Ahnung, dass wir nicht allein in diesem Raum sind, und schon stehen uns die Haare zu Berge.

Wenngleich wir nicht unvorbereitet dafür sind, dass Ahnungen sich einstellen, sind doch immer sie es, die es tun, sie stellen *sich* ein, ebenso wie Gedanken und Ideen, die uns kommen. Diese Eigenmächtigkeit

Abbildung: **Titelblatt des Buchs: Europe, a prophecy** William Blake, 1794

in der Ankunft von Gedanken oder Ahnungen liegt unserer Intuition eines mundus intelligibilis (siehe Erläuterung) zu Grunde, für dessen Eigendynamik wir gewissermaßen bloß Medien sind.

Manchmal ist es besser, auf eine mögliche Sicherheit unseres Erkennens zu verzichten.

Wir ahnen die Anwesenheit von etwas durch Wahrnehmungsschleier hindurch, das uns sonst nicht zugänglich wäre. Solche Schleier sind nicht gänzlich undurchlässig, auch in jenem dunklen Zimmer höre ich ein Geräusch, und erst dann beschleicht mich die Ahnung, nicht allein im Raum zu sein. Auch durch Nebelschwaden hindurch ahnen wir ragende Gebirge nur dann, wenn der Blick auf ein Felsstück schon freigegeben war.

Aber solche fragmentarischen Informationen durch den Schleier der Wahrnehmung hindurch sind doch nicht so beschaffen, dass man sie als Ursachen oder Gründe für Ahnungen in Anspruch nehmen könnte, zumindest reichen sie allein nicht aus, um erklären zu können, dass uns gerade *diese* Ahnung beschleicht. Wir können über sie ebenso wenig Rechenschaft geben wie über Einfälle oder auch das allmähliche Reifen einer Idee oder das, was uns dämmern kann. Wir werden also niemanden zur Verantwortung dafür ziehen können, dass er eine Ahnung hat, er hat sie eben, selbst wenn er ein Stück weit Auskunft darüber geben kann, welche Fragmente der Wahrnehmung mit dem Auftauchen einer Ahnung zusammenpassen. Aber diese Fragmente passen nicht für jedermann, nicht jeder hat bei denselben Wahrnehmungsfragmenten dieselben Ahnungen.

Für die Orientierung zu Luft, zu Land und zu Wasser setzen wir heute ausgefeilte Techniken ein, zum Beispiel Ortungssysteme per Radar (Radio Detecting and Ranging) oder Sonar (Sound Navigation and Ranging).

Als es diese technischen Möglichkeiten noch nicht gab, war man auf Karte, Kompass, Sextant und Sterne angewiesen. Noch ältere Orientierungstechniken mussten in Küstennähe mit Leuchttürmen und ansonsten mit dem Stand der Sterne allein vorlieb nehmen.

Stellen wir uns vor, wir suchen in solchen frühen Zeiten einen geeigneten Navigator. Wir beabsichtigen unser Heer an die Küsten Trojas zu verfrachten, um

dort Helena wieder freizubekommen. Wem sollen wir die Navigation übertragen? Die Griechen wussten es seinerzeit. Das konnte für sie nur Kalchas der Seher sein, den Homer in der *Ilias* den weisesten Vogeldeuter nennt.

Machen wir uns nichts vor, diese Auskunft klingt für uns heute doch sehr befremdlich. Ausgerechnet einem Seher, einem Mantis, soll die Navigation überlassen werden? Doch Homer duldet hier keinen Zweifel. Nach seiner unzweideutigen Auskunft war es just der Seher Kalchas, der die Flotte der Griechen an die Küste Trojas navigiert hatte, und zwar, wie Homer ausdrücklich vermerkt: kraft seiner Wahrsagekunst (dia mantosynen).

Wenn es also so ist, dass Kalchas als Seher in der Lage war, eine ganze Flotte zu navigieren, dann kann seine Sehergabe nicht so beschaffen gewesen sein, dass er als Kaffeesatzleser oder Spökenkieker auf der Brücke stand. Als Seher musste er offenbar über das seinerzeit bekannte nautische Wissen verfügen, das heißt in Zeiten ohne Karte, Kompass und Sextant vor allem über das nötige Wissen um den Stand der Sterne.

Kalchas würde heute sicher Radar- oder Sonartechniken bevorzugen, aber das unterstreicht nur, dass die Kunst der Seher ursprünglich kein Dementi der Rationalität war, sondern in ihren Diensten stand.

Das erklärt sich auch daraus, dass die Mantik, und zwar je älter ihre Zeugnisse sind, also noch bevor sie zum Aberglauben verkam, durchaus Erkenntnisrenditen erwirtschaften konnte.

Im Allgemeinen unterscheidet man eine „intuitive" Mantik, die aus Traum, Rausch und Exstase ihre „Wahrsagungen" gewinnt, von einer „interpretativen" Mantik, die ihre Botschaften aus der rechten Deutung natürlicher Zeichen bezieht, aus Zeichen wie Vogelflug, Eingeweide, dem Rauschen heiliger Haine und Quellen, aber auch Blitz, Donner, Sonne, Sterne und alle auffälligen Naturereignisse.

Gefühle in der Form von Ahnungen haben eine Antennenfunktion.

Beide Formen der Mantik finden sich bei allen Völkern der Erde, bei manchen Naturvölkern bis heute. Auch bei uns gibt es noch Reste dieser Kunst des „Spurenlesens", zum Beispiel bei den Jägern.

Das Profil dieser Orientierungstechniken war und ist stets auf das geografische Milieu zugeschnitten, in

Abbildung:
Attische Vase
Ende 8. Jh. v. Chr.

der
blaue
reiter

dem es um Leben und Überleben geht. Nomaden in der Wüste machen ihre mantischen Deutungen an anderen Zeichen fest als die Indianer am Amazonas.

Wenn man annehmen darf, und man darf es, dass in sehr frühen Zeiten tiefer gehende Kenntnisse über Kausalverhältnisse (Ursache-Wirkungs-Ketten), die natürlichen Ereignissen zu Grunde liegen, noch nicht zur Verfügung standen, konnte es nicht unnütz sein, sich zunächst um die Kenntnis von Ereigniszusammenhängen zu bemühen. Wenn man weiß, welche Ereignisse im Allgemeinen zusammen auftreten (korrespondieren), dann ist das ein Erkenntnisgewinn. Wie immer die Zusammenhänge dieser Ereignisse beschaffen sein mögen, die Kenntnis der Korrespondenz ihres Auftretens gibt Anlass, mit dem Auftreten eines Ereignisses schon dann zu rechnen, wenn man nur Kenntnis von dem korrespondierenden hat. Der Ruf des Eichelhähers verrät dem kundigen Jäger, dass ein Tier, das er nicht sehen kann in der Nähe ist.

Ahnungen liefern uns einen Erkenntnisvorsprung.

Auf dieser gebrechlichen Basis operiert in der Tat die frühe interpretative Mantik. Das bekundet auch der Geschichtsschreiber Herodot von den Ägyptern: „Wenn nämlich etwas Merkwürdiges geschieht, geben sie acht und schreiben den Ausgang der Sache auf. Bei einem ähnlichen Vorfall in späterer Zeit glauben sie dann, es müßten wieder die gleichen Folgen eintreten." (Hist. Buch II, 82).

Über die Jahrtausende ist auf diese Weise ein naturkundliches Wissen gesammelt worden, das ohne Wissen um die reellen Mechanismen dennoch um die Wirkung gewisser Pflanzen weiß. Auch Ärzte, so heißt es bei Cicero, können ja häufig nicht sagen, warum gewisse Kräuter heilen, aber dass sie es tun, wissen sie. Das Nichtwissen um die zu Grunde liegenden Kausalverhältnisse hindert nicht die erfolgreiche Prognose oder Therapie.

Es scheint, dass die Ahnung einen Kontakt zur Realität unterhält, der die Voraussetzungen, die bei Ahnungen zweifellos auch wesentlich im Spiel sind, gleichsam unterläuft. Nicht deshalb, weil ich den Gedanken fasse, dass sich noch jemand in dem dunklen Zimmer, in dem ich mich tastend befinde, aufhält, ahne ich, dass er es tut; sondern ich ahne die Anwesenheit von irgendjemandem, und indem ich das tue, drängt sich auch der Satz auf. Für diesen Realitätskontakt der Ahnung ist wesentlich, dass es den Unterschied gibt zwischen dem, was ein wahrer Satz abbildet, den Sachverhalt, und ebendiesem wahren Satz selbst.

Intuition und Ahnung kommen überein in der Unmittelbarkeit eines erkenntnisleitenden Geschehens. Und doch bezeichnen die beiden Worte unterschiedliche Aspekte. Die Intuition zielt auf eine gewisse Unmittelbarkeit im Fassen eines Gedankens, während die

Gefühle sind unvermeidbare Zustände.

Ahnung eher auf eine Unmittelbarkeit im Kommen eines Gedankens abhebt. So kann ich den Weg zur Lösung einer Gleichung ahnen in dem Sinne, dass ich auf einmal eben ahne, *wo* zu suchen ist. Dagegen habe ich eine Intuition der Lösung schlagartig in voller Klarheit und muss gelegentlich noch mühsam den Weg dorthin suchen, wobei mir wiederum Ahnungen hilfreich sein können. Intuitionen verhalten sich in dieser Hinsicht zu Ahnungen wie der Blitz in der Nacht zur morgendlichen Dämmerung. Intuitionen sind vor allem in Problemlösungskontexten anzutreffen, während Ahnungen auch den Ereignisfluss der Welt mit abdecken.

Die Orientierungsfunktion der Ahnung auf der Basis verhaltensleitender Gefühle in riskanten Situationen ist also nicht ihre einzige Bedeutung. Sie steht zugleich im Dienste der Gewinnung eines Erfahrungswissens, einer Art Know-how, das für das Überleben unserer Vorfahren schon nützlich war, lange bevor Wissenschaften ein Erklärungswissen liefern konnten.

Wir müssen mit einer Eigendynamik im Reich der Gedanken rechnen, die sich unser als Medien bedient. Den glücklichen Einfall, die Idee, die uns kommt, können wir jedenfalls nicht erzwingen. Ohne diese Eigendynamik der Gedanken wären wir eines neuen Gedankens überhaupt nicht fähig.

15

Wolfram Hogrebe ist Professor für Theoretische Philosophie an der Rheinischen Friedrich-Wilhelms-Universität Bonn.

Literatur:

– Cicero, Marcus Tullius: De divinatione (Über die Weissagung)
– Herodot: Histories Apodexis (Historien). Buch II

Weiterführende Literatur:

– Hogrebe, Wolfram: Metaphysik und Mantik. Frankfurt am Main 1992
– Hogrebe, Wolfram: Ahnung und Erkenntnis. Frankfurt am Main 1996

Gefühle sind Sensoren, die im Dienste unserer Sicherheit stehen.

Laura Benzi

Sind Gefühle moralisch?

der blaue reiter

Welche Rolle spielen die Gefühle bei der Bestimmung beziehungsweise Anerkennung von moralischen Werten? Können Gefühle zu moralischen Entscheidungen überhaupt bewegen? Und wenn ja, in welcher Beziehung stehen sie zur Vernunft?

Mit diesen Fragen der Moralphilosophie setzten sich die Philosophen der englischen Frühaufklärung auseinander. Vor allem Anthony Ashley Cooper Shaftesbury (1671–1713), Bernard de Mandeville (1670–1733), Francis Hutcheson (1694–1746), David Hume (1711–1776) und Adam Smith (1723–1790) begründeten die Moral durch anthropologische Erklärungen (siehe Erläuterung). Sie suchten die Grundlagen des tugendhaften Handelns nicht mehr in der Religion, sondern in den Regeln einer größtenteils noch zu erforschenden menschlichen „Natur". Trotzdem bestimmten sie den Zusammenhang zwischen anthropologischer Reflexion und der Begründung sittlicher Einsicht jeweils unterschiedlich: In ihrer Behandlung dieses Themas spiegeln sich nicht zuletzt die schwerwiegenden methodischen Veränderungen jener Phase der englischen Philosophie wider.

In seiner *Untersuchung über Verdienst und Tugend* (1699) vertritt Shaftesbury die These, dass jedes mit Vernunft begabte Wesen eine natürliche und ausgewogene Neigung zu moralischen Gegenständen habe, die sich von keinem philosophischen oder religiösen Glauben abwenden ließe. Eine „affektive" Anlage liege den Entscheidungen der Menschen zu Grunde („Affekt" wird im Folgenden gleichbedeutend mit „Gefühl" verwendet). Die Leidenschaft des Herzens sei – weit mehr als die Erkenntnis des Verstands – Ursache menschli-

> **Die Menschen sind von Natur aus dazu geneigt, moralisch gut zu handeln.**

cher Handlungen. Allerdings muss Shaftesbury sich die Frage gefallen lassen, worin der Moral stiftende Wert von Gefühlen besteht, die auf Grund ihrer Vielfalt prinzipiell keine Allgemeingültigkeit beanspruchen dürfen. Die Frage nach der Zuverlässigkeit der Gefühle als Grundlage für die Bestimmung vermeintlich universeller Wahrheiten wurde zur gleichen Zeit auch in Frankreich behandelt und rückte bald auch in Deutschland bei den Theoretikern der neugeborenen Disziplin der Ästhetik in den Mittelpunkt der Untersu-

chung: Wie lässt sich die Einsicht, dass unsere Auseinandersetzung mit einem Kunstwerk nicht auf der Ebene der Vernunft stattfindet, sondern vielmehr auf derjenigen der Affekte, die es in uns hervorruft, vereinbaren mit der Suche nach einem allgemein gültigen Begriff von gutem Geschmack?

Bei seiner Analyse des offenbaren Verhältnisses zwischen Gefühlen und Moral konzipiert Shaftesbury die Theorie der Affekte als eine Theorie der inneren Organisationsform eines Individuums, das durch soziale Beziehungen ursprünglich und wesentlich bestimmt ist. Einzelner und Gattung stehen nach ihm in enger Wechselbeziehung zueinander und prägen sich gegenseitig. Das Universum überhaupt erscheint ihm als ein geordnetes System von Zusammenhängen, das sich dem Menschen als solches durch seinen angeborenen Sinn für Proportion und Harmonie zu erkennen gibt. In dieser Ordnung finden Einzelner und Gattung ihren Platz. Zu ihrer Erhaltung müssen auch die moralischen Entscheidungen beitragen. Dass der Einzelne und die Gattung sich bei Shaftesbury als Teile eines „Systems" auffassen lassen, bestimmt auch seine Beurteilung von Gutem und Bösem: „Selbst-Affektionen" des Individuums, die das eigene Wohl zum Ziel haben, erscheinen ihm erst dann als gut, wenn sie sich mit den „natürlichen Affektionen", die das gemeinschaftliche Leben ermöglichen, vereinbaren lassen.

Wie aber kann der Einzelne unterscheiden, was gut oder schlecht ist? Shaftesbury spricht von einem natürlichen „Sinn für das Richtige und das Falsche", der die Menschen bei ihren moralischen Entscheidungen leite. Im Werk *Die Moralisten* (1709), in dem er auf das erwähnte Verhältnis zwischen „Teil" und „Ganzem" näher eingeht, wird dieser Sinn als eine Art „Instinkt" gekennzeichnet, der es als solcher den Menschen ermögliche, Wahres und Gutes intuitiv zu erkennen. Shaftesbury behauptet also nicht ein Wissen um das Gute und das Böse, vielmehr eine den Menschen angeborene Fähigkeit, Moralisches einzusehen. Zu welchem Zweck die Menschen von dem ihnen verliehenen moralischen Sinn Gebrauch machen sollen, lässt sich aus Shaftesburys Philosophie erschließen: Die von ihm angeführte Ordnung des kosmischen Ganzen ist keineswegs eine statische und unabänderliche. Ihre Erhaltung stellt im Gegenteil die letzte Bestimmung jedes Individuums dar, welches dazu berufen ist, sie in seinem gesellschaftlichen Leben konkret umzusetzen und sich selbst dabei, als „Selbstsystem" in Übereinstimmung mit jenem „Universalsystem", zu vervollkommnen. Damit falsche Meinungen und Moden die Einsicht der Menschen in das ihrer Natur Gemäße nicht verstellen, kann der „moralische Geschmack" darum selbst erzogen werden. Die Philosophie, welche die Ausbildung des Urteilsvermögens durch Kritik fördert, ist das wichtigste Mittel dazu. Der Philosoph hat nach Shaftesbury somit grundsätzlich die Funktion, die Erscheinungsvielfalt der Natur unter dem Gesichtspunkt ihrer Einheit und Ordnung sichtbar werden zu lassen, und ist daher in erster Linie deren „Nachahmer". Gerade seine Fähigkeit aber, die eigentliche Ordnung der Welt seinen Mitmenschen vor Augen zu führen und ihnen die Grundsätze für moralisches Handeln indirekt zu liefern, macht sein Tun für die Menschheit unentbehrlich.

Shaftesburys Moralphilosophie liegt ein umfassender Begriff von „Natur" zu Grunde. Der Natur kann man, seiner Theorie nach, alle Grundsätze für eine moralische Entscheidung entnehmen – den Bezugsrahmen, in dem sie konzipiert beziehungsweise eingeordnet werden soll sowie die Grundlagen des Urteilsvermögens selbst, durch das eine bewusste Wahl erst möglich wird. Shaftesburys Interesse für die natürlichen Grundlagen des moralischen Verhaltens griff Hutcheson einige Jahre später in seiner *Untersuchung über den Ursprung unserer Ideen von Schönheit und Tugend* (1725) wieder auf. Dort vertritt er die These, dass die „natürlichen" Menschen bei ihren Handlungen keineswegs nur von egoistischen Motiven bewegt werden, sondern vom „Wohlwollen" zu ihren Mitmenschen geleitet sind. Methodisch von John Locke beeinflusst, versucht er dabei, die Elemente der menschlichen Natur, die bei den moralischen Handlungen eine Rolle spielen, genau zu unterscheiden. Shaftesbury hingegen hatte behauptet, dass eine solche Untersuchung nur unter der Voraussetzung einer Thematisierung des Grunds von Ordnung und Einheit der Natur der Menschen sinnvoll sei. „Sinn", „Affektionen" und „Leidenschaften" rückten somit in den Mittelpunkt von Hut-

chesons Untersuchung. Mit Shaftesbury teilt er die Ansicht, dass sowohl die Motivation als auch die Rechtfertigung einer Handlung nicht ohne eine Bezugnahme auf Gefühle möglich ist. Er ist aber der Meinung, dass die angenehmen oder unangenehmen Empfindungen, die in den Menschen dabei entstehen, weit mehr als der Zustand einer Sache die Menschen zur Qualifikation des Gewährten als gut oder schlecht veranlassen. Dabei macht er für seine Argumentation die Behauptung Lockes fruchtbar, nach welcher das gut ist, „was Freude bereitet, schlecht dagegen, was Pein" verursacht.

> **Die Fähigkeit, Grundsätze für moralisches Handeln zu liefern, macht die Philosophen für die Menschheit unentbehrlich.**

Eine solche Begründung moralischer Bewertungen ist auf Grund der Relativität der Begriffe „Freude" und „Pein" leicht angreifbar. Hutcheson glaubt dennoch behaupten zu können, dass alle Menschen, deren Wahrnehmung nicht gestört ist, zum gleichen Werturteil kommen. Er nimmt nämlich an, dass die menschliche Natur gleichförmig sei, und stützt sich bei dieser These darüber hinaus auf die religiöse Annahme, dass eine wohltätige Gottheit die Menschen mit einem besonderen Sinne ausgestattet habe, der sie uneigennützige Neigungen positiv bewerten ließe. Diese Fähigkeit der Menschen, das Gut-Sein von Handlungen oder charakterliche Veranlagungen sinnlich wahrzunehmen, nennt er „moralischen Sinn". Sein tiefer Glaube an die Existenz eines unabhängigen Maßstabs, anhand dessen erst erahnt werden könne, dass Gott gut sei, trug ihm Ende der 1730er Jahre harte Kritik seitens der Kirche ein.

Die Selbstliebe und die Suche nach lustvollen Empfindungen, auf welche Hutchesons Theorie der moralischen Bewertung beruht, wurden von ihm dennoch nicht als bloß egoistische menschliche Triebe verstanden. Auch Handlungen, deren unmittelbares Motiv Selbstliebe ist, können ihm zufolge durchaus „wohlwollende Handlungen" sein und können zu Recht moralisch gebilligt werden, wenn sie das allgemeine Wohl fördern: „Die beste Handlung ist diejenige, welche das größte Glück für die größte Zahl bereitet, die schlechteste Handlung dagegen diejenige, die in ähnlichem Maß Pein verursacht." In diesem Punkt seiner Theorie liegt Hutchesons Versuch, zwischen Selbsterhaltungsstreben und Wohlwollen zu vermitteln. Über die Grundsätze der empirischen (auf Erfahrung gründenden) Erkenntnis und der menschlichen Selbstliebe bahnte sich Hutcheson somit den Weg zurück zur Moral.

Bereits Shaftesbury hatte behauptet, dass trotz widriger Umstände, die das Entstehen falscher Meinungen begünstigen, das Vermögen zu sittlicher Einsicht letztlich nicht korrumpiert werden kann. Hutcheson

17

Bienenfabel
Die *Bienenfabel* ist das moralphilosophische Hauptwerk des englischen Arztes niederländischer Herkunft Bernard de Mandeville. Nach ihrem Erscheinen im Jahr 1714 wurde sie in mehreren Neuauflagen wesentlich erweitert und hat die Form satirischer Essays und Kommentare zum Gedicht *Der brummende Bienenkorb und die ehrlich gewordenen Schurken*. In Analogie mit der Lebensweise der Bienen beschreibt Mandeville die zunehmend arbeitsteilige Gesellschaft seiner Zeit, in der die Armen einen Vorteil aus der Verschwendung der Reichen ziehen, die ihnen Arbeit und Brot sichert. Seine Grundthese ist dabei, dass der Mensch weit mehr von seinen Lastern als von seinen guten und liebenswürdigen Eigenschaften geleitet wird und dass selbst das moralische Handeln durch sublimierte (umgewandelte/verfeinerte) egoistische Triebe (zum Beispiel Stolz) motiviert ist. Nur durch die geschickte Führung erfahrener Politiker ließen sich private Laster in öffentlichen Nutzen verwandeln.

lehnt dagegen die Rede von angeborenen Ideen und Vermögen ab, was zur Folge hat, dass seine Theorie der moralischen Handlungen der Gefahr falscher Meinungen, die zu fehlerhaften Beurteilungen führen können, weit stärker ausgesetzt ist. Die Vervollkommnung unseres Verstands, die Aufklärung über falsche Ansichten und Meinungen ist darum auch ein starkes Anliegen seiner Philosophie.

> **Jedes mit Vernunft begabte Wesen hat eine natürliche Neigung zu moralischen Gegenständen.**

Hutchesons Lehre wirkte über Lessing auch auf die deutsche Literatur ein: Im späteren *System der Moralphilosophie* (1755) behauptet Hutcheson, dass die Erziehung zum Fühlen, die man über die Kunst und insbesondere über die Tragödie erlangen kann, den Menschen zugleich moralisch bessere, weil sie Erziehung jener Fähigkeit sei, die uns grundsätzlich zum moralischen Handeln bewegt. Erkennen und Handeln, Wahrnehmen und Fühlen stellen nämlich die anthropologische Basis von Hutchesons Morallehre dar.

Philosophie zum Sammeln

Folgende Titel des *blauen reiters* sind lieferbar:

**Grenzpunkt Mensch • Eros des Denkens
Mythos Staat • Sinn – Unsinn • Naturlos • Götter
Geld • Schön sein • Welt-Bilder • Glück • „Ich"
Sex • Das Böse • Erinnern • Was ist gerecht?
Gefühle**

Eine Bestellkarte finden Sie auf Seite 114

omega verlag

Shaftesbury und Hutcheson gehen bei ihren Moraltheorien von der Grundvorstellung aus, dass die Menschen von Natur aus dazu geneigt seien, moralisch gut zu handeln, weil ihnen eine höhere Ordnung beziehungsweise ihre eigenen Gefühle den Weg hin zum friedlichen Gesellschaftsleben weisen würden. Gegen Shaftesburys These nahm Mandeville 1714, zum Teil in Anlehnung an Thomas Hobbes' Denken, Stellung. Mit seiner *Bienenfabel* (siehe Erläuterung) sucht er zu zeigen, dass keineswegs „die guten und liebenswürdigen Eigenschaften der Menschen", sondern die Laster notwendige Voraussetzungen größerer Gemeinschaftsbildung seien. Statt uneigennütziger Neigungen lenkten Eigenliebe und das Streben nach Selbsterhaltung das gesellschaftliche Handeln der einzelnen Individuen. Tugend setze somit Selbstverleugnung voraus.

Indem Mandeville Shaftesburys Grundannahme ablehnt, weist er zugleich die Vorstellung zurück, dass der Mensch einen Zweck und eine naturhafte Bestimmung habe. An die Stelle der argumentativen Auseinandersetzung tritt damit ein Verfahren der psychologischen Entbergung. Die „Selbstliebe" erkennt Mandeville als verantwortlich für den Drang der Menschen zur individuellen Selbsterhaltung. Die Möglichkeit der Entstehung einer tugendhaften Gesellschaft sieht er darum nur dem Wirken eines Gesetzgebers anvertraut, der die Menschen überzeugen könne, dass es vorteilhafter sei, das allgemeine Wohl im Auge zu haben als den privaten Begierden zu folgen.

Wie aber kann der Gesetzgeber seine Pflicht erfüllen? Dadurch, dass er das tugendhaft nenne, so Mandeville, was gegen die natürlichen Triebe der Menschen zum Gemeinwohl führt. Aber erst die Verinnerlichung der vom Gesetzgeber aufgestellten Bewertungsregeln ermögliche die Zivilisierung der Menschen.

Durch diese Annahme erhellt Mandeville eine wichtige Grundlage der Beziehung zwischen Gefühlen und Moral: Die Konventionen- und Normvorstellungen sind nicht in irgendeiner unabänderlichen Natur der Menschen enthalten, sondern verändern sich im Laufe der Zeit. Zunächst allgemein akzeptierte Werte werden obsolet und durch neue Wertbegriffe ersetzt: Der Prozess der Verinnerlichung der jeweiligen moralischen Normen und die entsprechende Veränderung der Bedürfnisse der Menschen sind Mandeville zufolge grundsätzlich unabschließbar, und mit ihnen ändert sich auch das durch sie bestimmte gesellschaftliche System.

In Humes Philosophie erhält Mandevilles Frage eine zentrale Stellung und eine noch eingehendere Beantwortung, wobei der Begriff der Morallehre in seinem Denksystem eine andere Bedeutung bekommt als bei den bereits behandelten Philosophen. Shaftesbury, Mandeville und Hutcheson hatten den Anspruch erhoben, dass ihre Philosophie eine praktische Einwirkung auf die Lebensführung der Menschen habe, da es ihnen letztlich darum gehe, zu erforschen, was für die Menschen wahrhaft gut sei und worin sie ihre Glückseligkeit zu suchen hätten. Hume unterscheidet dagegen zwischen dem Morallehrer, der das moralische Bewusstsein des Einzelnen zu bilden versucht, und dem

Ethiker, der eine Theorie der Moralität darstellen und begründen soll. Sich selbst vergleicht er mit einem Anatomen, der durch die Analyse der Prinzipien der menschlichen Natur die Grundlage für ein aus Logik, Ästhetik, Politik und Moralphilosophie bestehendes, zu entwerfendes „vollständiges System der Wissenschaften" schaffen soll. Der Zusammenhang von Philosophie und Lebenspraxis löst sich bei ihm somit auf. Die Philosophie wurde zur Profession.

Hume unterzog Shaftesburys Auffassung von Natur und menschlicher Identität einer radikalen Kritik. Die Erfahrung ist für ihn die zentrale Kategorie für jede Erkenntnis der Welt. Sie besteht aus „Vorstellungen" und „Eindrücken", die sich erst im menschlichen Bewusstsein zu einem einzigen Bild zusammenschließen. Da die Vorstellung bei ihm aber nicht Abbild eines Gegenstands, sondern eines Eindrucks ist, beeinträchtigt die Unstetigkeit der Eindrücke auch die Möglichkeit einer klaren Erkenntnis und jedenfalls die Möglichkeit der Bestimmung stabiler Begriffe wie derjenigen von „Natur" und menschlichem „Selbst". Insbesondere hält Hume die Annahme der Existenz eines notwendigen Verhältnisses zwischen Ursache und Wirkung für nicht rational zu rechtfertigen: Nur die Gewohnheit, von wiederholten Ereignissen unserer Erfahrung auf zukünftige, noch nicht bekannte zu schließen, führe zur Feststellung regelmäßiger Zusammenhänge.

Der radikale Ansatz, dass Erkenntnis nur durch Erfahrung möglich sei, bleibt auf die Grundsätze seiner Moralphilosophie nicht ohne Folgen. Unsere Handlungen, behauptet Hume, stehen „zu unseren Motiven, den verschiedenen Temperamenten und zu unseren (jeweiligen) Umständen" in engem Zusammenhang: Wo selbst Hutcheson beim Versuch, „die Moralität zu berechnen", ein Wissen um das, was moralisch billigenswert ist, noch voraussetzte, fragt Hume nach den Bedingungen, unter denen ein solches Wissen gegeben sei. Nach diesen Voraussetzungen musste sich bei ihm als selbstverständlich ergeben, dass „der Sinn für Gerechtigkeit und Unrecht nicht von der Natur abzuleiten, sondern künstlich, weil über Erziehung und menschliche Konventionen erworben ist".

Dass der genannte Sinn für Gerechtigkeit und Unrecht künstlich ist, bedeutet aber nicht, dass er willkürlich gesetzt ist. Von der Erfahrung und den in ihr gegebenen Gefühlen und Affekten auch in moralischen Angelegenheiten ausgehend, konnte Hume feststellen, dass es neben egoistischer Nützlichkeitserwägung auch Gefühle der „Sympathie" und „Menschenliebe" gibt (die moralischen Unterscheidungen sind bei ihm auf Eindrücke zurückzuführen und aus „moralischen Gefühlen" abzuleiten, die sich als solche von Gefühlen anderer Art unterscheiden). Egoistische und auf Sympathie beruhende Empfindungen ergänzen sich, so dass sozial nützliche Handlungen eine positive Beurteilung erfahren und die Mitglieder einer Gesellschaft es dabei vorteilhaft finden können, dass sie gemeinsam leben: Jede Verletzung dieser Ordnung empfinden sie als schädlich für ihr eigenes Leben. Bei der positiven Beurteilung eines Menschen sind „das Glück

> **Anthropologie**
> Wörtlich: Lehre vom Menschen. Als **anthropologisch** werden Erklärungen dann bezeichnet, wenn bestimmte Eigenschaften nicht als erworben, sondern als quasi unabänderlich, von Natur aus dem Menschen zugehörig gedacht werden.

und die Befriedigung, die der Gesellschaft aus seinem Umgang und seinen Leistungen erfließen" in besonderer Weise bedeutsam.

Mit Humes Versuch, die Ethik auf eine empirische Basis zu stellen, kommt die Diskussion um die Theorie des „moralischen Sinns" zu ihrem Ende: Der Begriff eines moralischen Sinns wird letztlich überflüssig. Smith greift in seiner *Theorie der ethischen Gefühle* (1759) Humes Behauptung wieder auf, dass das übergeordnete Prinzip, aus dem moralische Zusammenhänge begreiflich werden, in der Erfahrungsgebundenheit der menschlichen Natur liege. Die Frage nach dem Prinzip, das uns gewisse Handlungen als sittlich wertvoll oder wertlos erscheinen lässt, beantwortet er aber mit Verweis auf die Gemütsbewegungen eines Zuschauers, der sich von den Empfindungen eines Betroffenen oder Handelnden ein Bild macht. Für ihn hängt die moralische Billigung ab von der Übereinstimmung zwischen den Gefühlen eines Handelnden mit denen eines angenommenen neutralen Beobachters: Erst dadurch scheinen ihm die Allgemeingültigkeit moralischer Urteile und die nötige Verbindlichkeit gewährleistet zu sein. In seinem späteren nationalökonomischen Werk *Der Wohlstand der Nationen* (1776) führt Smith schließlich die von Hutcheson bereits ansatzweise entwickelten Überlegungen über den positiven Wert einer Beziehung zwischen Selbstliebe und Moral weiter, indem er die Rationalität des durch Selbstliebe motivierten, aber moralisch billigenswerten Handelns der Bürger aufdeckt und es in seiner Gesetzmäßigkeit im Rahmen einer Theorie des Wirtschaftshandelns darstellt. Bei Smith endet die langjährige Suche nach den allgemein gültigen Grundlagen des moralischen Handelns mit der Entstehung neuer Fachdisziplinen: Die Grundlagen der Moralphilosophie werden in den Bereich der Ökonomie verlagert.

19

Dr. Laura Benzi ist wissenschaftliche Mitarbeiterin am Institut für Deutsche Philologie der Universität Pisa.

> **Zur Vertiefung empfohlen:**
>
> – Ballestrem, Karl Graf: Adam Smith. München 2001
> – Baum, Angelika: Selbstgefühl und reflektierte Neigung. Ethik und Ästhetik bei Shaftesbury. Stuttgart-Bad Cannstatt 2001
> – Kulenkampff, Jens: David Hume. München 1989

Stefan Diebitz

Die Moral des Striptease

Anmerkungen zu einer Philosophie der Scham

Scham ist etwas ganz und gar Unpersönliches, das jedem Menschen in der gleichen Weise widerfährt. Scham ist eine Ausdrucksbewegung, die weder ein Ziel kennt noch einen Zweck. Sie ist in keiner Weise steuerbar und unterliegt weder der Willkür noch einer kulturellen Variation. Andererseits gründet sie in dem Bewusstsein des Menschen von seiner Individualität, ist also, obwohl ein rein leiblicher Vorgang, abhängig von seinem Intellekt. Schlafend, bewusstlos oder in der Ekstase kennen wir keine Scham, weil zu ihren Voraussetzungen der Blick zurück auf unser Selbst gehört. Aber ihr Ausdruck ist rein körperlich; als körperlose Wesen wüssten wir nicht, was Scham ist.

Kaum ein Affekt hält uns so gewaltig im Griff. Wer sich schämt, zieht sich zurück oder flüchtet gar, denn die Blicke anderer Menschen, und zwar besonders von Bekannten oder gar Freunden, werden unerträglich, und schon die bloße Gegenwart Fremder, die uns vielleicht nicht einmal beachten, bedrängt und quält. Jede wirkliche Scham gewinnt und behält eine Intensität, die nur mit Angst vergleichbar und ganz und gar schrecklich ist. Den Bereich, in den wir am liebsten flüchten, nennen wir unsere Wohnung. Wir wohnen, weil wir uns nicht den Blicken anderer aussetzen, weil wir unseren Bereich des Intimen vor der Welt abgrenzen wollen. Ein Tier baut eine Höhle, um sich selbst oder seine Brut vor Fressfeinden oder den Unbilden der Witterung zu schützen, aber es besitzt weder Scham noch eine Intimsphäre, die ein Artgenosse mit seinen Blicken verletzen könnte. Allein der Mensch wohnt, und deshalb kennt nur der Mensch das Gegenteil einer Wohnung, den öffentlichen Raum.

Wenn die Verringerung der Scham, wie viele denken, oder wenn gar Schamlosigkeit unsere Zeit dominiert, muss dieser Vorgang seinen Ausdruck in der Veränderung oder gar Vernichtung des öffentlichen Raums finden, und wirklich ist es so, dass der öffentliche Raum in unserem Leben eine zunehmend geringere Rolle spielt. In unseren Städten gibt es ihn kaum noch, und wenn irgendwo ein Platz frei wird, dann wird er wahrscheinlich zum Parken benutzt.

Zur Vernichtung des öffentlichen Raums trägt natürlich wesentlich bei, dass der Intimbereich weit ausgedehnt wurde. Aber es gibt auch den umgekehrten Vorgang: Tatsächlich existieren heute Intimbereiche inmitten des öffentlichen Raums, die noch um 1980 unbekannt waren, zum Beispiel die Schutzzone vor Postschaltern oder Bankautomaten. Der gesamte Bereich des Geld- und Finanzwesens wird heute dem Intimbereich zugeschlagen – die Polizei darf eher das Schlafzimmer ausspähen als Bankkonten durchstöbern. Einen scharfen Wechsel kann man auch bei Telefongesprächen beobachten. Früher war es üblich, den Raum zu verlassen oder sich abzuwenden, wenn ein privates Gespräch geführt wurde. Heute dagegen wird auf offener Straße oder im Zugabteil mit oft lauter Stimme telefoniert, und Kosenamen werden mit einer Unbefangenheit heraustrompetet, die früheren Jahrzehnten absolut fremd war.

> **Das Publikum hat den Sinn für die Bedeutung der Intimsphäre verloren.**

Als weiteres Beispiel mag der Striptease dienen. Wenn man die Geschichte des Striptease vereinfachen will, dann kann man sagen, dass der Weg von der angedeuteten über die halbe Entkleidung bis zur kompletten Nacktheit führte, die endlich auch den Blick auf die Scham freigab, so dass hier eine eindeutige und sehr weitgehende Verschiebung der Schamgrenzen vonstatten ging. Heute ist der Schambereich nicht allein entblößt, sondern auch rasiert – das heißt nackter als nackt.

> **„Da die bürgerlichen Bühnen die Erotik für sich entdeckten, blieb dem ‚erotischen‘ Tanz nichts anderes übrig, als sich der Pornographie zu öffnen."**
>
> Lucinda Jarrett

Interessanter noch ist eine andere Entwicklung. Zunächst fand die künstlerische Entkleidung auf der Bühne statt, vom Publikum durch Orchestergraben, Vorhang und ähnliche Dinge getrennt und zudem räumlich erhöht und gern in einem exotischen Ambiente. In dieser Anfangszeit wurde der Prozess der Entkleidung nur vorsichtigst und in kokett-verschämter Weise angedeutet, wie es in einem Roman aus dem Jahr 1900 geschildert wird:

„Die Dame nestelt gerade ihr Kleid auf, da klopft es: ein Liebhaber, der nicht warten kann. Aber sie ist unentschlossen, sie streift den Rock ab. Er lärmt stärker, beginnt zu schelten; sie findet das brutal und macht sich an ihrem Kor-

21

sett zu schaffen. Plötzlich wird es still, man hört durch das Schlüsselloch seine keuchenden Atemzüge. Sie fängt an, ein heftiges Verlangen zu empfinden. Sehr begreiflich, nicht wahr? Sie löst ihr Haar, geht daran, sich zu waschen – er fleht hinter der Türe, ganz windelweich. Dann wieder ein Wutausbruch, er versucht, das Schloß zu erbrechen, umsonst, und er weint, herzzerreißend. Auf einmal stirbt er! Ja wirklich, er stirbt! Man hört ein widerwärtiges Röcheln. Sie lächelt glücklich ins Publikum und zieht sich langsam und mit Genuß das Hemd über die Schultern."[1]

Allein die Liebe kann die Scham überwinden.

Mit diesem so witzig geschilderten Striptease könnte man wohl heute, gut hundert Jahre später, nicht einmal für Aufregung auf einem Kindergeburtstag sorgen. Es handelt sich offensichtlich um einen Striptease, dessen erotische Wirkung wesentlich auch vom Raum, nämlich einem Boudoir, profitiert: Der Zuschauer darf sich ein wenig als Spanner fühlen, er fühlt sich, als schaue er von der Straße aus durch ein Fenster in ein Haus hinein. Dieser Reiz des Verbotenen, ein wesentlicher Aspekt des Voyeurtums, spielt auf heutigen Stripteasevorführungen überhaupt keine Rolle mehr, weil das Publikum offensichtlich den Sinn für die Bedeutung der Intimsphäre verloren hat.

Ob ein Zuschauer (oder vielleicht auch die Tänzerin) noch jene unheimliche Angst spürt, die besonders Jugendliche empfinden, die das erste Mal der Liebe begegnen, müßte eine wohlkalkulierte Untersuchung herausfinden; wahrscheinlich aber nicht, denn Nacktheit ist etwas gar zu Gewöhnliches in unserer Zeit geworden. Søren Kierkegaard, der von der Angst viel-

Welt
hat der Mensch im Gegensatz zum Tier, das nur eine Umwelt kennt. Das Tier bezieht alles nur auf sich selbst, nichts in seiner Umgebung besitzt ein Eigenrecht. Der Mensch dagegen weiß, dass er nicht im Zentrum einer Welt steht, und deshalb fasste Pleßner das Weltverhältnis des Menschen in den *Stufen des Organischen* unter dem Stichwort „exzentrische Positionalität" zusammen. Plessner will damit ausdrücken, dass der Mensch sich selbst einordnen und sich selbst auf einen Platz in einer Rangordnung setzen kann. Er weiß auch, dass es vor ihm eine Welt gegeben hat, so wie es eine nach ihm geben wird. Weil der Mensch weiß, dass es auch anders hätte kommen können, als es tatsächlich kam, oder vielleicht einmal besser oder schlechter sein wird, als es jetzt ist, kennt er Gefühle wie Dankbarkeit und Liebe, Sehnsucht und Angst. Tiere, auch höhere Tiere, kennen Affekte wie Furcht oder Wut, aber Liebe oder Dankbarkeit sind ihnen ebenso fremd wie jede Moral.

leicht mehr verstand als je ein Mensch vor oder nach ihm, schreibt über sie:

„Was ist es für eine Liebe, mit der wir die Natur umfangen, ist in ihr nicht eine geheimnisvolle Angst, ein Grauen ... Eben diese Angst ist das Fesselndste. Ebenso auch mit der Liebe, wenn sie interessant sein soll. In ihrem Hintergrunde muß die tiefe angstvolle Nacht brüten, aus welcher der Liebe Blüte hervorbricht. Ebenso ruht die Seerose (nymphaea alba) mit ihrem Blütenkelch auf des Wassers Oberfläche, indessen der Gedanke sich ängstigt, in die tiefe Finsternis niederzustürzen."[2]

Die Ironie, mit der viele Männer über die Besuche von Stripteaselokalen oder Bordellen berichteten, lässt uns vermuten, dass der Striptease, obwohl er auf der Bühne in einiger Entfernung von ihnen stattfand, dem Betrachter sehr nahe ging und er diese Nähe deshalb überspielen musste. Aber heute? In dem Boulevardjournal eines kommerziellen Fernsehsenders wurde kürzlich über die „heißeste" Friseuse Sachsens berichtet, die die seltsame und eigentlich nicht recht motivierte Angewohnheit besitzt, sich während des Haareschneidens zu entblättern. Der offenbar sehr abgebrühte Jüngling, dessen Kopf sie eben bearbeitete, reagierte aber eher gelangweilt und hob lediglich irritiert die Augenbrauen, als das Mädchen plötzlich, man wusste nicht warum, die Bluse öffnete und weitere Kleidungsstücke folgen ließ. Es schien, dass für ihn die Liebe keinesfalls noch „interessant" war, und von der Angst und dem Grauen, die einen Kierkegaard umtrieben, waren diese beiden – wie unser Zeitalter insgesamt – unendlich weit entfernt.

Wenn wir davon sprechen, dass ein Mensch sich entblößt, dann benutzen wir die Fechtersprache, in der „entblößen" „sich verwundbar machen" bedeutet. Die Stripteasetänzerin ist ja als einzige nackt und steht als einzige im Licht. Deshalb ist sie verwundbar, und deshalb besitzt sie in den Augen der Zuschauer keine Welt (siehe Erläuterung) und damit kein eigenes Recht. Allein die Bühne und deren vielleicht gar feierlicher Rahmen kann ihr dieses Recht zurückgeben und ihr eine Würde zugestehen, die sie mit ihrem öffentlichen Entkleiden aufgegeben hat. Aber im Laufe des letzten Jahrhunderts wurden Dekoration und Handlung immer mehr reduziert – Stripteasetänzerinnen sind heute durch nichts mehr vor ihrem Publikum geschützt. Früher standen sie auf der Bühne über ihm, heute liegen sie auf dem Boden oder gar beim „Tabledance" wie eine Mahlzeit auf dem Tisch:

„Da die bürgerlichen Bühnen die Erotik für sich entdeckten, blieb dem ‚erotischen' Tanz nichts anderes übrig, als sich der Pornographie zu öffnen. Ein ähnlicher Wandel vollzog sich auch im übrigen Europa. In Holland erwartete man von den Stripperinnen nicht nur, daß sie direkt vor den Tischen der Gäste tanzten, sondern auch, daß sie sich prostituierten ... Ende der siebziger Jahre verlangte man von ihnen, daß sie sich auf dem Boden, auf ein ... Bett, einen ... Teppich legten oder sich auf einen Barhocker setzten und dabei die Beine weit genug spreizten, damit das Publi-

kum einen ungehinderten Blick auf ihre Genitalien hatte. Die Zuschauer riefen nicht mehr ,Ausziehen!', sondern ,Laß deine Möse sehen!'"[3]

Die Verrenkungen einer Autorin, die einerseits den Erotiktänzerinnen Stärke und Selbstbewusstsein zusprechen und ja auch unter gar keinen Umständen als prüde oder spießig gelten möchte, andererseits einen ganz offensichtlich sehr weitgehenden Verfall der Sitten nicht übersehen kann, sind schon erstaunlich: warum „blieb dem ,erotischen' Tanz nichts anderes übrig, als sich der Pornographie zu öffnen"? Hätten die Tänzerinnen nicht einen anderen Beruf ergreifen oder sich verweigern können? Und liegt diese Entwicklung nicht in der Logik der Dinge? Denn seit mehr als hundert Jahren verschieben sich die Schamgrenzen immer und immer weiter, so dass es schon seit längerer Zeit so aussieht, als sei das Ende der Entwicklung erreicht, aber es gibt doch immer wieder Steigerungen.

Striptease ist heute für junge Frauen, aber längst auch für Männer eine sehr gesuchte Nebenerwerbsquelle. Es gibt zahlreiche Agenturen, die Hobby-Tänzer für Hausbesuche vermitteln, und es ist seit längerer Zeit Mode, Stripteaseauftritte an Geburtstagen zu verschenken. Der Beschenkte muss in der Mitte des Raums Platz nehmen, so dass er zusammen mit der Tänzerin im Licht steht. Er erlebt ihren Auftritt aus nächster Nähe, wogegen die Gäste sich ins gnädige Halbdunkel zurückziehen dürfen. Kann man eine derartige Mode moralisch bewerten, oder spricht – im Falle einer Ablehnung beziehungsweise Verurteilung – nur die Prüderie, also eine aufgesetzte, ihrer Zeit hinterherhinkende Schamhaftigkeit?

> **Die Schamhaftigkeit des Menschen gründet in seinem In-der-Welt-sein.**

Ein Geschenk wie das angesprochene besitzt zwei Seiten: erstens den Auftritt selbst, also die Moralität der Tänzerin, zweitens aber den Umstand, dass dieser Striptease verschenkt wird. Wie stünde eigentlich der Beschenkte da, lehnte er dieses Geschenk ab? Erschiene er prüde und spießig, oder würde man ihn für seinen Mut bewundern? Denn eigentlich ist es ja so, dass die Gäste und Gratulanten sich diesen Striptease selbst schenken, dass sie selbst im milden Halbdunkel der Zimmerecken unbeobachtet genießen wollen, was sie dem Schein nach dem Jubilar zudachten, und dass das Geburtstagskind – jedenfalls in sehr vielen Fällen und ganz gewiss, wenn es sich bei ihm um einen eher schüchternen Menschen handelt – Höllenqualen aushalten muss. Einmal natürlich deshalb, weil er selbst mehr im Mittelpunkt steht, als er es sich wünscht, andererseits, weil ihn der Tanz beschämen mag, zumal es sich manche Tänzerinnen zur Regel gemacht haben, das Geburtstagskind an den Geschlechtsteilen zu berühren. Also: als Geschenk ist ein derartiger Strip-

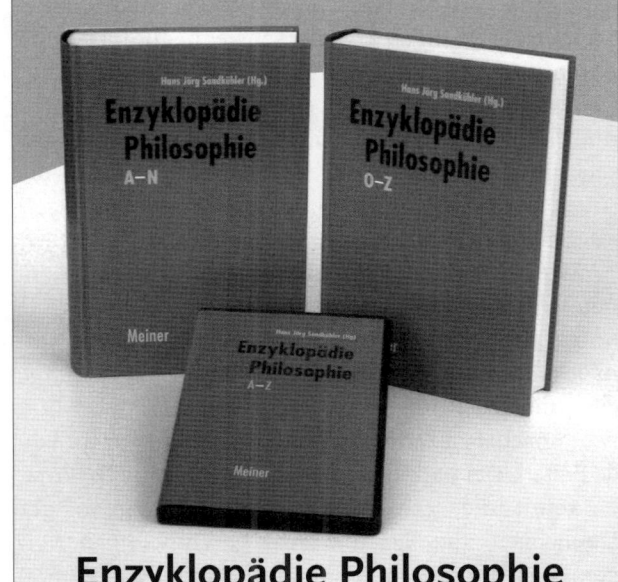

23

tease strikt abzulehnen, wenngleich sich diese Ablehnung in der heutigen Zeit nur schwer in guter Haltung durchführen lässt. Man müsste schon das Risiko auf sich nehmen, als Spießer oder verklemmt zu gelten und damit so ziemlich die unterste Stufe auf der gesellschaftlichen Leiter einzunehmen; aber vielleicht ist die Angst davor wesentlich philiströser (hier: spießiger) als die Weigerung selbst.

Wie steht es um die Moralität der Tänzerin? Können wir sagen, dass sie von ihrem Tanz seelisch ganz unberührt bleibt? Ist Nacktheit nicht längst etwas Normales, über das sich nicht einmal mehr sittenstrenge alte Jungfern aufregen mögen?

Zunächst ist Striptease würdelos, und zwar für beide Seiten. Der gaffende Zuschauer, der keine Diskretion kennt und deshalb keinen Respekt zeigt vor der Lieblichkeit und Eleganz eines geschmeidigen Körpers, besitzt sowieso keinerlei Anspruch auf Würde. Und deutet ein würdeloses Publikum nicht auf einen würdelosen Tanz?

Der Striptease ist vielleicht nicht würdelos oder zumindest weniger, wenn er sich auf einer Bühne vollzieht und wenn zu ihm ein Rahmen gehört – Musik, das Programm des Entkleidens, die Dramaturgie des Tanzes. All das zeichnet den Striptease aus; aber es ist eben durchaus von der Kunst der Tänzerin und dazu von dem Anstand des Publikums abhängig, ob ihr selbst und ihrem Tanz Würde zukommt. Wenn das geschieht, was Jarrett von den Tänzerinnen in Holland berichtet, dann ist es mit der Würde vorbei – mit der Würde ist der Fußboden ebenso wenig vereinbar wie bereits die Stripstange, an der sich die Tänzerin hinauf- und hinabgleiten lässt, und mit der Würde ist auch die fehlende Kontrolle der Tänzerin über das Geschehen unvereinbar. Auf der Bühne, vom Publikum entfernt, kann sie selbst das Programm diktieren, unmittelbar vor den Gästen, auf Augenhöhe, ist sie diesen wehrlos ausgeliefert; auf der Bühne kann sie eine Diva sein, an der Stripstange ist sie nichts als Fleisch.

Die Tänzerin ist nackt, die Gäste aber sind angezogen. Das ist für manche Autoren Grund genug, ihr Stärke zuzusprechen, aber es ist eine notwendige, für die Gesundheit ihrer Seele sogar überlebensnotwendige Stärke, weil die Tänzerin die Würdelosigkeit ihrer Situation nicht allein überspielen, sondern auch vor sich selbst rechtfertigen muss. Unter solchen Umstän-

Auf der Bühne kann die Tänzerin eine Diva sein, an der Stripstange ist sie nichts als Fleisch.

den kann ihre Stärke in Eitelkeit gründen, denn nur sie allein ist ja so schön, dass sie sich nackt zeigen kann, aber auch einen aggressiven Charakter annehmen, wenn sie den Zuschauern zu nahe tritt und sie demütigt. Schließlich ist niemand im Raum an ihr selbst, nämlich an ihr als Person, interessiert, sondern das Interesse richtet sich einzig und allein und in tatsächlich

beleidigender Ausschließlichkeit nicht allein auf ihren Leib und auch nicht auf seinen harmonischen Bau oder die Eleganz seiner Bewegungen, sondern sogar nur auf einzelne, chirurgisch oder wenigstens kosmetisch hergerichtete und herausgehobene Teile desselben, und sie muss deshalb schon sehr stark oder vielmehr verhärtet sein (oder werden), um diese Verachtung ihrer Person ertragen zu können. Es ist deshalb typisch, „daß viele Stripperinnen ihr Publikum erniedrigen, um nicht selber als erniedrigt zu erscheinen"[4].

Den Maßstab unserer Sittlichkeit gewinnen wir an uns selbst!

Die Tänzerin wie die Prostituierte blenden, um vor sich selbst bestehen zu können, das Personsein ihrer Kunden vollständig aus, so dass sie in ihrem übrigen Leben genauso schamhaft und sittenstreng wie jede andere Frau sein können. Oft mag ihr Verhältnis zum Publikum sogar in offenkundige Verachtung übergehen. Und Zuschauer wie Freier halten es ebenso, wobei der Zuschauer eines Striptease leichter von der Person absehen kann als der Freier bei dem Besuch einer Prostituierten, mit der er ja verhandelt und spricht und die er vielleicht sogar mit Namen kennt. Die Unsittlichkeit des ganzen Vorgangs beruht also darauf, dass man einander nicht mehr als Person, nicht mehr als moralisches Subjekt mit Rechten und Pflichten wahrnimmt, sondern nur als Mittel benutzt. Das gilt natürlich für beide Seiten.

Spricht man über die Moral des Striptease, so ist seine Unsittlichkeit festzustellen, aber es ist wesentlich, dass diese Unsittlichkeit nicht von außen durch eine überhebliche Moral an die Tänzerin oder an den Tanz herangetragen wird. Wenn Striptease unsittlich ist, dann deshalb, weil Tänzerin und Zuschauer ihre eigene Würde missachten und ihre Pflichten gegenüber sich selbst verletzen. Den Maßstab unserer Sittlichkeit gewinnen wir an uns selbst!

Die Schamhaftigkeit des Menschen gründet in seinem In-der-Welt-Sein. Eine absolute, wirklich alles umfassende Schamlosigkeit ist deshalb bei einem psychisch gesunden Menschen ganz undenkbar, weil er niemals allein und immer in der Welt ist. In einer vollkommenen Schamlosigkeit würde er sein Menschsein verlieren beziehungsweise hätte es bereits verloren, denn es ist zweifellos so, dass seine Schamhaftigkeit auch von seinem Vermögen abhängt, sich mit den Augen anderer zu betrachten, so dass ein vielleicht ungewöhnlich dummer, fantasieloser oder abgestumpfter Mensch aus diesem Grund weniger schamhaft sein kann, aber eine absolute Schamlosigkeit ist nicht denkbar. Ein Rest von Scham wird immer bleiben.

Immer wieder wird die Schamlosigkeit unserer Zeit behauptet. Schamlos ist der Mensch besonders in der Fremde, wo man ihn nicht kennt. Ein wesentlicher, wenn nicht der entscheidende Aspekt ist deshalb die

der blaue reiter

Mobilität; ein Mensch, dessen Leben sich auf ein einziges Dorf beschränkt, wird immer schamhaft sein, der Bürger einer Millionenstadt und noch mehr der Tourist in der Fremde sehr viel weniger.

Viel dramatischer wird die moralische Problematik, sobald es sich nicht mehr um Striptease, sondern um Pornografie handelt. Als die Vergangenheit einer jungen Schauspielerin als Pornodarstellerin zur Sprache kam, wurde ängstlich jede moralische Verurteilung vermieden, als seien Pornos das Normalste von der Welt. *Der Spiegel* in seiner Eigenschaft als Zentralorgan deutscher Moralphilosophie zeigte ein Bild, auf dem die Frau auf allen Vieren bei der Kopulation zu sehen ist, und kommentierte nachdenklich:

„Längst sind fast alle westlichen Gesellschaften in bizarrer Weise dauersexualisiert ... Was also ist bemerkenswert daran, dass eine junge Frau Porno-Filme gedreht hat ...? Gibt es in einem Land, in dem jährlich 9000 Pornos auf den Markt kommen, immer noch eine Schranke zwischen den Sphären: Hier das halbwegs normale öffentliche Leben, dort die ungehemmte private Triebhaftigkeit, hier die Filmkunst, dort die hässliche Welt des megageilen Hardcore-Kapitalismus?"[5]

Die aufgesetzte Coolness einer journalistischen Autorenclique kann nicht das extrem Schamlose eines öffentlich vollzogenen Geschlechtsverkehrs verdecken, sondern die fade Ironie, zu der sich der Passus steigert, zeigt ebenso wie die ungenaue und fahrlässige Gleichsetzung von Sexualisierung und Schamlosigkeit oder die Rede von den miteinander angeblich konkurrierenden Welten eigentlich nur, dass sich der Vorgang nicht mehr ironisieren lässt, sondern dass die Schamlosigkeit eine beängstigende Intensität gewonnen hat und unser Leben wie Denken in sämtlichen Aspekten so durchsetzt, dass sie es uns kaum noch erlaubt, sie wahrzunehmen und uns vor ihr zu distanzieren. Deshalb sei mit Blick auf die am Swimmingpool wie eine Kuh bestiegene Darstellerin an Platon erinnert, der großen Wert darauf legte, dass sich die Würde aufrecht hält, und entsprechend schroff die Würdelosigkeit derartigen Verhaltens rügte:

„Die also der Einsicht und Tugend bar sind, in Schmausereien aber und dergleichen sich immer pflegen ... zu dem wahrhaften Oben haben sie niemals weder hinaufgesehen noch einen Anlauf dorthin genommen und sind also auch mit Seiendem nie wahrhaft angefüllt worden noch haben sie je eine dauernde und reine Lust geschmeckt; sondern nach Art des Viehes immer auf den Boden sehend und zur Erde und den Tischen gebückt nähren sie sich und bespringen sich einander auf der Weide."[6]

Striptease war bis zum Siegeszug der Pornografie, der irgendwann im 19. Jahrhundert begann, eine der distanziertesten Formen der Erotik, die wir kennen, und der Reiz, den er ausübt, ist nicht für jeden leicht zu verstehen. Ist das Wesentliche der Liebe nicht die Nähe? Für Max Scheler besteht das Wesen der Liebe gar in der Überwindung jeder Fremdheit, in einem Ineinander-

fließen und Ineinanderaufgehen. Allein die Liebe kann die Scham überwinden, die er sich sehr stark vorstellt, fast unüberwindbar. Er folgt darin Rudolf Pannwitz, der von der Scham sagt, sie sei der „Schutz des Schwachen vor sich selbst, daß **es** (das Schwache) sich nicht prostituiert. Seine persönliche Scham ist der Schutz seines Wertes, mit seiner Person sich nicht zu sehr preiszugeben ... Seine Scham erhält ihm Selbstbewußtsein, Wertbewußtsein, Distance, Fremdheit."[7]

In *Wesen und Formen der Sympathie* hat Max Scheler die sexuelle Liebe in einer Weise geschildert, die wahre Unendlichkeiten von unserer Zeit entfernt ist. Er nimmt schon für die damalige Zeit, aber noch viel mehr aus der Sicht des heutigen Menschen eine extreme Position ein, die jegliche Form von bewusster Erotik für unmoralisch erklärt. Scheler versucht das Verhältnis von Körper und Geist, wie es in der Idee der Unio mystica (Verschmelzen der Seele mit Gott als Ziel der Gotteserkenntnis in der Mystik) angelegt ist, auf die körperliche Liebe zu übertragen; er besingt („beschreibt" wäre ein zu schwaches Wort) die Einsfühlung, das Ineinanderfließen der Liebenden in geradezu hymnischer Weise und wendet sich entschieden gegen alles, was eine rauschhafte Vereinigung behindern könnte: zum Beispiel gegen das Licht oder gegen jede Form der Reflexion. Unmittelbare, äußerste Nähe gehört für Scheler zum Wesen der Liebe, und nur in dieser Distanzlosigkeit scheint ihm die Scham überwindbar.

Scheler argumentiert an dieser Stelle nicht, er beschreibt auch nicht, wie Liebe ist, sondern er beschreibt, wie Liebe sein sollte. Der Leser versteht Schelers Gründe und seine Argumentation leicht, wenn er ihr den Begriff der Person zu Grunde legt, den er in seiner großen Ethik ausgearbeitet hat: Liebe richtet sich auf die Person und auf nichts anderes. Schelers Ideal der Liebe ist die Übertragung der Unio mystica auf das Verhältnis der Geschlechter zueinander. In seiner Vorstellung fließen Mann und Frau in der Liebe und besonders beim Geschlechtsverkehr ununterscheidbar zusammen und ineinander. Das Rauschhafte dieses liebenden Ineinanders ist es, das er als das „gegenseitige Verschmelzungsphänomen" bezeichnet:

> **Heute ist der Schambereich nicht allein entblößt, sondern auch rasiert – das heißt nackter als nackt.**

„Die elementare Form dieser Einsfühlung ist ohne Zweifel im liebeerfüllten Geschlechtsverkehr gegeben (d. h. dem Gegenteil des genießenden, gebrauchenden oder zweckhaften Aktes), da beide Teile unter rauschhafter Ausschaltung des geistigen Personseins ... in einem Lebensstrom, der keines der individuellen Iche mehr gesondert in sich enthält, der aber ebensowenig ein sich auf die beiderseitige Ichgegebenheit aufbauendes Wirbewußtsein darstellt, zurückzutauchen meinen."[8]

25

Die Liebe wurde wenige Jahre nach Scheler auch von Alexander Pfänder analysiert, und seine Untersuchungen scheinen sich polemisch gegen den allerdings ungenannt bleibenden Scheler zu richten, denn Pfänder schildert die rauschhafte Vereinigung zwar ähnlich, bewertet sie aber gegensätzlich. In ihr drängt sich das liebende Ich

„hin zu dem geliebten Gegenstand, um in einer trüben Vermischung mit ihm seine eigenen Konturen aufzugeben, gleichsam einen gemeinsamen Brei mit ihm zu bilden. Das andere Mal dagegen nähert sich das liebende Ich mit völliger Erhaltung seiner eigenen Konturen, ohne die geringste Tendenz zu zerfließender Verschmelzung oder Vermischung, dem geliebten Gegenstand und eint sich mit ihm zu einer Zweieinigkeit, in der die Konturen beider intakt erhalten bleiben. Die Zweieinigkeit hat hier den Charakter der sauberen Vornehmheit gegenüber der trüben Vermischungseinheit des ersten Falles."[9]

Scham ist eine Ausdrucksbewegung, die weder ein Ziel kennt noch einen Zweck.

Pfänder lehnt die ekstatische Form der Liebe entschieden ab, und das muss mit ihm auch Don Juan tun, jedenfalls dann, wenn dessen Charakter von Rudolf Lothar, der 1925 unter dem Titel *Die Kunst des Verführens* ein geistvolles, offensichtlich von Kierkegaards *Tagebuch des Verführers* beeinflusstes Handbuch der Liebe geschrieben hat, richtig gesehen und geschildert wurde. Kierkegaards Verführer nähert sich dem Mädchen Cordelia auf eine sehr durchdachte, ja durchtriebene Art, sticht einen Konkurrenten aus und verlobt sich endlich mit ihr – aber alles unter dem Vorsatz, die Verlobung ins Leere laufen zu lassen und schon bald wieder zu lösen. Der fiktive Herausgeber des Tagebuchs fasst die infame Verführung eines unschuldigen Mädchens so zusammen:

„Ich kann es mir vorstellen: er hat es verstanden, ein Mädchen auf den Punkt zu bringen, daß er sicher war, sie würde alles opfern. Wenn die Sache so weit gediehen war, brach er ab, ohne daß von seiner Seite die geringste Annäherung geschehen wäre, ohne daß ein einziges Wort über Liebe gefallen wäre, ganz zu schweigen von einer Erklärung, einem Versprechen. Dennoch war es geschehen, und die Unglückliche hatte das Bewußtsein davon mit zwiefacher Bitterkeit zu tragen."[10]

Das Wesentliche an Kierkegaards Verführer ist der innerliche Abstand zu dem Mädchen – er kennt keine Liebe:

„Wiewohl ich mir sonst einbilde, im gesamten Feld des Erotischen ziemlich bewandert zu sein: diesen Zustand hab ich an mir selber niemals wahrgenommen, diese Angst, dies Erbeben der Verliebtheit, will heißen in einem Maße, daß

es mir die Fassung nähme, denn ansonst bin ich schon mit dem Zustand bekannt, aber für mich ist er etwas, das mich stärker macht. Vielleicht möchte jemand sagen, ich sei also nicht richtig verliebt gewesen: nun, vielleicht."[10]

Für Lothar ist, wie für Kierkegaard, Don Juan nicht der Liebende und auch nicht der Liebhaber, sondern „der Meister der Verführung". „Er verliert nie den Kopf, und, so sonderbar das klingen mag, nie das ruhige Blut." Von Liebe kann bei ihm nicht die Rede sein, denn es geht ihm allein um Eroberung und Verführung, und Verführung bedeutet für ihn, „einem Weibe gegen ihren Willen Liebe einzuflößen". Er kennt „die Liebe selbst nicht. Er kennt nur den Genuß".[11] Man kann sagen, dass er in der Liebe die Distanz in der von Pfänder geschilderten, von Kierkegaard verurteilten Weise hält.

Schelers Konzeption der Liebe muss man entgegenhalten, dass die enthusiastische Schilderung nur für einen einzigen Moment taugt, der sicher einen wesentlichen Teil der Liebe bildet oder bilden kann, auf den wir sie aber nicht reduzieren dürfen. In der wahren Liebe ist uns die geliebte Person zugleich immer (oder doch fast immer) auch als fremde Person gegeben. Scham begleitet wesenhaft auch oder sogar besonders innige Liebe und wird nur für wenige kurze Augenblicke überwunden.

Stefan Diebitz ist freier Autor.

Anmerkungen:

1. Mann, Heinrich: Im Schlaraffenland. Ein Roman unter feinen Leuten. Berlin und Weimar 1991, Seite 323 f.
2. Kierkegaard, Søren: Das Tagebuch des Verführers. In: Kierkegaard, Søren: Entweder/Oder. Erster Teil. Gütersloh 1986, Seite 460
3. Jarrett, Lucinda: Striptease. Die Geschichte der erotischen Entkleidung. Berlin 1999, Seite 151 f.
4. Duerr, Hans Peter: Der Mythos vom Zivilisationsprozeß. Die Tatsachen des Lebens (Band 5). Frankfurt am Main 2002, Seite 652
5. Die Mechanik der Erregung. In: Der Spiegel 9/2004. Seite 160–162
6. Platon: Politeia. 586a; nach der Übersetzung von Schleiermacher.
7. Pannwitz, Rudolf: Die Erziehung. Frankfurt am Main 1909, Seite 71
8. Scheler, Max: Wesen und Formen der Sympathie. Studienausgabe. Herausgegeben von Manfred Frings. Bern und München 1974, Seite 36
9. Pfänder, Alexander: Zur Psychologie der Gesinnungen. 1. Teil. Halle 1922, Seite 56
10. Kierkegaard, Søren: Das Tagebuch des Verführers. In: Kierkegaard, Søren: Entweder/Oder. Erster Teil. Gütersloh 1986, Seite 329, 375
11. Lothar, Rudolf: Die Kunst des Verführens. 1925, Seite 5, 7, 16 f., 19, 35

Bernhard Waldenfels

Das Fremde im Eigenen

Der Ursprung der Gefühle

Gefühle haben in der Moderne einen schweren Stand. Jeder weiß, dass es sie gibt, doch wie gibt es sie und wo? Die Bewertung schwankt zwischen Herabsetzung und Überschwang. Wer sich auf das Gefühl als „sein inwendiges Orakel" beruft, „tritt die Wurzel der Humanität mit Füßen", so Hegel in der Vorrede zur *Phänomenologie des Geistes*: „Das Widermenschliche, das Tierische besteht darin, im Gefühle stehen zu bleiben und nur durch dieses sich mitteilen zu können." Gefühle ja, aber bloß als unentfalteter, dumpfer und wortloser Anfang. Zur gleichen Zeit stimmt Faust Gretchen gegenüber, nicht ohne Hintergedanken, das Hohe Lied der Gefühle an: „Nenn's Glück! Herz! Liebe! Gott! / Ich habe keinen Namen / Dafür! Gefühl ist Alles; / Name ist Schall und Rauch, / Umnebelnd Himmelsglut." Wenn Bewertungen so gegensätzlich ausfallen, liegt der Verdacht nahe, es bestehe eine geheime Komplizenschaft; man verdammt beziehungsweise preist über alle Maßen, was man vermisst.

> **Ansprechbar sind wir nur, sofern wir nie ganz bei uns selbst sind.**

In dem Hin und Her von Auf- und Abwertung spiegelt sich die neuzeitliche Subjektivierung der Gefühle; im Gefühl glaubt jeder nur bei sich selbst zu sein. Diese Verengung von Gefühlen auf das Empfinden des einzelnen Subjekts bildet das genaue Gegenstück zur Entzauberung des Kosmos, das heißt zur Reduktion eines sinnvollen Ganzen, in das der Mensch eingebunden ist, auf eine Naturgesetzen unterworfene Außenwelt. Als Inbegriff erklär- und beherrschbarer Mechanismen ist die Natur fortan nicht nur sinnfrei, sondern auch gefühlsfrei. Das ewige Schweigen der unendlichen Räume mag wie bei Blaise Pascal ein Schaudern auslösen, doch dies ist ein bloßes Restgefühl, das den Betrachter auf sich selbst zurückwirft.

Edmund Husserl zeigt in seiner *Krisis*-Schrift, dass der Verlust der Eingebundenheit in die kosmische Lebenswelt wettgemacht wird durch die „ergänzende Abstraktion" einer psychischen Innenwelt. Zum Bereich der Gefühle gehört nun all das, was sich nicht als sachliche Eigenschaft oder praktisch als Zweckdienlichkeit verbuchen lässt. In ihrer elementaren Form sind Gefühle private Zustände eines Subjekts: „*Ich habe das Gefühl, dass …*". Die quasiphysikalische Analyse des Selbst führt zur Annahme atomarer Empfindungsdaten, „sensationes" genannt, die nach Anschluss suchen, so dass wir – wie Georg Christoph Lichtenberg moniert – Gefühle wie „aufgeklebte Schönheitspflästerchen" behandeln. Gefühle gelten als irrational, keiner Regel gehorchend, solange sie sich selbst überlassen werden. Descartes' Trennung von Seele/Geist und

> **Wer glaubt, er sei „Herr seiner Gefühle", vergisst seine eigene Herkunft.**

Körper hinterlässt eine zweigeteilte Gefühlssphäre, in der geistige, höhere Gefühle wie Stolz und Trauer niederen, tierischen Gefühlen wie Wollust oder Ekel gegenübertreten. Auch die Gefühlswelt hat ihren „verfemten Teil". So büßen die Gefühle allmählich ihre Weltläufigkeit ein, und es ist ebendiese affektive Weltverarmung, gegen die Hegel mit seinen Vermittlungen zu Feld zieht. Natürlich gibt es auch Gegenläufiges wie Sternes *Sentimental Journey*, wo die Empfindung zum Leitfaden einer überraschungsfreudigen Länderreise wird. Wie so oft treten Literatur und Kunst als Sachwalter einer schwindenden und Vorboten einer kommenden Sache auf. Und auch bei einem Autor wie Immanuel Kant suchen die Gefühle ihren Weg in Form eines verfeinerten Geschmacks, doch dieser steht im Schatten der Natur- und Moralgesetze.[1]

Eine solch subjektive Verarmung der Gefühle hat es nicht immer gegeben, und es ist auch nicht dabei geblieben. Im klassischen Denken ist das, was griechisch „pathos" oder lateinisch „affectus", „affectio",

27

> **Leib und Körper**
> Der Leib wird im Unterschied zum bloßen Körper als lebendig und beseelt gedacht. Gabriel Marcel und Helmut Plessner führten die Differenz von Leib und Körper in ihre philosophischen Analysen ein, indem sie von einem Leib, der ich bin, und einem Körper, den ich habe, ausgingen. Maurice Merleau-Ponty markiert diese Differenz im Französischen durch Hinzufügen von Adjektiven: Le corps vivant, le corps propre und le corps phénoménal bezeichnen dann den Leib im Unterschied zum Körper. „Leib sein" und „Körper haben" bedeuten eine abgründige Zweideutigkeit unserer Existenz, die in keiner Ganzheit zu versöhnen ist.

„emotio" und „passio" heißt, vielfältig eingebettet: in die Wahrnehmung, die mit der Empfindung anhebt; in das Streben, das sich von Angenehmem anziehen, von Unangenehmem abstoßen lässt; in die Rede, die auf die Stimmungs- und Interessenlage der Zuhörer Rück-

Im Gefühl ist der Erfahrende sich selbst voraus.

sicht nimmt; in den Überschwang der Leidenschaft, in der sich die Welt auf einen einzigen hellen oder dunklen Punkt zusammenzieht. Der Eros (siehe Erläuterung), in Sophokles' Tragödie *Antigone* besungen als eine unbezwingliche Macht, die „in die Besitztümer einfällt", ist weit entfernt von einem Gefühlshaushalt, den der Einzelne verwaltet. Selbst „concordia" (Eintracht, Einigkeit) und „consensus" (Übereinstimmung) haben einen leiblich-sinnlichen Unterton, der sich nicht in gemeinsamen Zielsetzungen und Regelungen erschöpft. Gleichwohl steht auch in der klassischen Philosophie das Pathos im Schatten des Logos (der ordnenden und lenkenden Vernunft), vor allem in der wirkmächtigen Schule der Stoa. Das Pathos ist in sich selbst ein Alogon, das heißt etwas Irrationales, das sich der Herrschaft des Logos zu beugen hat.

Das Pathos ist eine Überraschung par excellence.

Schon im Umfeld der klassischen deutschen Philosophie, sodann bei Ludwig Feuerbach, Søren Kierkegaard, Arthur Schopenhauer und Friedrich Nietzsche als den philosophischen Rebellen des 19. Jahrhunderts und vollends mit den denkerischen Neuansätzen des 20. Jahrhunderts ändert sich die Sicht der Dinge. Zwar fehlt es bis heute nicht an dem Bestreben, sich im Gefühl eine esoterische Seelenheimat zu schaffen, fern von den Unbilden einer technisch verengten Rationa-

lität. Doch überzeugender sind die Versuche, den Gefühlen einen neuen Ort und vielfach auch einen neuen Namen zu geben. Daran hat die Phänomenologie (siehe Erläuterung) einen besonderen Anteil.

Edmund Husserl befreit die Gefühle aus ihrem subjektiven Verließ, indem er Vorgänge wie das Sich-Freuen *an etwas* oder das Sich-Ärgern *über etwas* als ein intentionales, das heißt auf Bedeutungen ausgerichtetes, Fühlen begreift, das an der Sinnerschließung und der Selbstbildung seinen genuinen (eigenen) Anteil hat. Max Scheler ersetzt die Empfindungsbausteine durch ein verbal zu bezeichnendes Empfinden, das sich öffnet und verschließt, und Ernst Straus nimmt diesen Gedanken auf, indem er das Empfinden als ein Geschehen fasst, das weder der Objektivität noch der Subjektivität angehört, da der Empfindende sich in und mit der Welt empfindet. Bei Heidegger wandelt sich das Empfinden in die Befindlichkeit des Da-Seins, ein Sich-in-der-Welt-Befinden, das in Stimmungen wie Furcht, Freude oder Langeweile eine wechselnde Tönung annimmt. In der französischen Phänomenologie verstärkt sich der leibliche Aspekt (siehe Erläuterung) der Gefühle, so wenn Jean-Paul Sartre die Magie der Emotionen und die emotionale Selbstverzauberung hervorhebt und wenn Maurice Merleau-Ponty das Empfinden als einen originären, vorobjektiven und vorsubjektiven Welt-, Selbst- und Fremdkontakt beschreibt.

Ich selbst fasse den Unter- und Hintergrund, von dem sich alles sinngerichtete und geregelte Verhalten abhebt, als Pathos oder als Af-fektion, wörtlich: als Antun. Das griechische Wort „Pathos" bedeutet dreierlei. Es meint zum Ersten ein Widerfahrnis, etwas, das uns

phorismenschneise • Aphorismenschneise • Aphorismenschn

Das Zartgefühl besteht unter anderem darin, sich vom andern Geschlecht nicht völlig frei zu machen.

Am Schwärmer stören weniger die schlechten Manieren als die Sorgfalt, womit er sie pflegt.

Das Lächeln ist die Hornhaut der Seele.

Um Subjekt der Leidenschaft zu sein, muss man ein wenig hochmütig, um ihr Objekt zu werden, ein wenig frivol denken.

zustößt, anrührt, trifft, nicht ohne unser Zutun, aber über dieses hinaus. Verwandt damit ist die grammatische Form des Passivs, nur muss dieses als ein Urpassiv verstanden werden, das heißt als eigenständige Form, nicht als Schwundstufe oder als Umkehrung des Aktivs. Pathos bedeutet zweitens etwas Widriges, das mit Leiden verbunden ist, aber auch das sprichwörtliche Lernen durch Leiden (pathei mathos) zulässt. Schließlich bezeichnet Pathos eine Leidenschaft, die uns aus dem Gewohnten herausreißt wie der platonische Eros (siehe Erläuterung). Das Pathos ist eine Überraschung par excellence. Es kommt stets *zu früh*, als dass wir uns dessen versehen könnten, unsere Antwort kommt immer *zu spät*, um ganz und gar auf der Höhe der Erfahrung zu sein. Dies bedeutet nicht, dass *etwas* der eigenen Erfahrung vorausgeht, wie es sich für einen äußeren Beobachter darstellt, es bedeutet vielmehr, dass der Erfahrende *sich selbst* vorausgeht. Erfahrung, die einem Widerfahrnis entstammt, beginnt nicht bei sich selbst, im Eigenen, sondern anderswo, in der Fremde. Ein Tun und Reden, das einem Pathos entspringt, ist geprägt durch den Grundzug der Responsivität (wörtlich: einer „Antwortlichkeit", die der Verantwortung im Reden und Tun vorausgeht). Daraus folgt: Ein Pathos habe ich nicht, wie ich Gefühle „habe", einem Pathos bin ich ausgesetzt. Ferner: Anders als die Gefühle der Neuzeit ist Pathos kein „Begleitphänomen", das als „dritte Klasse" zum Vorstellen und Wollen hinzutritt, wie Heidegger in *Sein und Zeit* kritisch vermerkt. Es ist keine bloße Erfahrungskom-

> **Im Gefühl glaubt jeder nur bei sich selbst zu sein.**

ponente, vielmehr sitzt es im Herzen der Erfahrung wie die Unruh in der Uhr. Wer glaubt, er sei „Herr seiner Gefühle" (eine ausgesprochen männliche Redensart!), vergisst seine eigene Herkunft.

Ort der pathischen Gefühle sind weder die Dinge noch die Seele oder der Geist; ihr Ort ist der Leib (siehe Erläuterung), der sich spürt, indem er etwas spürt, und in seiner Weltzugehörigkeit verletzlich ist. Dieser Leib ist der eines leiblichen Selbst, das sich auf sich bezieht, indem es sich zugleich sich entzieht – wie der eigene Blick in den Spiegel oder das Echo der eigenen Stimme. Um ein Spiegelbild als Bild seiner selbst oder ein Echo als Widerhall der eigenen Stimme zu erkennen, muss ein Selbst aus seiner Selbstbezüglichkeit heraustreten, einen Teil von sich an die Welt verlieren. Der Selbstentzug bezieht sich auch auf die Materialität unseres Leib*körpers*, einschließlich der Rätselhaftigkeit „meines Gehirns" mit seinen neuronalen Gefühlszonen wie dem limbischen System. Ansprechbar, affizierbar sind wir nur, sofern wir nie ganz und gar bei uns selbst sind. Ohne diese Abgründigkeit unserer selbst, die – wie schon Platon beteuert – an den Wahnsinn rührt, bliebe nur ein laues Behagen zurück.

29

Eros, platonischer
(von griechisch eros: Liebe, Verlangen): Eros bezeichnet bei Platon eine Kraft, einen Drang nach dem Schönen, aber auch nach dem Wahren und Guten. In diesem Streben entfaltet der Mensch seine Möglichkeiten.

Grundgestalten eines leibhaftigen Pathos finden wir in allen Registern unserer Erfahrung: Schon die einfachste sinnliche Erfahrung geht über eine bloße Registrierung und Kodierung von Daten und deren Verarbeitung hinaus. Dem Rot oder Blau, das uns entgegenstrahlt oder auf uns einstürmt, entspricht ein Rot- oder Blauverhalten. Das heißt, es gibt keine neutrale Farbwahrnehmung; die Wahrnehmung von Farbe ist immer schon getönt durch wechselnde Formen der Zu- oder Abwendung, durch gleitende oder stockende Bewegungen, durch schnellere oder langsamere Rhythmen. Wie schon der Hirnforscher Kurt Goldstein in seinem Werk *Der Aufbau des Organismus* unter gleichzeitiger Berufung auf Johann Wolfgang Goethe und Wassily Kandinsky zeigt, berührt sich die Farbwahrnehmung mit der Farbsymbolik. Wenn wir zwischen warmen und kalten Farben unterscheiden oder wenn jemand rot wird vor Zorn, gelb vor Neid, so sind dies nicht nur bildliche Ausdrücke, die rohe Daten mit einem affektiven Lack überziehen. Das Ethische beginnt nicht erst mit dem rechten Handeln. Es gibt ein Ethos der Sinne, das aus dem Pathos erwächst, bevor die Regelvorschriften einsetzen.[2]

Aufmerksamkeit, ohne die es buchstäblich nichts gibt, was nennenswert oder erstrebenswert wäre, beginnt nicht damit, dass Beobachtungsakte dem Scheinwerfer gleich einen dunklen Raum ausleuchten, sie beginnt damit, dass uns etwas auffällt oder einfällt, unsere Anteilnahme weckt, Spannung erzeugt. Jedes Neue hat bis in die Prozesse des Gehirns hinein einen

**Gefühle gelten als irrational,
solange sie sich selbst überlassen werden.**

Affektionswert, keinen bloßen Informationswert. Das Aufmerken, in dem das Auffällige Gestalt annimmt, ist selbst wiederum eine Art des Antwortens. Um nochmals aus Lichtenbergs *Sudelheften* zu zitieren: „Wenn ich bisweilen Kaffee getrunken hatte und daher über alles erschrak, so konnte ich ganz genau merken, daß ich eher erschrak, ehe ich den Krach hörte; wir hören also noch mit andern Werkzeugen als mit den Ohren."

Es gibt Weltgefühle oder Grundbefindlichkeiten, in denen die Ordnung der Welt und unser eigenes Dasein ins Wanken geraten. Dazu gehören Staunen und Angst, die von alters her zu den Grundantrieben der Philosophie gezählt werden. Staunen, wie es in Platons *Theaitet* beschrieben wird, ist ein Pathos, das uns über-

fällt, das uns schwindeln macht und unseren ganzen Körper in Mitleidenschaft zieht. Es ist kein bloßes „Problem", das es zu lösen gilt. Es lässt sich auch nicht lernen, sondern höchstens einüben wie der Umgang mit dem Tod. Eine Situation, in der ich mich – mit Wittgensteins einfachen Worten – „nicht auskenne", ist nicht mit Unkenntnis und mangelndem Durchblick zu verwechseln. Wäre es nur das, so könnte man die Philosophie getrost einem „General Problem Solver" überlassen. Das winzige „Da stimmt etwas nicht" hat stets etwas Unheimliches. Für die Philosophie wie auch für die Künste bedeutet dies, dass sie eine Schwelle überquert und nicht bloß ihren eigenen Boden bearbeitet wie eine wackere Schulphilosophie oder eine bloß akademische Kunst.

**Gefühle haben in der Moderne
einen schweren Stand.**

Erinnerung, die sich inzwischen als Gedächtniskultur eines besonderen Ansehens erfreut, ist zweifellos auf wiederholbare Strukturen, auf kollektive Gedächtnisorte, auf Zeichen und Rituale angewiesen. Doch diese laufen leer, wenn es nicht etwas gibt, das immer wieder unsere Erinnerung wachruft. Dieses Mehr, das bloße Erinnerungskapazitäten hinter sich lässt, ist nicht zu denken, ohne dass etwas uns berührt und sich uns körperlich einprägt. Nietzsches Satz aus der *Genealogie der Moral*: „Man brennt etwas ein, damit es im Gedächtnis bleibt: nur was nicht aufhört, *wehzutun*, bleibt im Gedächtnis" beschwört ein pathisches Tiefengeschehen, das sich nie völlig kulturalisieren und moralisieren lässt. Nicht nur Gedanken, auch Erinnerungen kommen, wenn sie wollen, nicht wenn wir wollen.

Mit dem Gefühlsausdruck betreten wir einen Bereich, wo Eigen- und Fremderfahrung sich verflechten. Auch der Ausdruck ist freizuhalten von der Spaltung in Körper und Geist, als würde etwa im Zorn nach außen treten, was im Innern schon vorhanden ist. Wenn Scheler in seiner Schrift über *Wesen und Formen der Sympathie* darauf besteht, dass die Zornesröte den Zorn, die Schamröte die Scham nicht nur anzeigt, sondern diese sich darin *realisieren*, so verweist dies auf eine eigentümliche Körpersprache, die auch in Freuds Symptombildung eine wichtige Rolle spielt. Symptome wie sie in Fehlhandlungen oder Zwangshandlun-

Privatsprache
Sprache, die nicht geteilt und gelehrt werden kann, weil ihre Wörter sich auf etwas beziehen, das nur dem Sprecher bekannt sein kann, nämlich seine unmittelbaren privaten Erlebnisse. Die Möglichkeit einer Privatsprache wird vom Hauptstrom der modernen Philosophie unausdrücklich vorausgesetzt.

gen als Waschzwang oder als Einschlafzeremoniell zu Tage treten, *bedeuten* nicht nur etwas anderes, sondern sie *ersetzen* eines durch das andere. Zur pathisch geprägten Körpersprache gehören Elemente wie Tonfall, Tempo und Rhythmus, die eine präsemantische und präpragmatische Vorsprache bilden, das heißt Elemente, die der zeichenhaften Bedeutung (Semantik) und der handlungsbestimmenden Absicht (Pragmatik) vorgelagert sind. Im Ton, der die Musik macht, kommt zum Ausdruck, was uns anspricht, anregt, aufregt, bevor es in Worte gefasst oder in Taten umgesetzt wird. Hinzu kommt die Körpersprache, die sich in Mimik, Haltung, Gangart, Kleidung und Körperschmuck artikuliert. Wittgensteins Demontage der Privatsprache (siehe Erläuterung) verweist nicht zuletzt auf eine Ausdruckssphäre, in der es Nischen, Winkel, Falten und Spalte gibt, aber kein abgeschirmtes Interieur und auch kein Leibesreservat, das nichts zuließe als ein reines Selbstgespür.

Die Körpersprache setzt sich fort in einem Körpergespräch. Es beginnt mit dem affektiven, gefühlsbestimmten Dialog zwischen Kleinkind und mütterlicher Bezugsperson. Vergils „risu cognoscere matrem" (das frühkindliche Anlächeln der Mutter), das René Spitz zum Motto seiner Säuglingsstudien gewählt hat, lässt eine Sphäre der Vertrautheit entstehen – oder eben nicht entstehen wie im Falle des Hospitalismus[3]; motorische und affektive Momente greifen ursprünglich ineinander. Dies setzt sich fort im Leben des Erwachsenen. Mit dem Blick des Zuhörers oder der Zuhörerin, „der uns einen halbausgedrückten Gedanken schon als begriffen ankündigt" erinnert Heinrich von Kleist an die fortwährende Geburt des Sinnes und unserer selbst aus dem Pathos.

Neben vielen anderen Fragen bleibt die nach der Normalisierung der Gefühle und ihrer möglichen Technisierung. Besteht die Welt der Gefühle nur aus Überraschungen? Dies annehmen hieße, die Empfindung mit der Sensation verwechseln. Die Normalität setzt unweigerlich dort ein, wo Gefühlsäußerungen sich in wiederholbaren Gestalten, in geregelten Abläufen und in Ritualen niederschlagen. Wir lernen, im Schmerz die Zähne zusammenzubeißen, der Sympathie freien Lauf zu lassen, Mitleid zu äußern oder mit der Schadenfreude hinter dem Berg zu halten. Doch dahinter breitet sich eine Gefühlsskala aus. Dem Kältepol auf der Skala nähern wir uns auf den Wegen der diplomatischen Gefühlstaktik oder des Gefühlsmanagements. Gehen wir so weit, das menschliche Verhalten und Erleben zu operationalisieren, so reduziert sich das Begehren des Anderen am Ende auf einen objektiven Bedarf, wie wenn es am nötigen Öl oder Blutzucker fehlt. Eine Gefühlsmaschine wie Dieter Dörners EMO kennt Gefühlsausbrüche nur als Ventile, die sich öffnen. So geht schließlich alles mit rechten Gefühlen zu. Den Wärmepol der Skala bilden Schocks, Traumatisierungen, Überraschungen jeder Art, die unerwartet und programmwidrig auftreten. Damit ist nicht ausgeschlossen, dass man sie als funktionssteigernde Stimulanzien einsetzt. Nichts hindert den Menschen daran, sich in seine Simulationen einzu-

spinnen. Doch ein fabriziertes Pathos wäre keines mehr. Wir sollten unterscheiden zwischen einem gebundenen Pathos, das den Hintergrund unseres gewöhnlichen Verhaltens bildet und so unauffällig auftreten kann wie der alltägliche Gruß, und einem freigesetzten Pathos, das uns aus den gewohnten Zusammenhängen herausreißt. Das Pathos selbst wäre dann nur

> „Das Widermenschliche, das Tierische besteht darin, im Gefühle stehen zu bleiben." G. W. F. Hegel

indirekt fassbar, als Abweichung vom Gewohnten, als Überschuss an Nichtlernbarem in allem Lernbaren, als Fremdes im Eigenen. Werden die pathischen Überschüsse wegnormalisiert, so nähern wir uns dem von Nietzsche warnend beschworenen „Normalmenschen", der nur noch Normalgefühle kennt. Der Mensch als „nicht festgestelltes Tier" würde sich dem Status eines künstlich festgestellten Tiers annähern. Das „Widermenschliche", das hierin zum Ausdruck kommt, beruht nicht darauf, dass der Mensch rohen Anfängen verhaftet bleibt, sondern darauf, dass der Logos sich von dem Pathos abspaltet, dem er seine Schwungkraft verdankt.

Bernhard Waldenfels ist emeritierter Professor für Philosophie an der Ruhr-Universität Bochum.

31

Anmerkungen:

1. Ähnliches gilt für das moralische Gefühl der Achtung, das von der Vernunft selbst „praktisch-gewirkt" wird. Immerhin entsteht daraus ein neuartiger Gefühlsadel, der im argumentativen Räderwerk unserer Diskurse und in den Schnittmustern unserer Systeme wenig Beachtung findet.
2. In diesem Sinne liefert Nietzsches Physiologie der Moral mit ihrer „Zeichensprache der Affekte" ein Gegengift gegen so manche Überbaumoral mit ihren allzu hehren Gefühlen.
3. Krankheit, besonders von Kindern, die durch die Besonderheiten – zum Beispiel häufiger Wechsel der Bezugsperson – eines längeren Heimaufenthalts bedingt ist.

Literatur mit entsprechenden Literaturhinweisen:

– Waldenfels, Bernhard: Das leibliche Selbst. Suhrkamp Verlag (stw 1472), Frankfurt am Main 2000, Kapitel II, V, VII
– Waldenfels, Bernhard: Bruchlinien der Erfahrung. Suhrkamp Verlag (stw 1590), Frankfurt am Main 2002, Kapitel I
– Waldenfels, Bernhard: Phänomenologie der Aufmerksamkeit. Suhrkamp Verlag (stw 1734), Frankfurt am Main 2004

Günther Bien

Sehnsucht

Das Außer-sich-Sein der Vernunft

Sehnsucht ist das Streben der Vernunft, sich als eins mit dem Ewigen zu fassen. Als Quell jeglicher Produktivität ist sie ein einzigartiges Grundgefühl, das, von der Lebenswirklichkeit ausgezehrt, dem Menschen zugleich seine Endlichkeit vor Augen führt.

> **Sehnsucht ist das Streben der Vernunft, sich in ihrem Einssein mit dem Ewigen zu fassen.**

Die Sehnsucht ist eine in vieler Hinsicht problematische Angelegenheit. Nicht nur der Sache nach; schon das Wort, das die Sache zum Ausdruck bringt, ist, dies zumindest, mehrdeutig. Mit dem zweiten Bestandteil erinnert das Wort Sehnsucht an die unheilvollen Süchte, eine Geißel der Menschheit: Streitsucht, Gewinnsucht, Herrschsucht, Gelbsucht, Schwindsucht und so weiter. Dieser Sachverhalt lässt sich sprachgeschichtlich leicht aufklären: Das Substantiv Sucht (lateinisch: morbus, passio, cupiditas) ist eine ablautende Bildung zu dem Wort siechen, krank sein. Süchte (Seuchen!) sind Krankheiten, die nicht auf äußere, mechanische Einwirkungen zurückgeführt werden können. Süchtige, so hat man die Süchte zu erklären versucht, sind von Dämonen besessen. Kant rechnet die Süchte (Ehrsucht, Habsucht, Herrschsucht, Rachsucht) den Leidenschaften zu. Das sind für ihn Neigungen, die nicht aus der natürlichen Veranlagung, sondern der Kultur hervorgehen und sich insofern immer nur auf andere Menschen beziehen, nicht auf Sachen. Wie immer es sich mit dem Bezug auf andere Menschen verhalten mag: Süchte scheinen ihren Nährboden in den durch das kulturelle Klima einer Gesellschaft bedingten Ausdünstungen zu finden, die auch für ihre Verbreitung sorgen.

Süchte sind also Begierden (Verlangen), welche die vernünftigen Grenzen überschreiten und die Zivilisationsmuster einer Gesellschaft durchbrechen: der Süchtige erscheint insofern als ein von ihnen Besessener.

Im Wort Sehnsucht verstärkt sich die Sucht in einem gewissen Sinne. Das mittelhochdeutsche *senen* heißt „schmerzliches Verlangen empfinden", kann aber auch schlicht mit „klagen" übersetzt werden. Interessant ist die Feststellung der Sprachgeografen, dass das Wort Sehnsucht in der Bedeutung von „sich härmend", „schmerzlich" und „schmachtend etwas suchen" und „liebend verlangen" ausschließlich im deutschen Sprachraum gebräuchlich ist. Als Folge ihrer

Entdeckung der Untiefen der menschlichen Seele verortet die Mystik das schmerzliche Verlangen in der existenziellen Dimension des Daseins. Man sehnt sich nach dem, was einen zu sich selber bringt, ohne das man nicht sein kann, was man zu sein hat. Fichte wird dieser Bedeutung einen philosophisch-spekulativen Sinn unterlegen: Sehnsucht ist die Erfahrung des göttlichen Lebens der Vernunft, in der die Vernunft sich ihres Einsseins mit Gott innewird, ohne dieses Einssein wirklich – vernünftig – begreifen zu können. Die Sehnsucht wird zum Streben der Vernunft, sich in ihrem Einssein mit dem Ewigen (dem Absoluten) zu fassen, das sich als Streben reflektiert, weil das, was es fassen möchte, prinzipiell nicht zu fassen ist. In diesem Sinne wird die Sehnsucht als das ekstatische Außersich-Sein der Vernunft verstanden, als ihre unaufhebbare Faktizität, in der sie sich als den Anspruch (Sollen) vernimmt, dem Unfasslichen Sichtbarkeit und Gestalt zu verleihen. Die Sehnsucht nach dem Unendlichen wird so für Fichte zur Quelle jeglicher Produktivität. Die Romantik wird diese Idee weiter ausführen und vor allem für die Poesie und Musik in Anspruch nehmen.

> **In der Sehnsucht wird der Mensch sich seiner Endlichkeit inne.**

Der bei Fichte und in der Romantik noch lebendige religiöse Grundgehalt wurde von der Profanität der modernen Lebenswirklichkeit ausgezehrt. Das Unendliche (Ewige), das bei Fichte noch eine inhaltlich positive Bestimmung war, wird zu einer rein formalen Kategorie abgeschwächt, mit der die Unbestimmtheit und Unbestimmbarkeit des „Objekts" der Sehnsucht bezeichnet wird. So wird die Sehnsucht zu einer inneren Bewegtheit, von der die Existenz im Ganzen ergriffen ist, eine Gestimmtheit also, in der der Mensch auf etwas Unbestimmtes gerichtet ist, welches zugleich als Grund und Anlass der Bewegtheit erfahren wird. Die Sehnsucht erscheint somit als eine Weise, in der das Dasein sich selbst transzendiert (hier: übersteigt), als eine bloße Befindlichkeit, in der das Moment des Verlangens untergeht.

Die Psychologie bestimmt die Sehnsucht als eine hypothetische, bloß erdachte Voraussetzung allen Wünschens und Begehrens: „Sehnsucht ist eine innere Bewegtheit der gesamten Existenz des Menschen ohne

Objektbezug über Zeit und Raum hinweg; sie kann als Grundlage für die Manifestation von Wünschen betrachtet werden (eine emotionale Bezogenheit auf einen begrenzten, bestimmten Gegenstand) und muß (ihrerseits) noch keinen Sinnwert in sich tragen" (Lexikon der Psychologie 1988). Von hier aus betrachtet ist es kein Zufall, dass der Ausdruck Sehnsucht aus der Alltagssprache zu verschwinden scheint und nur noch für das sexuelle Begehren eines Partners gebraucht wird: Ich sehne mich nach dir; ich habe Sehnsucht nach dir…

> **Sehnsucht ist das ekstatische Außer-sich-Sein der Vernunft.**

Nun hatte in der Tat der Ausdruck Sehnsucht, wie es scheint, immer schon, gerade auch in der religiösen Grundierung, etwas in sich Widersprüchliches zu bezeichnen versucht – nämlich eine Befindlichkeit (Gestimmtheit), die ein Verlangen einschließt: die Ungerichtetheit einer Stimmung und die Gerichtetheit eines Verlangens. In der profanen (nichtreligiösen) Welt konnte die Sehnsucht daher nur noch in der Sprache der Dichter, auch der Sache nach, hervorgerufen werden. Es gibt sie nur im Zauberland der Poesie. Was Sehnsucht ist, zeigt und lehrt uns das Sehnsuchtsgedicht; wie ja überhaupt zu gelten scheint, dass in einer profanen Welt die Dichtung es ist, welche die Tiefendimensionen des Seelischen zum Vorschein bringt. Die Rede über die Sehnsucht müsste sie daher an den einzelnen Gedichten aufweisen, in denen sie besungen und hervorgerufen wird.

Mörike war es vor allem, der, nach der Metaphysik und vor der Psychoanalyse, die Tiefenräume der Seele neu erschlossen hat. Es ist daher kein Zufall, dass ihm eines der schönsten „Sehnsuchtsgedichte" in der deutschen Sprache gelungen ist. In dem Gedicht *Im Frühling* heißt es:

> Ich denke dies und denke das,
> Ich sehne mich und weiß nicht recht, nach was:
> Halb ist es Lust, halb ist es Klage;
> Mein Herz, o sage,
> Was webst du für Erinnerung
> In golden grüner Zweige Dämmerung?
> – Alte unnennbare Tage!

Der „Ort", an dem die Seele mit der Welt versöhnt und sich im Einklang befindet, ist die Heimat. Sie ist freilich keine Stelle im Raum, die räumlich bestimmt werden könnte; sondern ein u-topos, das heißt ein Nicht-Ort, den es nur gibt, wenn er mit der Seele gesucht wird. Sehnsucht kann jedenfalls Heimweh bedeuten, das Suchen nach der verlorenen Heimat, der Kinderheimat zumal, in die man nicht zurückkehren kann. „O wüßt ich doch den Weg zurück", hat Klaus Groth gedichtet:

33

O wüßt ich doch den Weg zurück,
Den lieben Weg zum Kinderland!
...

O wie mich sehnet auszuruhn,
Von keinem Streben aufgeweckt,
Die müden Augen zuzutun,
Von Liebe sanft bedeckt

Brahms hat dieses Gedicht 1874 vertont (Op. 63 Nr. 8). Eben weil die Heimat keine Stelle im Raum ist, kann sie auch in einer unbestimmten Ferne gesucht werden. Heimweh und Fernweh sind als Formen des sehnsüchtigen Verlangens ineinander verschlungen. So heißt es in Zuckmayers *Elegie von Abschied und Wiedersehn:*

Ich weiß, ich werde alles wiedersehn.
Und es wird alles ganz verwandelt sein

In all den Formen, in denen die Sehnsucht erscheint, dem Heim- und Fernweh, im poetischen Schwebezustand – es ließen sich noch viele andere unbestimmte „Objekte" des sehnsüchtigen Verlangens anführen –, ist das Verlangen nach Versöhnung, nach Einswerdung mit dem Getrennten erkennbar. So wird denn schließlich die Liebe, der Eros, zur prägnantesten Ausdrucks- und ausgezeichneten Erscheinungsweise der Sehnsucht. Die Liebe ist der Anlass schlechthin zu Sehnsucht und Sehnsuchtsdichtung; Liebesdichtung ist eigentlich immer auch offene oder versteckte Sehnsuchtsdichtung. Liebe und Sehnsucht, Sehnsucht als Verlangen nach dem Einswerden mit einem Du und darin nach erfülltem Leben und nach Lebensfülle, ja nach Heil, gehören aufs Innigste zusammen. Man mag hier auch an den tiefsinnigen Mythos vom anfänglich unentzweiten, dann aber zerteilten Wesen des Menschen denken, den Aristophanes in Platons *Symposion (Das Gastmahl)* erzählt.[1] Zu erinnern wäre hier auch an die Gebetverse am Ende der ersten Szene in Paul Claudels *Der seidene Schuh:* „Erfülle diese Liebenden mit solchem Sehnen, daß es, mitten im Verzicht auf Gegenwart, dennoch im Zufall des Alltags einschließe die uranfängliche Einheit und ihr Wesen selbst, wie Gott sie beide einst in der unaustilgbaren Beziehung erdacht hat."

Sehnsucht und Liebe sind – zeitlich und unter dem Erfüllungsaspekt gesehen – fünffach aufeinander bezogen:

– Es gibt die Sehnsucht vor der Liebe, als eine Sehnsucht nach der Liebe, nach der Liebe überhaupt und gar nicht im Blick auf einen bestimmten geliebten Menschen: man ist verliebt und weiß nicht, in wen, verliebt in die Liebe.

> ### Sehnsucht ist die Erfahrung des göttlichen Lebens der Vernunft.

– Es gibt sodann eine überschießende Sehnsucht auch in der erfüllten Liebe:

Und wenn in die große Flamme fließt
Der Strom von unsern Tränen,
Und wenn dich mein Arm gewaltig umschließt
Sterb ich vor Liebessehnen
(Heinrich Heine)

– Es gibt vor allem die Sehnsucht in der Trennung vom geliebten Menschen.
– Es gibt – viertens – die Sehnsucht in der Erinnerung an eine geschwundene oder eine bewusst aufgegebene Liebe.
– Und es gibt schließlich die Sehnsucht aus der Erfahrung der Vergeblichkeit aller Liebe und alles Liebesstrebens.

In dieser zuletzt genannten Erscheinungsweise klingt an, was schon in Claudels Gebetversen zum Ausdruck gekommen ist. Auch die Liebessehnsucht scheint in der religiösen Dimension des Menschen beheimatet zu sein: Manifestation eines desiderium naturale (eines natürlichen Sehnens), das die Seinsweise des Menschen bestimmt, indem sie diese als reine Wirkung durchdringt. In der Sehnsucht wird der Mensch sich seiner Endlichkeit inne. Sie ist die ausgezeichnete Seinsweise, in der er von allem Seienden generisch – ontologisch – (ursprünglich und dem Wesen nach) unterschieden ist.

Günther Bien ist emeritierter Professor für Philosophie an der Universität Stuttgart.

Anmerkungen:

1. In Platons *Gastmahl* (*Symposion*) erklärt Aristophanes den Ursprung des Eros (der Liebe) durch eine mythische Erzählung. In seinen Anfängen hatte der Mensch eine kugelförmige Gestalt mit vier Händen, vier Beinen und zwei Gesichtern. Die Gestalt bezeugte ihre Abstammung von der Sonne (männlich) und der Erde (weiblich). Etwas von der Macht der Sonne und der Erde war, als ihr Erbe, auf die Menschen übergegangen. Gewaltig wie sie waren, wollten die Menschen den Himmel erobern. Wenn Zeus sie wie die Titanen getötet hätte, hätte er sich aber um ihre Opfergaben gebracht. Daher beschloss er, sie einfach in zwei Hälften zu zerschneiden. Die voneinander getrennten Teile strebten mit aller Macht nach Wiedervereinigung: dazu hätten sie aber ihre Arme gebraucht, mit denen sie außer der Umarmung nichts anderes mehr hätten anfangen können und also verhungert wären. Zeus wäre – ohne Opfergaben – wieder leer ausgegangen. Daher ließ er die Gesichter und Geschlechtsteile zur Schnittfläche hin versetzen, so dass das Streben nach Vereinigung sich in der Zeugung vollendete. Der Eros ist also das Verlangen nach Rückkehr zur ursprünglichen Einheit.

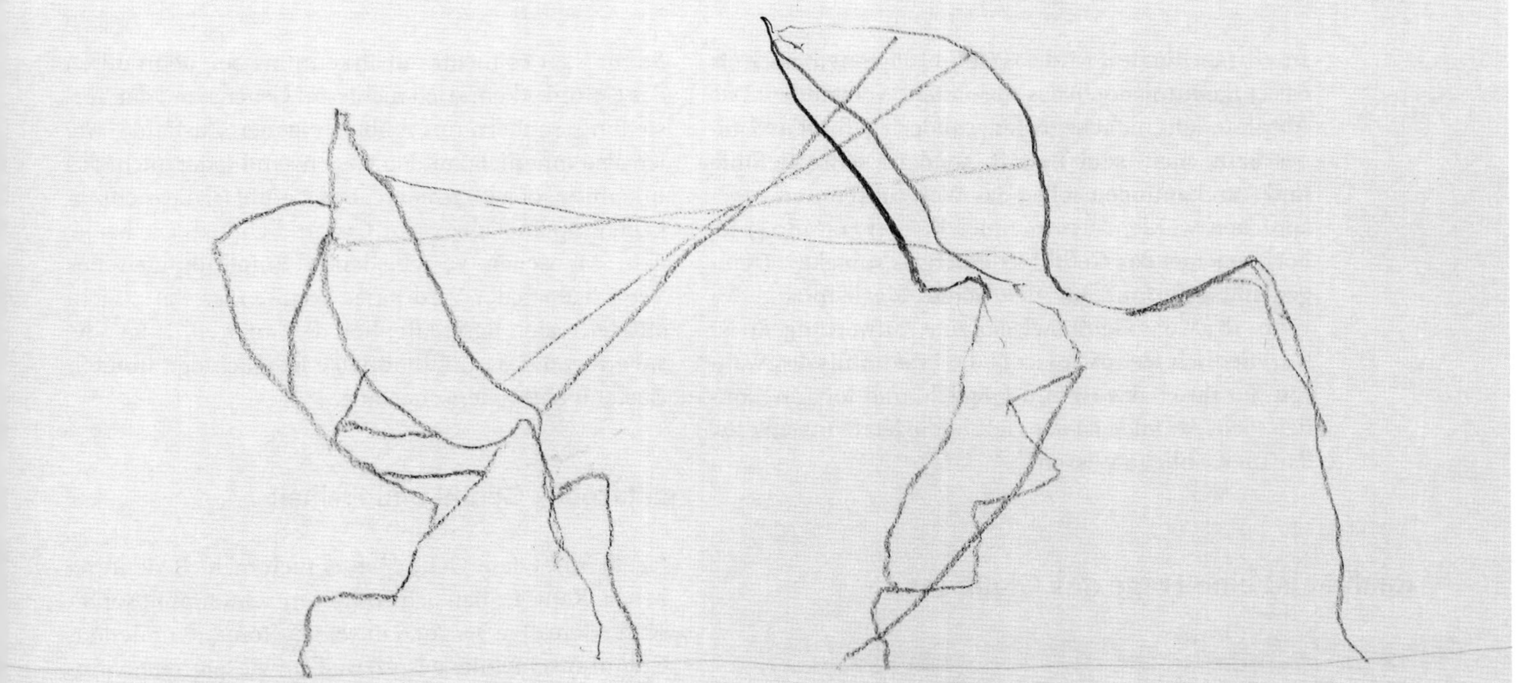

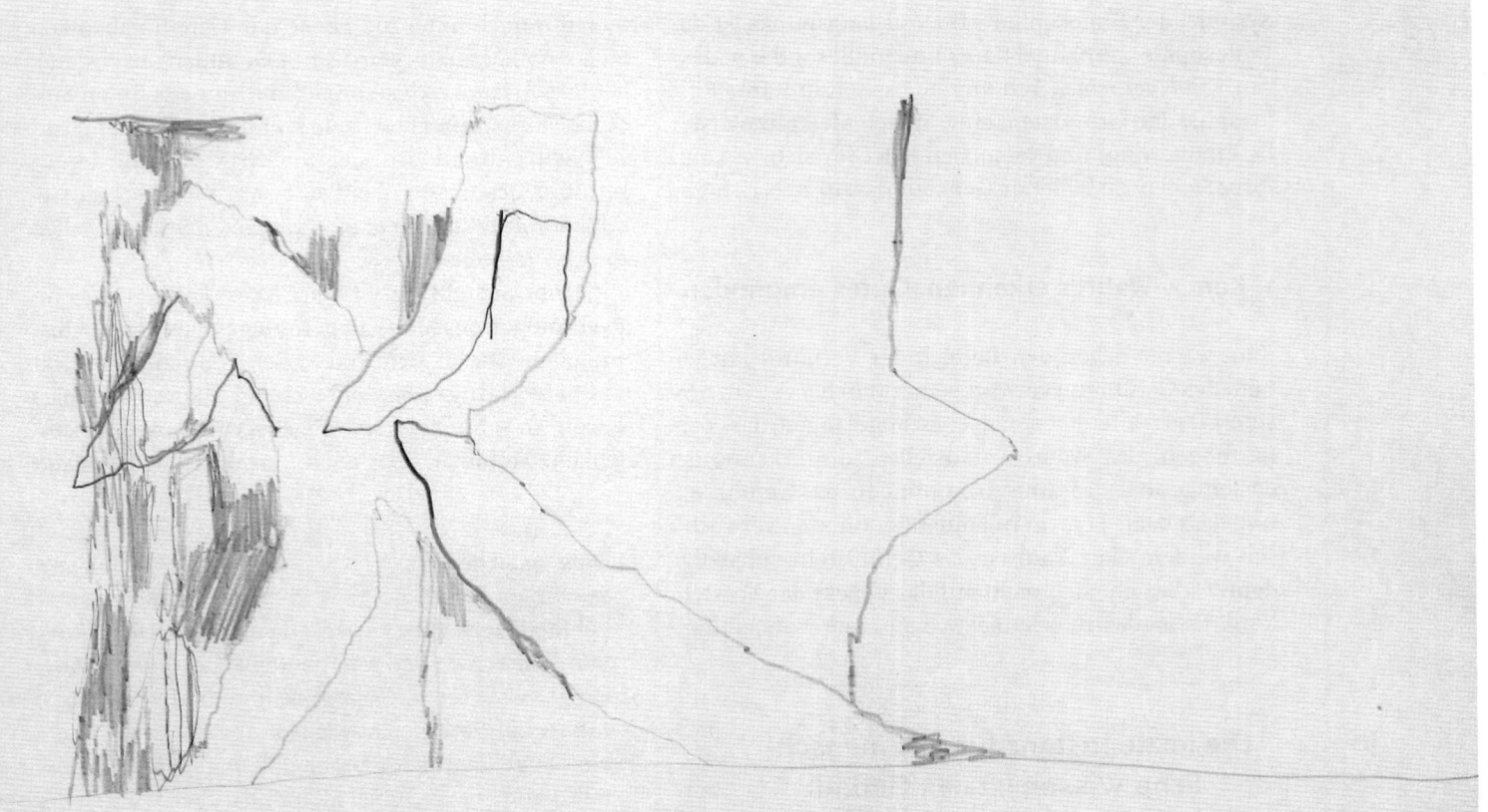

RUDOLF SCHOOFS 2004

RUDOLF SCHOOFS 2004

Frank Ike

Das Gefühl der Vernunft

Gefühl zwischen innerem Zustand und Offenbarung

Im 18. Jahrhundert wird das Gefühl allgemein noch als das „Erkenntnisorgan des Absoluten"[1] verstanden: Das Absolute soll „nicht begriffen, sondern gefühlt und angeschaut, nicht sein Begriff, sondern seine Gefühle und Anschauungen sollen das Wort führen und angesprochen werden."[2] Immanuel Kant (1724–1804) jedoch erachtet das Gefühl lediglich als subjektiv. Demgegenüber erfuhr im deutschen Idealismus (etwa 1790–1830) das Gefühl wieder eine Aufwertung. So ist für Friedrich Heinrich Jacobi die Erkenntnis des Wahren nur durch das Gefühl möglich, und Johann Gottlieb Fichte zufolge ist das Gefühl die letzte Instanz für das menschliche Wissen.

> **Realität ist eine Frage des Glaubens.**

Ziel der Denker des deutschen Idealismus wie Johann Gottlieb Fichte, Georg Wilhelm Friedrich Hegel, Friedrich Heinrich Jacobi und Friedrich Wilhelm Schelling ist die Schaffung eines „umfassenden, streng einheitlichen, auf unumstößlichen Grundlagen basierenden Systems der Philosophie". Ihr Ausgangspunkt ist die Philosophie Immanuel Kants und im Besonderen dessen *Kritik der reinen Vernunft*. Sie sehen in Kants Philosophie den Grundstein einer neuen Metaphysik (siehe Erläuterung) und versuchen jeder für sich, das aus ihrer Sicht noch fehlende Gebäude darauf zu errichten.

1. Kant – Wahres erkennen, Gutes empfinden

Kant warnte davor, den Bereich der Vernunft mit jenem des Gefühls zu verwechseln: „Man hat es ... in unseren Tagen allererst einzusehen angefangen, dass das Vermögen, das Wahre vorzustellen, die Erkenntnis, dasjenige aber, das Gute zu empfinden, das Gefühl sei, und dass beide ja nicht mit einander müssen verwechselt werden." Für Kant ist das Gefühl rein subjektiv, denn es bezieht sich nicht auf das Objekt der Vorstellung. Es ist das rein Subjektive an einer Vorstellung.

> **Die letzte Instanz für das menschliche Wissen ist das Gefühl.**

Somit trägt es nichts zur Erkenntnis bei, denn durch das Gefühl erkenne ich nichts am Gegenstand der Vorstellung, sondern nur meinen eigenen Zustand – wie ich also innerlich auf den Gegenstand (oder auch: das Erkenntnisobjekt) reagiere. Das Gefühl ist die menschliche Empfänglichkeit für Lust und Unlust. Die bei jedem Menschen verschiedenen Empfindungen des Vergnügens oder Verdrusses beruhen, so Kant, nicht auf der realen Beschaffenheit der äußeren Dinge, die sie erregen. Das Gefühl drücke lediglich den inneren Zustand eines Menschen aus.

2. Jacobi – Gefühl und Freiheit

Jacobi misst dem Gefühl wesentlich mehr Bedeutung bei als Kant. Er hat sich sowohl in seinen philosophischen Schriften als auch in seinen Romanen mit dem Gefühl auseinander gesetzt und entwickelte einen umfassenden Gefühlsbegriff. Die Gefühle, so Jacobi, sind an das menschliche Lebendigsein gebunden und bestimmen das menschliche Dasein. Durch sein „Gefühlsvermögen" sei der Mensch vor allem anderen irdischen Sein ausgezeichnet. Einem Menschen die Fähigkeit, Gefühle zu besitzen, abzusprechen, bedeutete, ihn noch unter die Ebene der Tiere hinabsinken zu lassen. Der naturgemäß mit Gefühlen ausgestattete Mensch kann sich seine Gefühle nur aus freien Stücken selbst absprechen. Indem er diesen freien Schritt vollzieht, entfremdet er sich widernatürlich von der Erkenntnis des Guten, das heißt vom moralischen Gefühl. Somit bestimmt er sich aus freien Stücken selbst zum Nicht-Menschen.

Jacobi versteht „unter dem Worte Freiheit dasjenige Vermögen des Menschen, Kraft dessen er sich selbst und alleintätig in sich und außer sich handelt, wirkt und hervorbringt". Begreift sich der Mensch als freies Wesen, so schreibt er sich Eigenschaften wie Persönlichkeit, Moralität, aber auch Vernunft und Verstand

---

Ding an sich

Immanuel Kant zufolge wird alles, was wir wahrnehmen beziehungsweise erkennen, von der Art und Weise, wie wir wahrnehmen, bestimmt. Die Dinge existieren in unserer Wahrnehmung nur so, wie sie „für uns", nicht wie sie „an sich" sind. Wie die Dinge „an sich", das heißt unabhängig vom wahrnehmenden Subjekt, sind, darüber lässt sich nach Kant nichts wissen.

Nur die Körper sind liebenswert, denen man ansehen kann, wie der Geist sie verlässt.

Manche Körper sind so ohne alle Erotik, dass man sie nur noch entblößen kann.

Treue heißt, sich durch einen fehlenden Körper nicht gestört zu fühlen.

Nichts leichter in der Liebe, als den andern „objektiv" zu sehen – man muss nur über ihn in Wut geraten!

zu. Im Bewusstsein seiner Freiheit grenzt sich der Mensch von der Natur ab, bleibt aber notwendig an ihre Mechanismen und Gesetze gebunden.

Der Mensch ist denkend und fühlend ein Ganzes.

Jacobi unterstreicht, dass, wenn das „freie Vermögen" fehlt, dem Menschen die Gefühle verloren gehen. Die im Menschen erregten Gefühle bezieht er auf das „freie Vermögen". Die Gefühle oder das Gefühlsvermögen resultieren demnach aus der Freiheit des Menschen gegenüber den Naturgesetzen. Bei einer strikten Reduktion des Denkens auf die Naturgesetze gehen dem Menschen die Gefühle verloren. Daraus lässt sich die Notwendigkeit der Freiheit erahnen. Damit betritt Jacobi das „Gebiet der Freiheit" und gleichzeitig auch das „Gebiet der Unwissenheit".

Im Begriff der „schaffenden" Freiheit ist für ihn Vorsehungs- und Wunderkraft wie in Gott selbst. Durch die Freiheit findet der Mensch in sich selbst eine vernünftige Person vor. Besitzt nun aber der Mensch Vernunft oder hat die Vernunft den Menschen? „Mit allen ihm gleichzeitigen Philosophen nannte er (Jacobi) Vernunft, was nicht Vernunft ist: das über der Sinnlichkeit schwebende bloße Vermögen der Begriffe, Urteile und Schlüsse, welches unmittelbar aus sich schlechterdings nichts offenbaren kann."[3] Die Einsicht in die Wirklich- und Wahrhaftigkeit der Vernunft lässt ihn die Vernunft als ein Vermögen definieren, das die Voraussetzung alles Wahren, Guten und Schönen ist. Von der Objektivität dieser Voraussetzung ist Jacobi so vollkommen überzeugt, dass er sie, ihr den Namen „Glaubenskraft" gebend, noch über die Vernunft stellt.

2.1. Vernunft und Verstand

Die Philosophie, so sagt Jacobi, ist formal durch den Verstand bestimmt. Unter Verstand versteht Jacobi das Vermögen, Begriffe zu bilden. Begriffe sind wesentlich für das Bewusstwerden von Erkenntnissen sowie für das Wieder-Bewusstmachen von bereits vorhandenen, im Gedächtnis gespeicherten Erkenntnissen. Laut Jacobi kann nur durch Begriffe von der Wahrheit Besitz ergriffen werden.

Die inhaltliche Bestimmung ist aber der Vernunft vorbehalten. Die Vernunft ist das eigentümliche Vermögen, zu von den Sinnen unabhängiger und diesen unerreichbarer Erkenntnis zu gelangen. Die Wahrnehmung vermittels menschlicher Vernunft ist durch ein unüberwindliches Gefühl bezeugt. Im Sinne von „als wahr annehmen" ist sie die notwendige Voraussetzung für das Denken.

Die Vernunft ermöglicht es dem Menschen, die Dinge jenseits der Natur zu erkennen, und dadurch erlangt der Mensch die Gewissheit von deren Wirklichkeit und Wahrheit – Jacobi wählt für diese Form des Erkennens den Begriff „Vernunftanschauung". Die so charakterisierte Vernunft geht für Jacobi aus dem menschlichen Gefühlsvermögen hervor. Gefühl und Vernunft bilden auf Grund ihres gemeinsamen Ursprungs in der menschlichen Freiheit eine Einheit. Dabei hat das Gefühl für die Vernunft die Funktion, dass sie mit ihm dem Verstand die Richtung weisen kann.

Das Gefühl ist der bestimmende Faktor.

Die rein menschliche Vernunft ist mit dem Vermögen der Gefühle identisch und somit, nach Jacobi, das „unkörperliche Organ für die Wahrnehmung des Übersinnlichen". Mit der Gefühlsfähigkeit ist immer die Vernunft verbunden. Da wo sie fehlt, gibt es keine „reinen und objektiven Gefühle", die dem Bewusstsein die Vernunft als von ihm unabhängig existierend darstellen. Sind diese darstellenden Gefühle gegeben, findet sich auch die Vernunft.

Für Jacobi ist das menschliche Wahrnehmungsvermögen zweigeteilt. Es beruht einmal auf den Sinnen, zum Beispiel dem Tastsinn und dem Sehvermögen, diese nennt er „körperliche Wahrnehmungswerkzeuge", und einem nicht körperlichen Organ, dessen Existenz im Gefühl erkennbar wird und das er mit der Vernunft gleichsetzt. Die Vernunft ist ein „geistiges Auge für geistige Gegenstände".

37

Durch das „positive Vernunftgefühl" gelangt der Verstand zu der Einsicht in die Existenz von etwas über der Sinneswelt Liegendem. Die Einsicht in die Existenz eines „Höheren" drängt den Verstand dazu, die Schranken des Bedingten, gemeint ist die Naturgebundenheit, zu überwinden. Erst dadurch wird überhaupt erst die Bedingtheit selbst erkannt. Der negative Begriff des Unbedingten ist das Unbestimmte. Bedingt durch die Fähigkeit des Verstands, in der Abstraktion

Das Gefühl gibt der Erkenntnis die Richtung vor.

vom Allgemeinen zum Unbestimmten voranzuschreiten, wird fälschlich angenommen, sagt er, mit dem Unbestimmten den Freiheitsbegriff selbst zu erfassen. Die Folge ist, dass nach dem Ursprung des Freiheitsbegriffs im Verstand (dem Vermögen, Begriffe zu bilden) und nicht in der Vernunft – als dem Ort der von den Sinnen unabhängigen Erkenntnis – gesucht wird. Diese Widersinnigkeit kann aber, so Jacobi, durch das „Gefühl der Vernunft" korrigiert werden. Dem Gefühl spricht er, ähnlich wie Fichte, die Kraft zur Korrektur falscher Erkenntnis zu. Auch wenn es die Vernunft ist, die dem Menschen die Wirklichkeit, die sinnliche oder

Im Gefühl offenbart sich die Wahrheit Gottes.

die geistige, offenbart, so ist doch das Gefühl entscheidender. Jacobi schreibt ihm die alleinige Beweiskraft zu. Seine Überzeugung bekräftigt er mit einem Satz von G. E. Schulze: „Die Überzeugung vertritt immer die Stelle des letzten Arguments als Gefühl."

Nach Jacobi ist das Denken eine Fähigkeit des Verstands und nicht der Vernunft. Da die Vernunft den Verstand quasi erst erwecken muss und diesem als Lichtquelle voranschreitet, ist sie „lediglich" der Grund für das menschliche Denken. Die Erkenntnis des Einen und Wahren, also Gottes, ist dem Menschen aber nur durch die offenbarende Vernunft gegeben, und diese ist durch das mit der Erscheinung Gottes erweckte und untrügbare, offenbarende Gefühl bewiesen.

2. 2. Gefühl und Gott

Entgegen der vorherrschenden Meinung seiner Zeit geht Jacobi davon aus, dass das menschliche Wissen in zwei unterschiedliche Arten gegliedert ist. Das seiner Meinung nach „erste" Wissen bedarf keiner Beweisführung, denn es ist Wissen des Glaubens, aber deswegen höchst problematisch. Damals wie heute passt sein Postulat eines ersten und nicht hinterfragbaren Wissens, das dem Erfahrungswissen vorausgehen soll,

nicht ins philosophische Weltbild. Für Jacobi verweist die Frage nach dem Ursprung des menschlichen Wissens entweder auf die „Sinnes-Empfindungen" oder auf das „Geistes-Gefühl". Der Glaube im religiösen wie auch im allgemeinen Sinn ist für ihn ein Wissen, das dem Menschen aus dem „Geistes-Gefühl" zukommt. „Von dem was wir wissen aus Geistes-Gefühl, sagen wir, das wir es glauben. So reden wir alle."

Ein Wissen auf der Grundlage sinnlicher Erfahrung kann nach Jacobi dem „Wissen aus dem Gefühl heraus" nicht übergeordnet werden. Ein Wissen auf Grund von Gefühlen ist ihm Wissen aus erster Hand und damit primär. Wissen im Glauben findet seine Begründung im Gefühl, und aus diesem Grund ist für Jacobi seine Philosophie eine „Philosophie von dem Gefühle". Es ist für ihn eine unumstößliche Tatsache, dass der Mensch durch den, wie er ihn nennt, „gewissen Geist" befähigt wird, aus sich selbst heraus „das nur sich selbst gleiche", das heißt Gott, zu erkennen.

Reales Sein, das Jacobi als den „gewissen Geist" definiert, zeigt sich nicht nur, sondern offenbart sich im Gefühl. Es kann, sagt Jacobi, ausschließlich nur im Gefühl erkannt werden. Der im Gefühl vergegenwärtigte „gewisse Geist" ist der Geist Gottes. Der Unmöglichkeit, diesen Sachverhalt zu erklären, ist sich Jacobi bewusst. Mit dem Auge des Geistes, so Jacobi, sieht der Mensch das Wahre, und es ließe sich auch sagen, bemerkt er, der Mensch sehe Gott. Aus der Möglichkeit, Gott mit dem geistigen Auge zu sehen, resultiert der Glaube an Gott. Gott, sagt Jacobi, kann nicht real sein, sondern nur Erscheinung, und diese ist trügerisch. Das mit der Erscheinung Gottes erweckte Gefühl aber kann den Menschen nicht trügen. Im Gefühl offenbart sich die Wahrheit Gottes. Daher müssen für Jacobi dem Gefühl die Prädikate rein und objektiv zugeschrieben werden.

Jacobi vertritt die Auffassung, dass Glaube und Offenbarung die Wurzeln der menschlichen Erkenntnis sind. Aus seiner, wie er sagt, an der Existenz Gottes orientierten Sicht ist alle menschliche Erkenntnis letzten Endes objektiv, oder, so führt er an, die Existenz der Welt, Gottes und jeglicher wahrhaften und objektiven Erkenntnis muss zwangsläufig negiert werden.

Unter menschlicher Erkenntnis versteht er Vorstellungen, die das vorstellende Subjekt von etwas hat, das selbst völlig unabhängig von ihm ist. Ja, er behauptet, sie müssen sich selbst im göttlichen Verstande finden lassen. Dort allerdings, anders als beim Menschen, auf eine nicht eingeschränkte Art.

Metaphysik
(lateinisch metaphysica, zu griechisch tà metà tà physikà: Das, was hinter der Natur steht); allgemein: Wissenschaft von denjenigen Dingen, die nicht aus der Erfahrung begründet werden können. Die Vertreter des deutschen Idealismus versuchen, die gesamte Wirklichkeit aus einem geistigen Prinzip abzuleiten. Die Wirklichkeit wird dabei als vernunft- und zweckbestimmt verstanden.

> **Das Gefühlsvermögen resultiert aus der Freiheit des Menschen.**

3. Fichte – Gefühl als letzte Instanz des Wissens

Wie bei Jacobi ist Freiheit auch in Fichtes Werk *Grundlage der gesammten Wissenschaftslehre* (1794/95) ein wichtiges Element für das Gefühl. Geht bei Jacobi die Erkenntnis dem Gefühl voraus und muss, damit man ihr inne wird, die Erkenntnis mit dem Gefühl erfasst werden, so geht bei Fichte das Gefühl der Erkenntnis voraus und macht diese allererst möglich. Und zwar im Selbstgefühl, dem Fühlen meiner Selbst als das Erkennende. Denn das Selbstgefühl, so Fichte, muss notwendig jeder Erkenntnis vorausgehen, auch wenn das Erkannte mit dem Gefühl wieder verinnerlicht wird. So ist bei Fichte das Gefühl auch nicht mit dem Begriff der Irrationalität im negativen Sinn belegt, sondern wird in seiner notwendigen Zugehörigkeit zum menschlichen Erfassen von Welt verstanden. Der Mensch wird von ihm nicht streng in ein denkendes und in ein fühlendes Wesen geteilt, sondern ist denkend und fühlend ein Ganzes. Das Gefühl gehört nicht nur zu den Tatsachen des Lebens, sondern ist zudem vom Erkenntnisvermögen abzuleiten. In Fichtes berühmtem Satz „Ich bin Ich" spiegelt sich die Einheit von denkendem und gedachtem Ich, von Erkennen und Gegenstand des Erkennens wider. Das vorstellende Subjekt und das vorgestellte Objekt sind im Subjekt zur Einheit verschmolzen. Welt, Realität und das „Ding an sich" (siehe Erläuterung) können nur in ihrem Bezogensein auf ein Subjekt erkannt werden. Die reine Objektivität wird nicht negiert, da sie für das erkennende Subjekt notwendige Voraussetzung des Erkennens ist, aber sie ist diesem nur über das Gefühl zugänglich, und das ist, wie bei Kant, rein subjektiv. Die menschliche Erkenntnis und das Ding an sich bilden einen not-

> **Wo die Vernunft fehlt, gibt es keine Gefühle.**

wendigen Zusammenhang. Einmal unmittelbar durch die Vorstellung und zweitens mittelbar durch das Gefühl. Dieser mittelbare Zusammenhang äußert sich in der Weise, dass die Dinge an sich durch das Gefühl erfasst werden, wobei sie für die Vorstellung die Form der Erscheinungen haben. Das Gefühl und die Vorstellung bedingen sich ebenfalls im Rahmen des mensch-

RUDOLF SCHOOFS 2002

lichen Erkenntnisprozesses gegenseitig. Die Möglichkeit der Vorstellung hängt vom Gefühl ab, welches ihr vorausgehen muss. Die Dinge an sich, so Fichte, können nur subjektiv erkannt werden. Und zwar nur insoweit sie auf das Gefühl wirken. Der Mensch kann nur dann dem von ihm Erkannten völlig innewerden, wenn er es auch mit dem Gefühl erfasst. In der von Fichte begriffenen Einheit von Gefühl und Denken tritt das Gefühl deutlich als der bestimmende Faktor hervor. Die letzte Instanz für das menschliche Wissen ist das Gefühl. So scheint die Realität eines Dings an sich nur gefühlt zu werden, denn es wird immer nur das Ich gefühlt. Darin liegt für Fichte der Grund aller Realität. Realität wird für das Ich immer nur durch eine Beziehung des Gefühls auf sich selbst möglich. Dasjenige, das alleine durch die Beziehung eines Gefühls ermöglicht wird und daher nur gefühlt zu sein

> ## Die Vernunft geht aus dem menschlichen Gefühlsvermögen hervor.

scheint, wird geglaubt, denn es kann nicht gewusst werden. Daher wird für Fichte an Realität überhaupt nur geglaubt. Aber der Mensch glaubt nicht nur an Realität, sondern hält sie für gewiss. Daher bildet den Abschluss der Begriffsentwicklung des Gefühls innerhalb seines Systems des Idealismus seine Lehre vom „Gewissensgefühl". Darunter versteht sich ein leitendes Gefühl des Wahren und Guten als Voraussetzung für alles ethische und religiöse Denken. Das Gefühl gibt der Erkenntnis außer der Gewissheit auch die Richtung vor. Für den Philosophen oder den Philosophierenden ist das Gefühl ein wichtiger Gesichtspunkt seines Strebens zur Wahrheit, denn es ist sein Ausgangspunkt. Es ist als „richtiges" Gefühl, im Sinne von „Wahrheitsgefühl", für den Philosophen unerlässlich. Der Philosoph wird durch das Gefühl beziehungsweise durch den Wahrheitssinn in Richtung auf das Richtige hingeführt. So wird das Gefühl der leitende Weggefährte des Philosophen auf der Suche nach Wahrheit. Es gleicht Schwächen des Denkens aus und führt irriges Denken zurück auf den Weg der Richtigkeit.

> ## Das Gefühl weist dem Verstand die Richtung.

Die dargestellten Gefühlsauffassungen enthalten viel von dem, was psychologisch versierten Lesern bekannt vorkommen wird. Aber Kant, Jacobi und Fichte zielen nicht auf den Aspekt des Affekts, das heißt des Betroffen-Werdens, der dem Gefühl ja auch zukommt, sie

verwehren sich teils sogar dagegen. Schelling wird dem Gesichtspunkt der Empfindung mehr Gewicht einräumen, und Hegel wird die dargestellte Weise der Auseinandersetzung mit seiner Forderung „zurück zu den Begriffen" beenden.

Frank Ike studierte Philosophie, Psychologie und Bibliothekswissenschaft. Er arbeitet als Integrationsberater und pädagogischer Mitarbeiter der Fortbildungsakademie der Wirtschaft gGmbH.

Anmerkungen:

1. Ritter, Joachim (Hrsg.): Historisches Wörterbuch der Philosophie. Band 3. Schwabe Verlag, Basel/Stuttgart 1974, Seite 92
2. Hegel, Georg Wilhelm Friedrich: Phänomenologie des Geistes. Herausgegeben von J. Hoffmeister. 1952, Seite 13
3. Jacobi, Friedrich Heinrich: David Hume über den Glauben oder Idealismus und Realismus. Ein Gespräch. In: Jacobi, Friedrich Heinrich: Werke, Band 2. Herausgegeben von Friedrich Roth und Friedrich Köppen. Wissenschaftliche Buchgesellschaft, Darmstadt 1968, Seite 10

Literatur:

– Apel, Karl-Otto: Das Problem einer philosophischen Theorie der Rationalitätstypen. In: Rationalität. Herausgegeben von Herbert Schnädelbach. Suhrkamp Verlag, Frankfurt am Main 1981
– Eisler, Rudolf: Kant-Lexikon. Olms Verlag, Hildesheim 1989
– Fichte, Johann Gottlieb: Gesamtausgabe der Bayerischen Akademie der Wissenschaft.
– Hartmann, Nicolai: Die Philosophie des deutschen Idealismus. In: Geschichte der Philosophie. Band 8. Verlag Walter de Gruyter, Berlin/Leipzig 1923
– Horstmann, Rolf-Peter: Die Grenzen der Vernunft. Belz Athenäum Verlag, Weinheim 1995
– Ike, Frank: Das Gefühl in seiner Funktion für die menschliche Erkenntnis bei Jacobi, Fichte und Schelling. Wissenschaftlicher Verlag, Berlin 1998
– Jacobi, Friedrich Heinrich: Werke. Herausgegeben von Friedrich Roth und Friedrich Köppen. Wissenschaftliche Buchgesellschaft, Darmstadt 1968

41

Jutta Heinz

Der „Scherbenberg der Gefühle"

Die wirklichkeitsverändernde Kraft der Gefühle bei Robert Musil

Robert Musil entwirft in seinem Roman *Der Mann ohne Eigenschaften* eine Theorie des Gefühls vor dem Hintergrund der Gestalt- und Ganzheitspsychologie seiner Zeit. Er begreift Gedanken und Gefühle als untrennbare Phänomene. In der Geschichte der Erkenntnis werde jedoch der emotionale Anteil an der Erkenntnis der Wirklichkeit zugunsten der Verdienste des rationalen Verstands und der wissenschaftlichen

„Doch wenn dein Herz dir etwas anderes befiehlt, dann folge deinem Herzen. Noch mehr als alles andere wünsche ich mir, dass du glücklich bist."

Objektivität systematisch verdrängt. Demgegenüber betont Musil die Notwendigkeit einer Geschichte des Gefühls, die neben der einen Welt der Wirklichkeit auch andere, mögliche Welten erschließen würde. Um jedoch nicht in einen mystisch gefärbten Irrationalismus zu geraten, muss das Reden über Gefühle wissenschaftliche Genauigkeit mit anschaulicher Lebendigkeit verbinden. Musils Ziel ist ein sachlicher Enthusiasmus des Denkens, der die verlorene Einheit von Gedanken und Gefühlen wiederherstellt und für

> **Alles, was unter Menschen geschieht, hat seinen Ursprung in Gefühlen.**

die Zukunft der Menschheit unentbehrlich ist, wenn sie nicht in einseitiger Rationalität erstarren oder das Gefühl den Gefahren ideologischer Manipulation überlassen will.

> **Musils Ziel ist ein sachlicher Enthusiasmus des Denkens.**

Die Meinung, dass die schöne Literatur für die „großen Gefühle" zuständig sei – und die Wissenschaft und die Philosophie für die „großen Gedanken" –, ist althergebracht und weit verbreitet. Seit jeher weinten und lachten, hofften und bangten, liebten und hassten die Menschen mit den Gestalten der Weltliteratur, vom zornigen Achilles bis hin zur verzweifelten Scarlett O'Hara.

Literatur soll die Gefühle aufwühlen und sie dadurch gleichzeitig kanalisieren, gerade in Zeiten der Moderne, wo in einer durchgängig rationalisierten Wirklichkeit „große Gefühle" weitgehend nur noch aus zweiter Hand erlebt werden können. Aber kann Literatur auch über Gefühle philosophieren? Kann sie gar einen Beitrag zu deren Erkenntnis liefern? Sie kann. Robert Musils unvollendeter Monumentalroman *Der Mann ohne Eigenschaften* enthält eine Philosophie des Gefühls, deren Qualität auch darauf gründet, dass Musil selbst nicht nur Literat, sondern auch studierter Philosoph, Psychologe, Mathematiker und Maschinenbau-Ingenieur war.

Das Gefühl zwischen Rationalität und Irrationalität

Reflexionen über das Gefühl werden im Roman im Wesentlichen von der Hauptfigur Ulrich, dem titelgebenden „Mann ohne Eigenschaften", vorgetragen. Sie finden sich zerstreut in vielen der den Roman prägenden Dialogen sowie den essayistischen Abschweifungen des Autors, da sie in einem engen Zusammenhang zu den Hauptthemen des Romans stehen: dem Entwurf eines „anderen Zustands" als neuem ganzheitlichen Lebenskonzept; der Betonung des „Möglichen" als verdrängtem Gegenpol des „Wirklichen"; der Kritik sowohl an einer einseitig rationalistischen, naturwissenschaftshörigen Moderne als auch an einer einseitig irrationalistischen, quasi-mystischen Betonung der „See-le" in den frühen Strömungen der Anti-Moderne zu Beginn des 20. Jahrhunderts.

Das Gefühl wird von Musil gerade nicht ausschließlich dem Bereich des Vage-Seelenhaften und Mystischen zugeschlagen. Er geht vielmehr von der Annahme aus, dass schlechthin alles, was unter Menschen geschieht, seinen Ursprung in Gefühlen hat. Jeder einzelne Denkvorgang ist so beschaffen, dass in ihm Gefühl und Gedanke untrennbar verknüpft sind: „Alles, was man denkt, ist entweder Zuneigung oder Abneigung! dachte Ulrich. Das kam ihm in diesem Augenblick so lebhaft als richtig vor, daß er es wie einen körperlichen Zwang empfand." (218) Es ist zweifellos eine der vielen Begabungen des „Manns ohne Eigenschaften", tatsächlich „lebhaft" zu denken, im Denken selbst immer dessen emotionaler Begleitumstände gegenwärtig zu bleiben – trotz aller Bemühungen um gedankliche Exaktheit und sprachliche Genauigkeit, die ihn als Mathematiker und überzeugten Wissenschaftler prägen.

> **Um eine gemeinsame Wirklichkeit zu gewährleisten, müssen die Gefühle ausgeschaltet werden.**

Das Gefühl bildet damit im Roman eine der vielen Brücken, welche die beiden Seinsbereiche des Rationalen und des Irrationalen verbinden. Während es jedoch in der Möglichkeitswelt der Literatur von jeher seinen legitimen Platz hatte, geht es Musil vor allem darum, seinen wirklichkeitsprägenden Komponenten wieder zu Bedeutung zu verhelfen. Er will das Gefühl in den wissenschaftlichen Dialog der Moderne integrieren; und er will ihm dazu mit den Mitteln der Literatur eine eigene Logik, eine eigene Sprache, eine eigene Geschichte verschaffen. Insofern muss Ulrich sich zunächst als eine Art Archäologe eines verdrängten Diskurses der Menschheitsgeschichte betätigen. Der „trotz aller Zweifel mehr oder weniger geradlinig durch alle Wandlungen der Geschichte aufsteigenden Linie des Verstandes und seiner Gebilde" steht nach seiner Überzeugung ein „Scherbenberg der Gefühle, der Ideen, der Lebensmöglichkeiten" (1028) gegenüber. Um Ordnung in diesen Scherbenberg zu bringen, um über Gefühle überhaupt „vernünftig" sprechen zu können, müssen sie zunächst vom jahrhundertealten Staub der Vorurteile mühsam befreit werden: „denn nichts ist heute so fremd, wie es Strenge und Gefühlsleben einander sind, und unsere mechanische Genauigkeit hat es leider so weit gebracht, daß ihr als die richtige Ergänzung die lebendige Ungenauigkeit erscheint" (490), beklagt sich Ulrich. Verschränkt man hingegen die polar angelegten Begriffspaare Mechanik⇔Lebendigkeit und Genauigkeit⇔Ungenauigkeit richtig, so ergibt sich das eigentliche Ziel Musils: lebendige Genauigkeit beim Reden über Gefühle.

Das Gefühl als Zustand oder als Prozess

Im nicht mehr veröffentlichten dritten Teil des Romans entwirft Ulrich in seinem Tagebuch einen „Abriß einer Gefühlspsychologie". Zunächst setzt er sich recht ausführlich und mit reichlich akademischer Trockenheit mit bisherigen geschichtlichen Erklärungsmodellen des Gefühls auseinander. Dabei unterscheidet er im Wesentlichen drei Konzepte. Das erste ist das klassische philosophisch-metaphysische Modell; als Gewährsautoren figurieren Aristoteles, Immanuel Kant und Baruch de Spinoza. Für sie gelte das Gefühl als deutlich abgrenzbarer, in sich ruhender Zustand, das von den anderen seelischen Vermögensäußerungen der (sinnlichen) Empfindungen und Wahrnehmungen, dem Denken und dem Wollen zu unterscheiden sei. Noch stärker vereinfacht kann es auf den Dualismus von Lust und Unlust zurückgeführt werden, des-

Fotos: Sebastian Scheller, 2005

„Ich wütete wie ein Tornado."

sen bleibende Bedeutung bis in die Gegenwart Musil mit einem ironischen Zitat aus einer Gerichtsentscheidung illustriert: „Das Schmerzensgeld hat dem Zwecke zu dienen, dem Beschädigten die Möglichkeit zu geben, sich seinen gewohnten Verhältnissen entsprechende Lustgefühle zu verschaffen, die die durch die Verletzung und ihre Folgen ausgelösten Unlustgefühle aufwiegen." (1257) – Wahrlich ein besonderes Beispiel „mechanischer Genauigkeit"!

> **Es ist vieles der Wirklichkeit fähig, was in einer bestimmten Wirklichkeit und Welt nicht vorkommt.**

43

„Muss sie sterben, Doktor?"

drittes Modell, das von Erkenntnissen der zeitgenössischen Ganzheits- und Gestaltspsychologie ausgeht. Dazu führt er zunächst ein zweites Begriffspaar ein, nämlich die – offensichtlich fundamentale und zunächst trivial erscheinende – Unterscheidung zwischen „Innen" und „Außen". Der erste Anstoß zu einem Gefühl, so Ulrich, ist ein äußerer Reiz; dieser trifft auf unterschiedliche situative, innerliche und äußerliche Bedingungen, welche die Reaktion auf ihn und den weiteren Verlauf bestimmen. Innere Determinanten (bestimmende Faktoren) wären beispielsweise, so Ulrich, „Temperament, Charakter, Alter, Erziehung..., Anlagen, Grundsätze, vorangegangene Erlebnisse und vorhandene Spannungen" (1272); äußere Determinanten die Schicklichkeit beziehungsweise Unschicklichkeit oder die allgemeine soziale Bewertung unterschiedlicher Gefühlsäußerungen zu verschiedenen historischen Zeitpunkten. Indem durch diese konkreten und jeweils einmaligen Umstände das Gefühl selbst verändert wird, wirkt es gleichzeitig wieder nach außen zurück und verändert seine Umwelt – es variiert also nach Art einer Rückkopplung seine eigenen Entstehungsbedingungen.

Die Entwicklung eines Gefühls vollzieht sich demnach in einem Spannungsfeld so enger und vielfach verknüpfter Wechselwirkungen, dass noch nicht einmal die genaue zeitliche Reihenfolge von Ursachen und Wirkungen letztlich mit Sicherheit festgestellt werden kann. Insgesamt führen Ulrich diese Überlegungen zu einem paradox erscheinenden Schluss: „Mein Gefühl bildet sich in mir und außer mir; es verändert sich von innen und von außen; es verändert die Welt unmittelbar von innen und tut es mittelbar, das heißt durch mein Verhalten, von außen; und es ist also, mag das auch unserem Vorurteil widersprechen, innen und außen zugleich." (1277) Ähnliche Beschrei-

Dieses Gefühlskonzept hat nach Ulrich zwar den Vorteil besonderer Ordentlichkeit, aber auch den Nachteil besorgniserregender Unfruchtbarkeit; kann es doch weder Verläufe noch Veränderungen von Gefühlen beschreiben beziehungsweise erklären und entspricht

> **Mein Gefühl verändert die Welt unmittelbar von innen und tut es mittelbar, das heißt durch mein Verhalten, von außen.**

mit seiner groben Schematik wenig der lebensweltlichen Erfahrung von Gefühlen als wandelbar und schwer differenzierbar. Sein genauer Gegenpol ist das zweite Gefühlsmodell, nämlich das naturwissenschaftlich begründete der Medizin. Hier wird das Gefühl als Prozess betrachtet. Dieser vollzieht sich jedoch ausschließlich auf körperlicher Basis; so genannte Triebe und Affekte richten sich auf primitive Bedürfnisbefriedigung, die so nicht nur zur Folge, sondern auch zur Ursache von Gefühlen schlechthin erklärt wird. Wo das Gefühl allein zum tierischen Trieb mutiert, bleibt jedoch die Lebendigkeit und Besonderheit des genuin menschlichen Gefühls auf der Strecke.

Das Gefühl als Gestaltphänomen

Sind die Gefühle nun abgrenzbare, in sich ruhende Seelenzustände (nach dem ersten Modell), oder sind sie fluktuierende, sich ständig verändernde seelische oder körperliche Prozesse (nach dem zweiten Modell)? Um diese Frage zu beantworten, entwickelt Ulrich ein

Fotos:
Sebastian Scheller,
2005

„Aber ich liebe Sie – das kann Ihnen doch unmöglich entgangen sein!"

bungen lassen sich jedoch Ulrich zufolge durchaus auch auf anderen Gebieten finden: Es handele sich um ein – heute würden wir sagen: systemtheoretisches – Modell, das überall dort greife, wo ein System mit Teilen beziehungsweise ein Ganzes mit einzelnen Gliedern betrachtet würde, die miteinander in Wechselwirkung stehen.

> **Das Gefühl wirkt auf seine eigenen Entstehungsbedingungen zurück.**

Ulrich vergleicht das Gefühl zudem mit dem Paradebeispiel für eine Gestalt schlechthin, nämlich der Melodie, bei der die Glieder – die einzelnen Töne – deutlich unterscheidbar sind, aber erst in ihrer Abfolge als Ganzheit erlebt werden können. Ebenso verhielten sich Gefühle in ihrem „Werdegang" von der „Quelle bis zur Mündung": Zwar bilde sich aus den einzelnen Elementen und Einflüssen durch „Ausgestaltung und Verfestigung" (1284 f.) eine gewisse Einheit, ein „Typus" von Gefühl. Dieser lebendige Prozess sei jedoch niemals abschließbar und schon gar nicht in festen Begriffen zu fassen. Unser Wissen vom „Gefühl" kann letztlich immer nur eine vorläufige Konstruktion sein, die geändert werden muss, wenn die Erkenntnisse fortgeschritten sind oder die äußeren und inneren Bedingungen sich geändert haben.

Die Wirklichkeit mit oder ohne Gefühl betrachtet

Historisch allerdings, so Ulrich, habe sich das Gefühlsleben der Menschheit – im Gegensatz zu ihrer Rationalität – kaum weiterentwickelt: All unsere wissenschaftlichen Erkenntnisse, all unser technischer Fortschritt, all unser alltagsweltliches Handeln beruhten vielmehr auf der weitgehenden Ausschaltung der Gefühle, auf einem „gelähmten Gefühlszustand" (1310) zum Zwecke einer vermeintlichen Objektivität im Dienste der Wahrheitsfindung. Die Gefühle seien geradezu gezielt ausgeblendet worden, um eine „gemeinsame Wirklichkeit" (1315), ein verbindliches Bild dessen, was ist, zu gewährleisten. Damit bewege man sich aber in einem logischem Zirkel: Die Wirklichkeit wird so konstruiert, wie sie unter weitgehender Ausschaltung aller Gefühle aussähe; dadurch wird jedoch gerade diese Art von Wirklichkeit als Konstruktion erst hergestellt. In einem Gedankenexperiment erwägt Ulrich deshalb, wie die Welt aussähe, wenn sie aus einem anderen Gefühlszustand als dem der Neutralisation von Gefühlen heraus konstruiert würde:

„Ulrich war nicht im mindesten gesonnen, die Erkenntnis für einen Irrtum oder die Welt für eine Täuschung zu halten, doch schien es ihm zulässig zu sein, daß man nicht nur von einem veränderten Weltbild, sondern auch von ei-

45

ner anderen Welt spreche, wenn statt des Fühlens, das der Anpassung an die Wirklichkeit dient, ein anderes vorherrscht. Die Welt wäre ‚unwirklich' in dem Sinne, daß ihr fast jede Sachlichkeit fehlte ... Aber schließlich wäre das nur dem Grade nach anders als in unserer Welt, und über die Möglichkeit entscheidet nur die Frage, ob eine unter solchen Bedingungen stehende Menschheit noch lebensfähig bliebe und eine gewisse Stetigkeit ... erzielen könnte ... Es ist vieles der Wirklichkeit fähig und weltfähig, was in einer bestimmten Wirklichkeit und Welt nicht vorkommt." (1311)

Foto:
Sebastian Scheller,
2005

**„Meine Augen sehen aus, als seien sie aus Glas.
Ohne Leben, ohne Ausdruck. Und die Leere in meinem
Herzen, die wird bleiben, solange ich lebe."**

An dieser Frage der Lebensfähigkeit und der dazu notwendigen zeitlichen Stabilität eines solchen Zustands scheitert Ulrichs Experiment mit dem „anderen Zustand": Ein auf einem „ekstatischen" Fühlen gegründetes Leben in der Welt der Möglichkeiten – wie es bei-

spielsweise im mystischen Erlebnis oder in der Liebe momenthaft aufscheint – kann nur für Augenblicke erfahren werden, es führt nicht zu einem dauerhaften Zustand und schon gar nicht zu lebensweltlicher Handlungsfähigkeit. Das Scheitern dieses Extrems jedoch entwertet Musils Gefühlstheorie nicht insgesamt. Vielmehr führt Ulrich an dieser Stelle seine Überlegungen wieder auf eine Art Normalerfahrung des Gefühls zurück und entwirft dabei eine letzte begriffliche Unterscheidung: Alle Gefühle seien entweder „bestimmte" oder „unbestimmte". Als Beispiele für erstere nennt er „Gefallen, Liebe, Zorn, Mißtrauen, Großmut"; diese Affekte richteten sich auf ein konkretes äußeres Objekt und entfalteten sich stärker nach außen hin, indem ein bestimmtes Verhalten aus ihnen resultiere, das dann auch zur Befriedigung – und damit dem Abschluss – des Gefühls führt. Letztere – beispielsweise „Wohlgesinntheit, Zärtlichkeit, Gereiztheit, Argwohn" (1313) – bezeichnet er als „Stimmungen"; sie seien auf kein bestimmtes Objekt gerichtet, entfalteten sich stärker nach innen hin, seien nicht direkt handlungsrelevant und könnten über längere Zeiträume relativ unverändert bestehen bleiben.

> **Das Gefühl braucht eine eigene Logik, eine eigene Sprache und eine eigene Geschichte.**

Die Bezüge zur Polarität von Wirklichkeits- und Möglichkeitswelt sind offensichtlich: Stimmungen sind in ihrer Unbestimmtheit offenbar eine Art „Gefühl ohne Eigenschaften", das eine emotional gefärbte Wahrnehmung der Welt ermöglicht, aber nicht zum Handeln drängt; „bestimmte" Gefühle entsprechen der Wirklichkeitsorientierung und dem handelnden Zugriff des Wirklichkeitsmenschen. Eben wegen ihres stärkeren Realitätsgehalts und dem aus ihnen resultierenden Handlungsimpuls genössen die bestimmten Gefühle allerdings eine deutlich höhere gesellschaftliche Wertschätzung. Demgegenüber wäre die unter dem Titel der „Kultur" verbreitete Aufwertung alles Seelischen und Stimmungshaften nur vorgetäuscht:

Aphorismenschneise • Aphorismenschneise • Aphorismenschneise

Der Exhibitionismus ist der Gegenwart derart angemessen, dass man lernt, ihn in der Frage nach dem Befinden zu wittern.

Die erotische Freiheit des Jetztmenschen besteht darin, nicht alles fühlen zu müssen, was er denken soll.

Sagen zu können, wessen es zum Lebensglück bedarf, ist heute das sicherste Zeichen des Schwachsinns.

„Es ist eine nicht zu übersehende Eigentümlichkeit der europäischen Kultur, daß in ihr alle naslang die ‚Welt des Innern' für das Schönste und Tiefste erklärt wird, was das Leben birgt, desungeachtet diese innere Welt aber doch bloß als ein Anbau der äußeren behandelt wird." (1315)

Plädoyer für einen Enthusiasmus des Denkens

Mit der „Welt des Innern" wären wir also wieder bei den „großen Gefühlen" angelangt, für die die Literatur im Besonderen zuständig sein soll. Musil entlarvt diesen Anspruch als eine Schutzbehauptung, die dazu dient, das wahrlich wirklichkeits- und wahrnehmungsverändernde Potential von Gefühlen durch Verharmlosung und Exilierung ins folgenlose Reich der Psyche und der schönen Künste zu entschärfen. Musils Reden über das Gefühl im *Mann ohne Eigenschaften* hingegen ist nicht gefühlig und vage, sondern intellektuell anspruchsvoll und sachlich differenziert. „Lebendige Genauigkeit" erreicht es vor allem durch die den ganzen Roman prägende intensive Bildlichkeit, das Sprechen in Gleichnissen und Vergleichen. Im Schwebezustand zwischen Genauigkeit und Assoziation, Begrifflichkeit und Bildlichkeit entsteht bei der Lektüre eine Art geistiges Milieu – eine Stimmung eben –, in dem das Denken lustvoll und das Gefühl gedankenhaltig wird. Dieser Zustand eines sachlichen Enthusiasmus ist nach Musil trotz aller damit verbundenen Risiken letztlich für den Menschen unentbehrlich:

> **„Ein Wesen ist der Mensch, das nicht ohne Begeisterung auskommen kann."** Robert Musil

„Ein Wesen ist der Mensch, das nicht ohne Begeisterung auskommen kann. Und Begeisterung ist der Zustand, worin alle seine Gefühle und Gedanken den gleichen Geist haben ... Dauer gewinnen die Gefühle und Gedanken nur an einander, in ihrem Ganzen, sie müssen irgendwie gleichgerichtet sein und sich gegenseitig mitreißen. Und mit allen Mitteln, mit Rauschmitteln, Einbildungen, Suggestion, Glauben, Überzeugung, oft auch nur mit Hilfe der vereinfachenden Wirkung der Dummheit, trachtet ja der Mensch, einen Zustand zu schaffen, der dem ähnlich ist. Er glaubt an Ideen, nicht weil sie manchmal wahr sind, sondern weil er glauben muß. Weil er seine Affekte in Ord-

nung halten muß. Weil er durch eine Täuschung das Loch zwischen seinen Lebenswänden verstopfen muß, durch das seine Gefühle sonst in alle vier Winde gingen. Das richtige wäre wohl, statt sich vergänglichen Scheinzuständen hinzugeben, die Bedingungen der echten Begeisterung wenigstens zu suchen. Aber obwohl alles in allem die Zahl der Entscheidungen, die vom Gefühl abhängen, unendlich viel größer ist als die jener, die sich mit der blanken Vernunft treffen lassen, ... erweisen sich nur die Verstandesfragen überpersönlich geordnet, und für das andere ist nichts geschehn, was den Namen einer gemeinsamen Anstrengung verdiente oder auch nur die Einsicht in ihre verzweifelte Notwendigkeit andeutete." (1037)

Jutta Heinz ist Privatdozentin für Literaturwissenschaft und lehrt als Oberassistentin an der Universität Jena.

47

Literatur:

– Musil, Robert: Der Mann ohne Eigenschaften. Roman. Herausgegeben von Adolf Frisé. Hamburg 1952. Die Zitatnachweise im Text beziehen sich auf diese Ausgabe.
– Heydebrand, Renate von: Die Reflexionen Ulrichs in Robert Musils Roman „Der Mann ohne Eigenschaften". Münster 1966
– Döring, Sabine A.: Ästhetische Erfahrung als Erkenntnis des Ethischen: Die Kunsttheorie Robert Musils und die analytische Philosophie. Paderborn 1999

Aphorismenschneise • Aphorismenschneise • Aphorismenschneise

Was ist das für ein Geschlecht, das nur in der Liebe zu ertragen ist?

Die Sprache der Leidenschaft? Biologie und Taktgefühl werden sie finden.

Es gibt Verlegenheiten, über die allein Begeisterung hinweghilft.

Jakob Tanner

Die Instrumentalisierung der Gefühle

Propaganda im Krieg

Auch wenn wir dazu neigen, Gefühle für etwas Privates, wenn nicht gar das Privateste schlechthin, zu halten, sind sie doch leicht zu beeinflussen oder gar zu instrumentalisieren. Neben der Einflussnahme durch Werbung zeigt sich dies am deutlichsten bei Kriegen, die sich ohne die Gefühlsumbrüche, die sie auslösen und begleiten, nicht verstehen lassen.

> **Angriffskrieg wird zur Vaterlandsverteidigung stilisiert.**

„Krieg in seiner eigentlichen Bedeutung ist Kampf", schrieb Carl von Clausewitz 1832. Die Technisierung des Schlachtfelds, die Medialisierung der Kriegsberichterstattung sowie die Entgrenzung des Militärischen durch neue Waffentechnologien und die Ausweitung der Kriegshandlungen auf die Zivilbevölkerung lassen uns heute mit guten Gründen an dieser Aussage zweifeln. Auch gewannen Informationsbeschaffung und -verarbeitung massiv an Bedeutung. Von der wissenschaftsbasierten Entwicklung von Waffensystemen über die satellitengestützten Aufklärungssysteme und die Logistik des Truppenaufmarschs bis hin zur systematischen Bearbeitung der öffentlichen Meinung durch Propaganda werden alle Möglichkeiten genutzt. Der seit dem Ersten Weltkrieg beobachtete und von jenen, die den Krieg alten Typs verherrlichten, beklagte Niedergang des mutigen Kämpfers und der gegenläufige Triumph der Informations- und Waffentechnik scheinen damit besiegelt.

Die emotionalen Generatoren der Kriegsführung

Dieses Deutungsmuster versagt allerdings, wenn wir die emotionale Dimension des Kriegs betrachten. Als Extremsituationen sind kriegerische Auseinandersetzungen nach wie vor mit einer prägnanten Aufrüstung der Gefühle verbunden. Kriege zwingen zur emotionalen Parteinahme. Kriegsziele lassen sich zwar abstrakt formulieren, sie beziehen ihre Plausibilität jedoch nur über starke emotionale Bindungen. Nationale Ehre und Furcht vor dem Feind, Siegeshoffnung und die Angst vor der Niederlage vermischen sich dabei zu widersprüchlichen Befindlichkeiten. Das hat sich trotz der Industrialisierung der Militärmaschinen und der Verwissenschaftlichung der Kriegsführung nicht verändert. Der Aufstieg der modernen Massenmedien – und insbesondere das Fernsehen, das gerade den technisierten Krieg hautnah unter die Leute zu bringen vermag – schuf zugleich einen gigantischen Resonanzraum für ein emotionales Gefühlsmanagement. Menschen wollen vor allem „heiße Informationen", das heißt solche, die zu erworbenen Gefühlsdispositionen passen und einen Hunger nach Ergriffenheit stillen. Die Echtzeit-Nachrichtensysteme der Gegenwart ermöglichen so – nicht nur bei Kriegen, sondern auch bei Katastrophen und andern „starken Ereignissen" – neue Formen des Dabei-Seins, der Identifikation und der Selbstbestätigung.

In einer solchen Welt ist Kriegsführung mehr denn je kollektives Emotionsmanagement. Es gilt, Bedrohungen auch für jene Bürgerinnen und Bürger spürbar werden zu lassen, die sich von der Lage vor Ort keinen rechten Eindruck machen können, aber dennoch den Wunsch verspüren, sich vom sicheren Sessel aus in diese Sache involvieren zu lassen. Damit entsteht eine Anfälligkeit für Propaganda, damit öffnen sich Spielräume für einen manipulatorischen Umgang mit Information, die prompt ausgenutzt werden. Es kommt zu einem Wechselspiel zwischen einem Willen zur und einem Verlangen nach Täuschung. Anstatt also das Verschwinden des Menschen und seiner Gefühle in Technisierungsprozessen zu behaupten, geht es darum, den Form- und Funktionswandel emotionaler Äußerungen verständlich zu machen. Gefühle sind aus historischer Sicht nicht einfach etwas „Menschliches-Allzumenschliches", das keinem fremd sein kann. Sie haben vielmehr ihre eigene Geschichte; sie waren und sind fundamentalen Veränderungen ausgesetzt.

Dies zeigt sich insbesondere bei Kriegen, die sich ohne die Gefühlsumbrüche, die sie bewirken und begleiten, nicht verstehen lassen. Das gilt zunächst für die Organisation des Heeres selbst. Der Krieg stellt sich hier als eine symbiotische Beziehung zwischen Aktion und Emotion dar. In den 1730er Jahren ging der schottische Moralphilosoph David Hume in seinem *Traktat über die menschliche Natur* auch auf eine Truppe ein, die zur Schlacht ausrückt. Er betont, wie stark die Gefühle von der Fokussierung der Gedanken abhängig sind. Der Soldat „fühlt sich naturgemäß ermutigt und zuversichtlich, wenn er an seine Freunde und Kameraden denkt". Umgekehrt wird er „von Furcht und Schrecken ergriffen, wenn er an den Feind denkt": „So kommt es, dass im Kriege die Gleichheit und der Glanz unserer Kleidung, die Regelmäßigkeit unserer Aufstellung und Bewegung, mit dem ganzen Pomp und der Majestät des Krieges, uns und unsere Verbündeten ermutigt, während dieselben Dinge, wenn wir sie beim Feind wahrnehmen, uns mit Schrecken erfüllen, so erfreulich und schön sie an sich sind." In dieser Beschreibung wird ein manipulatives Potenzial sichtbar: Für die Kommandeure gilt es, die Sichtbarkeit der Konfrontation auf das eigene, wohl geordnete, durch eingeübte Bewegungsabläufe synchronisierte Heer zu beschränken. Erreicht werden kann dies durch Truppenaufmärsche und steten Drill. Der Feind wird gleichzeitig in den Schatten gerückt, wo er nur noch eine diffuse, dunkle Bedrohung darstellt.

Dieser beständige Wechsel zwischen Zuversicht und Schrecken findet sich auch im industrialisierten Krieg. So vermochte die deutsche Führung zu Beginn des Zweiten Weltkriegs mit schnellen Entscheidungen eine Zustimmung in der Bevölkerung zu erreichen. Die Tatsache, dass der Vormarsch „verbundener Waffen", wie ihn die Wehrmacht beim Niederwalzen der französischen Armee praktizierte, als „Blitzkrieg" bezeichnet wurde, zeigt, wie sehr es um das propagandistische Ins-Licht-Rücken eigener Kräfte ging. „Blitz" war gleichbedeutend mit der Blendung des Gegners, dem dadurch die Fähigkeit zur Verbreitung von Schrecken bei den eigenen Truppen und der einheimischen Bevölkerung genommen wurde. Durch die Monopolisierung kriegerischen Terrors konnte „völkische" Zuversicht geschaffen werden – bis dann ab 1942 das Kriegsglück sich wendete und erneut die Umrisse von Gegnern kenntlich wurden. In dem Maße, in dem die Alliierten vorrückten und der Schreckensempfindung wiederum eine andere Richtung gaben, wurde nun der Terror innerhalb der nationalsozialistischen Herrschaftssphäre intensiviert. Wie die lärmende antisemitische Propaganda des Regimes und die Heimlichkeit der so genannten Endlösung, im Zuge derer sechs Millionen Juden und weitere verfolgte Gruppen in Vernichtungslagern ermordet wurden, zusammenhängen, ist Gegenstand einer anhaltenden Kontroverse unter Historikern, die sich darum bemühen, den Holocaust zu erklären. Dabei spielt der Zusammenhang von Wissen und Emotion, das heißt die Abwehr all jener Information, die sich nicht in die vorherrschende Gefühlslage integrieren ließ, eine zentrale Rolle.

Propaganda und Informationskrieg

Im 19. Jahrhundert wurde der Zusammenhang von Aktion und Emotion um den Begriff der Nation erweitert. In diesem Triangel tauchte der Begriff der Propaganda auf. Ursprünglich in einem kirchlichen Kontext entwickelt, wurde er nun auf die politische Sphäre übertragen und auf neue Formen nationalstaatlicher Massenmobilisierung bezogen. Dabei konnten die Manipulateure der öffentlichen Meinung durchaus an ältere Einsichten anknüpfen. So beschrieb Hume im zitierten Traktat den „gewöhnlichen Kunstgriff der Politiker", Menschen neugierig zu machen: „Die Politiker wissen, dass die Neugier den Menschen in den Affekt stürzen wird, den sie heraufbeschwören möchten, dass also die Wirkung des Objekts auf seinen Geist dadurch eine Verstärkung erfährt." Man kann, mit andern Worten, durch gezielte Propaganda die Menschen dahin bringen, wo man sie gerne haben möchte. Die aggressive Vorsätzlichkeit einer Kriegshandlung kann zum Beispiel propagandistisch transformiert werden in eine defensive Maßnahme zur „Verteidigung des Vaterlands". Damit wird Opposition im Zeichen des Friedens schwierig, weil dem Einspruch von vornherein der Beigeschmack des Hinterhältigen und des Landesverrats anhaftet. Hier entfalten hochgradig emotionalisierte Argumentationsfiguren ihre Wirkung.

Als Carl von Clausewitz ein Jahrhundert nach David Hume die berühmte Formel von Krieg als einer „bloßen Fortsetzung der Politik mit anderen Mitteln" prägte, dachte er noch immer primär an das Schlachtfeld und die hier herrschende „Schwierigkeit richtig zu sehen". Den Grund für diese Sichtbehinderung sah er in Desinformation, Täuschung, Lüge und Überraschung. Aus Clausewitz' Sicht ist der militärische Sieg nicht nur das Resultat einer zahlenmäßig überlegenen Streitmacht, sondern auch eines überraschenden, kühnen, listigen Vorgehens. Der Pulverdampf auf dem Schlachtfeld produzierte einen Nachrichtennebel in den Kommandozentralen – da galt es, rational zu handeln. Zwar erklärt der Kriegstheoretiker, der „Kampf zwischen Menschen" bestehe „aus zwei verschiedenen Elementen, dem feindseligen Gefühl und der feindseligen Absicht", und er kritisiert die Ansicht, die den Krieg als eine „von aller Leidenschaft" gereinigte „Algebra des Handelns" vorstellt. Dennoch neigt Clausewitz dazu, Emotion und Intellekt als Gegensatzpaar zu begreifen: Der gewiefte Stratege lässt sich eben gerade nicht von Gefühlswallungen in die Irre leiten, sondern setzt auf rationale Wahrnehmung sowie rationelle Ausnutzung militärischer Vorteile. Der grassierenden Ungewissheit setzt er das „Gesetz des Wahrscheinlichen" entgegen. Der Sieg basiert auf einer von täuschenden Gefühlsnebeln befreiten Entscheidungsfreude und Entschlusskraft.

49

> **Der Sieg basiert auf einer von täuschenden Gefühlsnebeln befreiten Entscheidungsfreude.**

Mit dem Aufstieg der Massenpresse standen den politischen Eliten, aber auch der Arbeiterbewegung neue Möglichkeiten der Verbreitung ihrer Sicht der Dinge offen. Diese wurden nun in enger Verbindung mit Emotionen als politisches Kampfmittel genutzt. Es spielten sich starke Koppelungen zwischen einer bestimmten Sicht auf die Welt und einem bestimmten Typus von Nachrichten ein. „Right or wrong – my country" (Ob richtig oder falsch – mein Vaterland) lautete eine der Maximen. Auch Verschwörungstheorien hatten Zulauf. Solche Deutungsschemata erwiesen sich weithin als widerlegungsresistent. Die in Konkurrenz zueinander liegenden Nationen, aber auch die Klassen innerhalb einer Gesellschaft nahmen sich nun fast nur noch über Wahrnehmungsstereotypen, über jenen vorurteilsgesteuerten Informationsfilter wahr.

Verstärkt wurde diese Tendenz durch neue technische Medien, die nicht nur der Globalisierung des Nachrichtenaustauschs, sondern auch der kommunikativen Integration des nationalen Raums dienten. Schon seit den 1860er Jahren wurde die telegrafische Übermittlung von Nachrichten in einen planetarischen Maßstab hinein gesteigert; es kam zu einer zunehmend engeren Verkabelung der Erde. Zwischen den Hauptstädten der wichtigsten Länder und den kolonialen Stützpunkten imperialistischer Mächte

> **Kriege sind mit einer Aufrüstung der Gefühle verbunden.**

konnten nun Nachrichten in großer Geschwindigkeit ausgetauscht werden. Mit dieser Informationsrevolutionierung durch das Telegrafennetz ging der Aufstieg von Nachrichtenagenturen einher. Die Namen Reuter, Wolff und Havas standen für den spezifisch englischen, deutschen und französischen Umgang mit Nachrichten. Während Wirtschaftsnachrichten – und insbesondere Börsendaten – von der Beschleunigung des Informationsaustauschs profitierten und die Weltmarktintegration steigerten, gaben sie den Regierungen eine neue Möglichkeit zur gezielten Beeinflussung der öffentlichen Meinung. In den Jahrzehnten um 1900, im Zeitalter des imperialistischen Säbelrasselns rivalisierender Großmächte, wurde ein Ansprechen der Gefühle allerdings immer weniger durch das Wecken von Neugierde erreicht als durch eine massenmediale Politisierung der Angst, einer Dramatisierung der Bedrohung und einer systematischen Dämonisierung des Feindes.

Schlagend zeigte sich die Bedeutung der neuen Propagandainstrumente beim Ausbruch des „Großen Krieges" im Sommer 1914, der heute häufig und in naturalisierender Weise als „Urkatastrophe" des 20. Jahrhunderts bezeichnet wird. Das „Augusterlebnis" von 1914 war das Produkt einer Emotionalisierung der Bedrohung: Mächtige, skrupellose Feinde, die das Land einkreisten und es in Angstzustände stürzten, bevölkerten das Szenario. Die Wahrnehmung der Lage war eingebunden in eine emotionale Befindlichkeit, die sich über einen langen Zeitraum hinweg verfestigt hatte und die nun, in einer Zeit großer Unsicherheit, Orientierung bieten konnte. Diese psychologische Kriegsführung hatte auch eine verstärkte Kontrolle der Nachrichtenagenturen zur Folge; der sprichwörtliche Satz „Erzähl doch keinen Havas" stammt aus dieser Zeit, denn in Deutschland ging man davon aus, dass

dem offiziellen Pariser Nachrichtenbüro – gegründet von Charles Louis Havas – generell nicht zu trauen sei; eine entsprechende Meinung herrschte auch in Frankreich, doch die deutsche Propaganda wirkte offensichtlich nachhaltiger.

Die historische Forschung hat inzwischen gezeigt, dass man nach der Ermordung des österreich-ungarischen Thronfolgers in Sarajevo am 28. Juni 1914 nicht einfach „in den Krieg hineingeschlittert" war, sondern dass die Würfel an den Höfen der zentraleuropäischen Monarchien in Wien und Berlin fielen, wobei vor allem das Deutsche Kaiserreich auf einen Krieg hinarbeitete. Als dann am 1. August 1914 die deutsche Generalmobilmachung, verbunden mit der Kriegserklärung an Russland, erfolgte, schrieb Marinekabinettschef Karl Alexander von Müller zuversichtlich in sein Tagebuch: „Stimmung glänzend. Die Regierung hat eine glückliche Hand gehabt, uns als die Angegriffenen hinzustellen."

In zeitgenössischen Schriften wurde immer wieder die „Massensuggestion", die dieses „Augusterlebnis" zu einem emotionalen Schlüsselerlebnis machten, angesprochen. „Die Volksseele war überrascht, erschüttert von zwiespältigen Empfindungen und gehoben von den größten Gefühlen, deren sie fähig war", schrieb eine Autorin im *Archiv für Psychiatrie und Nervenkrankheiten* im Jahre 1915. Es handle sich hier – so der Text weiter – um eine „absolut gesunde ... Reaktion unserer streitbaren und nichtstreitbaren Kräfte auf die Kriegserklärung". Weiter wird ausgeführt, die unwiderstehliche Massensuggestion sei letzten Endes „die gesteigerte physiologische Abwehrbewegung des Gesamtorganismus gegen die Unlustreize der Kriegserklärungen der feindlichen Mächte".

> **Propaganda ist ein Wechselspiel zwischen einem Willen zur und einem Verlangen nach Täuschung.**

Spionagefurcht, Verproviantierungspanik und Bankensturm werden aber auch als emotionale Überreaktionsphänomene dargestellt. Mit dem Einsetzen dessen, was man später „totaler Krieg" nennen sollte, wurde die Gefühlsbindung zwischen Heeresführung und Bevölkerung noch wichtiger, denn die „Materialschlachten", der „Abnutzungskrieg" und die Strategie der „Ausblutung des Gegners" gingen einher mit einer massenhaften Verarmung und Verelendung an der Heimatfront. In dem Maße, in dem die emotionale Identifikation mit dem „Vaterland" brüchig wurde, sah sich die politisch-militärische Elite Deutschlands „verraten". Die Dolchstoßlegende, das heißt die These, innere Feinde seien dem Heer gerade zum Zeitpunkt, als der Sieg doch noch möglich geworden wäre, heimtückisch in den Rücken gefallen, ist Folge dieser Enttäuschung.

Medialisierung und Globalisierung von Gefühlen

Am Beispiel des Ersten Weltkriegs hat die Geschichtsschreibung gezeigt, wie nahe Begeisterung und Skepsis beieinander lagen. Bei Kriegsbeginn gab es weder undifferenzierten Hurrapatriotismus noch markanten Friedenswillen. Die vorherrschende Stimmung stärkte vielmehr die nationale Geschlossenheit – und dafür war der Begriff der Notwehr von entscheidender Wichtigkeit. Die Lügen der Regierenden und das Schutzbedürfnis der Bevölkerung fügten sich offensichtlich gut ineinander. Was für den Sommer 1914 festzustellen war, tauchte, massenmedial und geostrategisch transformiert, zu Beginn des 21. Jahrhunderts wieder auf. Die amerikanische Falschinformation, Saddam Hussein besäße Massenvernichtungswaffen, und die ebenso unbelegbare Unterstellung, es gäbe eine Verbindung zwischen dem irakischen Diktator und der Terrororganisation Al Kaida, ermöglichte es, das Twin-Tower-Trauma auf einen militärisch schwachen Feind zu projizieren und dort erfolgreich zuzuschlagen. Der Irakkrieg lenkt somit Unsicherheit ab, er kommt einer Selbstbekräftigungsaktion gleich. Am Ort der Intervention führte die militärische Aktion, kaum war der Sieg proklamiert, in immense Probleme hinein. Zu Hause bewahrt sie jedoch ihre Stimmigkeit und erfüllt ihre unausgesprochene Rolle. Die Tatsache, dass George W. Bush trotz eines – gemessen an den selbst deklarierten Zielsetzungen des Krieges – offensichtlichen Debakels, trotz enthüllender Folterbilder aus dem Abu-Ghreib-Gefängnis, als Präsident der USA wieder gewählt wurde, zeigt die politische Macht dieser emotionalen Grundwelle.

Der Krieg im Irak macht auch deutlich, wie sehr alle Seiten auf psychologische Kriegsführung setzen, indem sie das internationale Mediensystem und kollektive Gefühlslagen nutzen. Mit dem „embedded journalism" (in die militärischen Strukturen eingegliederte Journalisten) versuchten die USA, die Unterstützung der Medien zu gewinnen. Denn zum einen lernen die Berichterstatter die Perspektive der Truppe zu teilen, was zu einem kameradschaftlichen Einvernehmen führen kann; zum andern wird auf der Seite der Zuschauer die Illusion von Authentizität geschürt und der Eindruck verbreitet, Meinungen und Bilder von Menschen, die ganz dicht dabei gewesen sind, verfügten über einen privilegierten Wahrheitsstatus. Umgekehrt kalkulieren terroristische Gruppen bei der Entführung und Enthauptung von Medienleuten und weiteren „Westlern" die Reaktionsformen der Massenmedien und der neuen Technologien von vornherein mit ein. Der Terror entfaltet seine Wirkung im globalen Mediensystem, das heißt jene, welche sich, wenn möglich in Echtzeit, „informieren lassen", sind selber immer schon Teil des Wirkungszusammenhangs, der diese Informationen hervorbringt. So leben wir heute in einer medial globalisierten Welt, in der die Berichterstattung über Kriege durch Personalisierung und durch verschiedenste Identifikationsangebote emotionalisiert wird. Das Gegenstück besteht in einer umfassenden Medialisierung der Emotionen, wodurch diese nicht nur flächendeckend verbreitet, sondern auch in Richtung einer Globalisierung von Gefühlskulturen verändert werden.

Jakob Tanner ist Professor für Geschichte der Neuzeit an der Forschungsstelle für Sozial- und Wirtschaftsgeschichte und am Historischen Seminar der Universität Zürich.

Literatur:

- Berghahn, Volker: Der Erste Weltkrieg. München 2003
- Boyd-Barret, Oliver; Rantanen, Terhi (Hrsg.): The Globalization of News. London 1998
- Clausewitz, Carl von: Vom Kriege. Frankfurt am Main 1980
- Hume, David: Ein Traktat über die menschliche Natur. 2 Bände. Hamburg 1978
- Keegan, John: Die Kultur des Krieges. Berlin 1995
- Michalka, Wolfgang (Hrsg.): Der Erste Weltkrieg. Wirkung, Wahrnehmung, Analyse. München 1994
- Tilgner, Ulrich: Der inszenierte Krieg. Täuschung und Wahrheit beim Sturz Saddam Husseins. Berlin 2003
- Verhey, Jeffrey: Der „Geist von 1914" und die Erfindung der Volksgemeinschaft. Hamburg 2000

51

Beate Rygiert

Der Tod und die Jungfer

Sie liegt. Liegt auf dem Laken, das sich feucht unter ihr in Falten gelegt hat. Vom Wälzen, vom vielen Wälzen, jetzt wälzt sich nichts mehr auf dem faltigen Grund.

Sie fühlt. Fühlt, wie ihre Knochen sich spitz in die Haut bohren, pergamentene Hülle, brüchig, zum Reißen gespannt.

Ihr Atem pfeifend und stoßweise, was pfeift da in ihr, was rasselt unter der flachen Brust, ein Vögelchen könnte nicht zarter, zerbrechlicher …

Sie weiß. Und der Gedanke erfüllt sie mit erleichterndem Staunen: Die Nacht wird sie nicht mehr erleben.

Nie wieder Nacht.

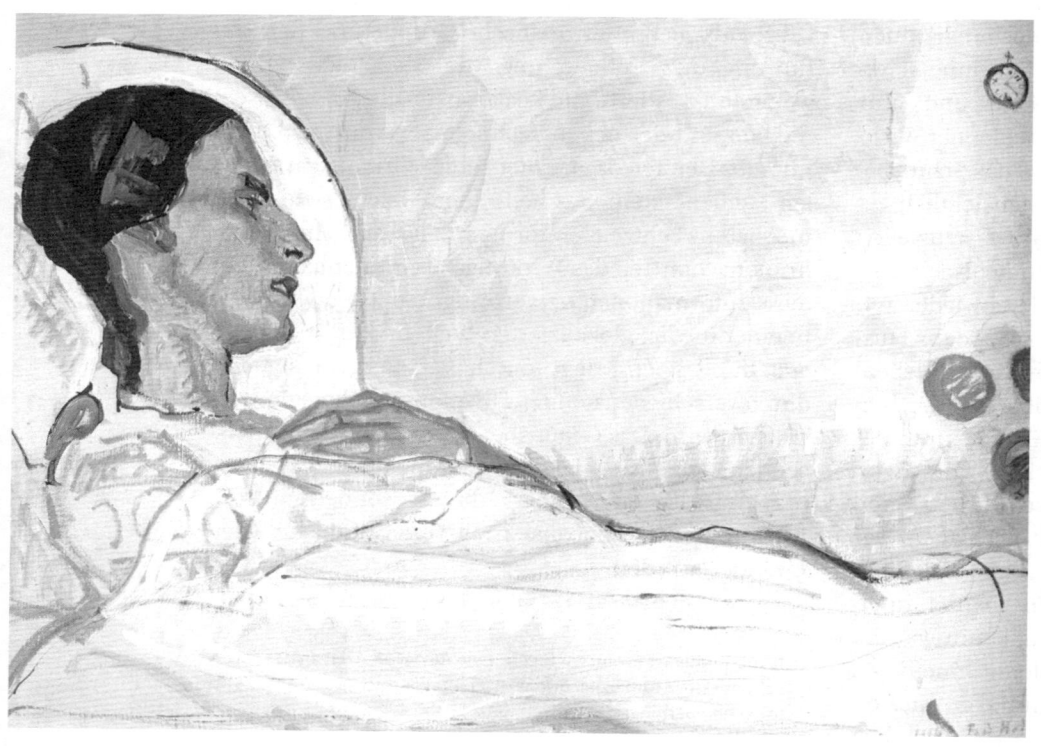

Über ihr hängt das Kreuz. Ihre Augen, unstet und ziellos, wandern, krallen sich fest, bleiben haften, saugen, o du Lamm Gottes, unschuldig, es reißt in ihrer Brust, das Gefühl von staubig zerfetztem Papier, am Stamm des Kreuzes geschlachtet, was hat es dir genützt und was uns, jetzt hängst du da, jetzt lieg ich da, all die erbaulichen Gedanken, und eines Tages ist man angekommen auf diesem Laken, in diesem knirschenden Körper, und ist froh um jeden rasselnden Atemzug, allzeit erfunden geduldig, der einem dem letzten näher bringt, all diese Mühe, die niedergekämpften Zweifel, und dann die Stunde der Wahrheit am Ende des Bettzipfels.

Bewegung. Es bewegen sich Schatten. Sie ist nicht allein. Das Flackern einer Kerze oder sind es zwei? Es

Abbildung:
Valentine Godé-Darel im Krankenbett
Öl auf Leinwand,
Ferdinand Hodler,
1914

sind Menschen im Zimmer, jenseits des Zipfels, sie erkennt das durchdringende Flüstern ihrer Nichte, leichter Luftzug, wiewohl du warest verachtet, und der Duft von Weihrauch, ist es schon so weit? Liegt sie schon aufgebahrt in der Totenkapelle? Sollte sie ihn verpasst haben, den Atemzug, den letzten? Ist das der süßliche Duft von Blumengebinden?

Ein grässlicher Riss in ihrer Brust bringt sie zurück aus Jenseitsgefilden auf das faltige Laken. Über sie beugt sich der Priester.

Gott ist gnädig, es erwartet dich sein Lohn, und das Schluchzen der Nichte, das falsche Ding, geheuchelte Tränen am Sterbebett und der schlechte Atem aus dem Mund des Priesters, fauler Zauber, alles Theater, und schlechtes dazu, und sie sieht, wie der Messdiener den Finger in der Nase und der Priester mit dem Blick auf die Armbanduhr und mit einem Scheppern fällt das Döschen mit der letzten Ölung zu Boden.

Meine Tochter, sagt der Mann mit den schlechten Zähnen, ihr Enkel könnte er sein, meine Tochter, sagt er, möchtest du beichten?

Und ihr Körper verfällt wieder in dieses Zucken, das Beichtezucken, was für ein sinnloses Leben, keine einzige nennenswerte Sünde, noch nie, als Kind hat sie Sünden erfunden, Schauergeschichten, schreckensschön und böse, damit sie dem Unsichtbaren hinter dem Gitter auch etwas wirklich Lohnendes zu berichten hatte, was macht ein Mensch, dem keine Gelegenheiten gegeben werden, auch nur den kleinen Finger in den Sündenpfuhl zu tauchen, was fängt so jemand an mit dem Wunder der Vergebung?

Sie denkt. Denkt an IHN. Nicht den am Kreuz. Nein. Den anderen. Wunderbaren. Messianisch Verlockenden und am ersten Abend der allerersten Verabredung, wieder steht sie im vanillefarbenen Kleid mit der Schleife unterm Kinn steht sie im Flur ihres Elternhauses, steht und lauscht und steht noch heute, denn er ist nicht gekommen, hat keine Gelegenheit gegeben für ein entrüstetes Nein oder ein verschämtes Neinbittedoch, für gar nichts Gelegenheit die ganze Nacht nicht und nie mehr und danach nie wieder gestanden, nie wieder gewartet und das vanillefarbene Kleid wurde gespendet und ihr Leib verschlossen, versiegelt –

nein nicht öffentlich, nein nicht den Schleier, nichts Spektakuläres, und der dort am Kreuz, kommt alle her zu mir, und sie kam, was sollten Küsse sie irremachen, Küssen ist widerlich, man stelle sich vor, den Speichel eines anderen Menschen, die ihr mühselig und beladen seid, zu trinken, und das Blut bei der Kommunion verwandelt sich alles in Wein, Brot der Leib, ein vertrockneter Laib der ihre, flach und zitternd und trocken wie Dauerbrot und niemals bebend in einer Umarmung, dass sie manchmal sich einbildete, die Decke des Betts würde lebendige Arme um sie schließen, jede Pore ein Fühltentakel und heilige Schauer ihr bei dem Gedanken an eine fremde Zunge in ihrem Mund, o die Lippen, die trockenen, rissigen, Schmerzen labender Speichel von liebender Zunge, aber gleich wieder der Ekel, am Stamm des Kreuzes und der schlechte Atem des Priesters, geschlachtet, ihr Körper, unberührt sterben, o wie hasste sie all die grässlich lässlichen Sünden, hab im Zorn gesprochen, die vielen verpassten durchbeteten Nächte, der Stolz hat mich regiert, viel zu stolz, um dann noch Blicke zu haben, Stolz, aber eher Angst, Angst vor dem Stehen in vanillefarbenen Kleidern mit hoffnungsglänzenden Augen, mit hämmerndem Herzen und auf den Lippen ein Lächeln, das langsam, ganz langsam dünner wird und schmaler und weißer, und das Kleid wurde gespendet, knisternde Seide, gespendet, und Falten warf es, und Falten drücken, und ihr Leib wird gespendet, Brot und Wein, das heilige Sakrament, klebrig und papierdünn schmilzt der Leib des Herrn auf ihrer trockenen Zunge, ist doch alles Betrug und das Schluchzen der Nichte, aus dem Zimmer sollte man sie werfen, soll gehen und sündigen, statt hier zu stehen, die Gedanken voll mit den Zahlen aus Sparbüchern der Tante, fleischliche Sünden, solange ihr Leib noch nicht Risse und Schründe und sich auflöst in Gestank und Schweiß, wozu diese Verschwendung an Leben und Fleisch und Haut und Blut unter der Haut, duftende Haare, zarteste Stellen, geheimnisvoll, Finger weg!, unbekannt, vergilbt, jetzt verwelkt, fremd sogar ihr, o du Lamm Gottes, unschuldig, und sie verflucht ihre Unschuld, verdammt ihr Unwissen, fleischliche Sünden, hatte immer an den Metzger und die Auslage in der Vitrine denken müssen, fleischliche Sünden, war dann Vegetarierin geworden, aber nicht aus ihrem Körper, ihren Achseln, ihren Schenkeln zu verbannen, kein Fasten, keine Waschungen mit eiskaltem Wasser, und jetzt sangen sie und beteten, und das Klingeln von Glöckchen, den Finger auf der Stirn, zwei Berührungen, kalt, auf ihrer Stirn, ein Mal, was wenn, was wenn der am Kreuz umsonst, was wenn sie, wenn auch sie umsonst, das vanillefarbene Kleid gespendet, und sie lauscht ihrem Atem, der fremd und stoßweise, das Quietschen der Straßenbahn, das Murmeln des Priesters, das Schnäuzen der Nichte, und diese Kälte um sie und diese Hitze,

wie eine Welle steigt sie auf aus tiefsten Punkten, längst vergessen, einmal dieses Gefühl, Lippen auf Lippen, Speichel von fremder Zunge, Arme um diesen brechenden Körper, Leben zuckend in ihrem Leib, und die Augen brechen und sehen umso besser, sehen ihn, sehen den Schönen, den wunderbar messianisch Verlockenden, den Jüngling, den Alten, den glutvoll Erfahrenen, sieht, wie er sich über sie beugt, mit diesen Augen, mit diesem Lächeln, spürt die Hitze des Atems, die Lippen, die sich nähern, spürt ihren Körper, der sich öffnet, ihn aufnimmt, das ist es also, das, in seiner vollen, ungeahnten, brennenden Größe, ihr Leib, umhüllt, umspannt und ausgefüllt, wächst er ihm entgegen, blüht ihm entgegen, ihre Lippen, die sich öffnen voll Verlangen, der Mund, der sich nähert, und sie reißt auf die Augen und die Nichte schluchzt schriller und die Gebete werden lauter und sie erkennt ihn, den Geliebten, den einzigen, ihr zur Wonne, ihr zur letzten ölenden Salbung, ihr Bräutigam und das Kleid vanillefarben fällt und reißt wie ein Vorhang und dahinter die andere Welt, und in rasendem Vereinen trägt ihr Liebster sie hinüber, und jetzt endlich, jetzt, seine Lippen schließen sich über den ihren, sein Speichel, süß und Leben spendend, und ihr Leib wächst ihm entgegen, Brüste stehen auf aus Hautsäcken, spitze Hüftknochen verschwinden unter festem Fleisch, und sie trinkt ihn, trinkt seinen Speichel, und sie fühlt es, fühlt den Samen, wie er gelegt wird in die sterbende Ackerfurche, spürt das Leben, das geht, und das Leben, das kommt, und dafür, denkt es in ihr, und danach denkt nichts mehr, dafür hat sich alles, alles gelohnt.

Sie war eine Heilige, sagt der Priester nach langem, starrem Schweigen. Eine Heilige. Eine solche Verzückung in der Umarmung des Todes. Gott steh ihr bei.

53

Beate Rygiert lebt und arbeitet als freie Schriftstellerin in Stuttgart. Zuletzt erschienen von ihr die Romane *Die Fälscherin* und *Der Nomade* (beide im Claassen Verlag).

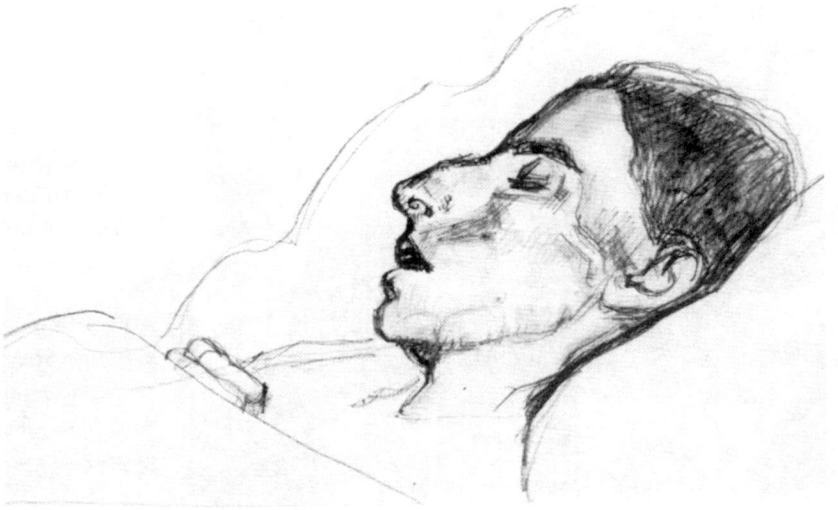

Abbildung:
Die kranke Valentine Godé-Darel (Ausschnitt) Bleistiftzeichnung, Ferdinand Hodler, 1914

Anke Thyen

Das Gefühl für den anderen

Max Schelers Philosophie der Sympathie

Das Verstehen des anderen ist für Max Scheler nur durch das Mitgefühl möglich. Das Mitgefühl, so Scheler, ist kein „Nachfühlen", in dem das Gefühl des anderen „nacherlebt" wird. Vielmehr ist es ursprünglich im Erleben des Menschen verankert. Es entwickelt sich nicht aus der Sozialität des Menschen, sondern ist die Befähigung zur Sozialität.

Mitgefühl ist „Mitgift alles Lebendigen".

Die Renaissance des Gefühls gibt es so lange, wie es die Philosophie des Gefühls gibt. Die Besonderheit am gegenwärtigen Interesse an den Gefühlen ist, dass auch deren einstige Gegner – das kalte Herz des analytischen Verstands und die Naturwissenschaften – das Gefühl für sich entdecken. Die Ergebnisse der Hirnforschung gewähren uns neue Einsichten in die Natur und die Bedeutung der Gefühle für unser Leben.[1] Sie enthüllen die Biologie der Gefühle und finden Gefühl und Verstand viel enger verbunden, als vor allem der Alltagsverstand es zu wissen glaubt. Der vermeint in den beiden noch immer die großen Gegenspieler erkennen zu können.

Im undurchschaubaren Dickicht der wissenschaftlich-technischen Welt begrüßt der Alltagsverstand jede Aufwertung des Gefühls – in der durchaus zweifelhaften Hoffnung, Verstand und Vernunft könnten in ihre Grenzen verwiesen werden. Solche Hoffnungen speisen sich aus dem Bedürfnis nach Vereinfachung. Was Verstand und Vernunft dem Einzelnen in der so genannten Wissenswelt zumal an Verantwortung abverlangen, grenzt an Überforderung. Wer den Gefühlen folgen dürfte, hätte es dagegen vermeintlich leichter. Gefühle sind uns vertraut, sie „gehören" uns, sie sind wahr und unbezweifelbar. Sie mögen vielleicht unangemessen sein, aber authentisch sind sie in jedem Fall. Wenn man wütend auf jemanden ist, kann man nicht gleichzeitig daran zweifeln, ob man es ist; wer Liebeskummer hat, kann sich nicht fragen, ob er Liebeskummer hat. Obwohl die Beispiele keine angenehmen Gefühle illustrieren, halten sich hartnäckige Gerüchte: Gefühle sind warm und heimelig, leben im Bauch, und früher gab es mehr von ihnen. Der Verstand ist kalt und distanziert und lebt im Kopf, weit weg vom Herzen, das er gelegentlich gar krank macht. Schon der große Aristoteles hat den Kopf als Sitz der Seele ausgeschlossen, die wohne nach seinem Dafürhalten im warmen Herzen. Das Gehirn kühlt das Blut, mehr nicht, so sah man es in den Anfängen der „Hirnforschung".[2]

Diese Sicht mag etwas überzeichnet sein, aber ihren Kern muss man gleichwohl ernst nehmen. Denn aus durchsichtigen ideologischen Motiven zementieren die Anwälte des Gefühls einen Gegensatz, der in dieser Form kaum jemals bestand. Tatsächlich nämlich bemüht sich die Philosophie um die Aufklärung des Zusammenhangs solcher Phänomene, die wir oft als Ausdruck eines unversöhnlichen Widerstreits erleben: Als sprächen Gefühl und Verstand unterschiedliche „Sprachen", deren Übersetzbarkeit hartnäckig bezweifelt wird.

Die Philosophie stellt für die Reflexion widersprüchlicher Alltagserfahrungen verschiedene begriffliche Modelle bereit. Diese Modelle sind, allen voran jene Platons und Aristoteles', in ihrer

der blaue reiter

Aufklärung
Geistige Strömung des 18. Jahrhunderts, die durch den Glauben an die Vernunft und den Kampf gegen Autoritätsgläubigkeit und Traditionsgebundenheit geprägt ist.

Mechanisch bewegt sich der Mensch nur
dort, wo das Organische am Zuge ist.

Die Seele ist die Wunde, die sich selbst das Bluten beibringt.

Das Leben, dieses Nebenprodukt der Liebe.

Indem man Sterbliches erzeugt,
verliert man die Angst vorm Tod..

orismenschneise • Aphorismenschneise • Aphorismenschneise

überwiegenden Mehrzahl Anleitungen zum „Übersetzen". Die Sprache des Gefühls soll erhalten bleiben,
aber der Verstand soll sie verstehen; die Sprache des
Verstands soll erhalten bleiben, aber das Gefühl soll sie
verstehen können.

Die Schadenfreude zulasten des Verstands, die
eine Renaissance des Gefühls in Philosophie und Wissenschaften stets begleitet, beruht auf einem ideengeschichtlichen Missverständnis. Aber nicht nur das,
schwerwiegender ist, dass sie eine Tendenz befördert,
die angesichts einer ebenso intensiven wie bisweilen
bizarren Gefühlspflege, welche uns in Zeiten der
„Wellness" allenthalben begegnet, eine Vernachlässi-

Nachfühlen ist kein Mitfühlen.

gung des Verstands befürchten lässt. In dieser heute
hervortretenden Tendenz erscheint das Gefühl als das
Wahre, weil Authentische, aber gegenüber dem irr-
tumsanfälligen, gefühlskalten Verstand zugleich als
der schwächere Part. Dabei lässt sich gar nicht ausmachen, für wen die Ideengeschichte unter dem Strich
eine größere Bedrohung verzeichnen muss. Die Philosophie hat den Verstand vor dem Gefühl gewiss ebenso häufig in Schutz genommen wie das Gefühl vor
dem Verstand. Die Partie dürfte ausgeglichen sein.
Schon deshalb ist die Behauptung, die Philosophie insgesamt sei gefühlsfeindlich, nicht haltbar. Im Gegenteil, leicht ließe sich nachweisen, dass es zumal die
stets aufs Neue unter Rationalismusverdacht geratene
Aufklärung (siehe Erläuterung) war, die das Gefühl im
Sinne subjektiver, individueller Gemütsbewegungen,
im Sinne eines selbstständigen Prinzips neben dem
Denken überhaupt als philosophisches Thema entdeckt hat.[3]

Es trifft nicht zu, dass das Gefühl in der *Gegen*bewegung zu einer rationalistisch verkürzten Aufklärung
entdeckt und gepflegt wurde. Henry Home zum Beispiel hatte 1762 in seinen berühmten *Elements of Criticism* davon gesprochen, dass das Gefühl eine Kraft oder
Fähigkeit sei, die aus dem Bewusstsein hervorgehe.[4]
Eine durchaus moderne Ansicht. Und bei Kant heißt
es wenig später: „Man hat es nämlich in unseren Tagen

allererst einzusehen angefangen: daß das Vermögen,
das *Wahre* vorzustellen, die *Erkenntnis*, dasjenige aber,
das *Gute* zu empfinden, das *Gefühl* sei".[5] Hier wie auch
später in Kants Werk findet man keine Herabwürdi-
gung des Gefühls unter die Alleinherrschaft einer
preußisch-pflichtbewussten Vernunft.

Sympathie oder Sympathy?

Max Schelers (1874–1928) Werk *Wesen und Formen der
Sympathie* erschien 1923.[6] Auch dies eine Renaissance
des Gefühls, nachdem die von Nietzsche mit Hohn
und Spott bedachte Gefühls- und Empfindungskultur
gegen Ende des 19. Jahrhunderts rapide an Bedeutung
verloren hatte.

Schelers Sympathie-Konzept verknüpft ein ganzes
Bündel von ideengeschichtlichen Motiven der Ge-
fühlsphilosophie, auch quer zu den eingetretenen Wegen philosophischer Traditionen. Im Mittelpunkt steht
die Frage nach der Objektivität eines Gefühls, dem er
den Rang einer Wesensbestimmung des Menschen
zuschreibt: der Sympathie.

Schelers Begriff der Sympathie ist ausdrücklich
nicht empirisch, das heißt nicht auf die Erfahrung (em-
peiria) bezogen. Sympathie, darunter versteht Scheler
„Prozesse, die man *Mitfreude, Mitleid* nennt" (17), ist
nicht ableitbar, sondern ursprünglich; das heißt Sympathie ist mit dem *Sein* von Personen verbunden. Sie
wird nicht gelernt oder nachgeahmt, sie ist individuell
und wird nicht von Werten getragen. Das Mitgefühl –
die Sympathie – ist in „jeder seiner möglichen Formen
prinzipiell *wertblind*" (18). Es kann Träger von Werten
sein, aber aus dem Mitgefühl ist kein Wert ableitbar, es
ist für sich genommen ein Wert. Adam Smith dagegen

55

Mitgefühl ist die Befähigung zur Sozialität.

bestritt die Wertblindheit der Sympathie: Mit jemandem mitzufühlen, schließt für ihn eine Bewertung ein,
das heißt wir fragen uns, ob der Zustand des anderen
unseres Mitleids *wert* ist. Diese Sicht verfehlt nach
Scheler jedoch das „echte Mitgefühl". Das Mitfühlen
darf eben nichts über die Angemessenheit des Sachverhalts, mit dem wir mitfühlen, besagen. Wir können
Mitgefühl mit der Trauer eines anderen haben, ohne

Abbildung:
Max Scheler
Zeichnung,
Corinna Assmann,
2005

diese Trauer angemessen zu finden. Aber das Mitgefühl behält, anders als bei Smith, für Scheler *als solches* seinen Wert: Das Haben von Gefühlen ist unbestreitbar, ihre Angemessenheit nachrangig. Ob ein Gefühl angemessen ist, ist eine Frage der Beurteilung und letztlich der „Erkenntnis", welche aber Scheler zufolge für das Verständnis des „Wesens" der Sympathie keine Rolle spielt. Denn Erkenntnis und Urteil in Bezug auf das Gefühl müssten Werturteile in Anspruch nehmen, die dem Mitgefühl vorangehen. Dann aber, so Scheler, wäre es keine reine Wesenstatsache mehr.

Im Mitgefühl sind wir unmittelbar auf Tatsachen menschlichen Seins bezogen.

Scheler will deutlich machen: Im Mitgefühl beurteilen wir nichts, wir nehmen nicht Stellung, sondern sind direkt und unmittelbar auf Tatsachen menschlichen Seins bezogen. Wir freuen uns mit dem anderen und wir leiden mit dem anderen, aber wir fragen nicht, ob es richtig ist. Dass wir uns in dieser voraussetzungslosen Weise mitfreuen und mitleiden, deutet den maximalen Abstand etwa zu Smiths Sympathiebegriff an. Laut Smith sagt uns ein „unparteilicher Betrachter" in unserer Brust, ob das Gefühl des anderen mitfühlenswert ist. Unser Mitgefühl richtet sich also danach, ob es diesem „Betrachter" – nach Smith, so würden wir heute sagen, einem „verallgemeinerten Anderen"[7] – gefallen würde. Genau diese Konstruktion, die Eingang in die Kant'sche Idee moralischer Verpflichtung

durch Universalisierung (hier: Verallgemeinerung) des eigenen Standpunkts gefunden hat, rückt Scheler ins Visier seiner Kritik: Smiths Sympathie sei Sympathie aus zweiter Hand; es sei immer der innere „Betrachter", der das eigene Gefühl entstehen ließe. Echtes Mitgefühl hat jedoch darin sittliche Substanz, dass es sich, unverfälscht durch Erziehung und Konvention, nicht im Nachfühlen oder Nacherleben erschöpft, sondern Wesensausdruck reinen menschlichen So-Seins ist. Dieses Sein ist das Sein der Person. Mit anderen Worten: Person ist eine Wesenstatsache und kein Prädikat, das Menschen sich wechselseitig zuschreiben, wie es die Kant'sche Tradition sieht.

Scheler bestreitet nicht, dass das nachfühlende Urteilen sinnvoll ist, wie es etwa in dem Satz „Ich kann Ihnen das sehr gut nachfühlen, aber ich habe kein Mitleid mit Ihnen!" zum Ausdruck kommt, aber er bestreitet, dass das urteilende Mitgefühl, in das die Frage der Angemessenheit einfließt, das *Wesen* des Mitgefühls zu erfassen vermag. Das Nachfühlen ist kein Mitfühlen. Schelers Analyse der Sympathie zielt letztlich auf ein *privates* Gefühl. Was Mitgefühl ist, lässt sich demnach nicht in Begriffen von Intersubjektivität, Vertrag oder Achtung verständlich machen. Das freilich führt in eine paradoxe Lage: Die ethische Werthaltigkeit des Mitgefühls wird sichergestellt durch eine maximale Distanz zu seiner sozialen Prägung und Entstehung.[8]

Die Objektivität der Gefühle

Das Wesen des Mitgefühls ist nicht Nachfühlen und nicht „Einsfühlen" (29 ff.), es entsteht nicht durch „Ansteckung" oder Nachahmung, sondern ist ein Akt, in dem das Erleben eines anderen *als* Erleben dieses anderen erlebt wird. Nicht das Gefühl des anderen wird erlebt – das wäre bei der Gefühlsansteckung oder beim Einsfühlen der Fall –, sondern sein *Erleben* eines Gefühls. Mitgefühl ist nicht deutend, sondern unmittelbar verstehend. Dieses reine wesensmäßige *Verstehen* bedarf, das sieht Scheler ganz richtig, keiner Gefühlsübernahme – man muss nicht wütend sein, um die Wut eines anderen verstehend mitzufühlen. Das Leid eines Gegenübers und mein Mitleid sind in der Tat „zwei verschiedene Tatsachen" (24), so Scheler. Deshalb bezieht sich das Mitgefühl nicht auf das konkrete Gefühl des anderen, sondern auf die *Erlebnisqualität* des Gefühls des anderen. Es ist zwar selbst ein Fühlen, aber es wird nicht dasselbe gefühlt. Scheler unterscheidet also zwischen dem gefühlten Mitgefühl und dem in diesem Mitgefühl „erreichten" Erleben des anderen. Dass das Mitgefühl das Erleben des anderen erreicht, ergibt sich aus der *intentionalen* Struktur von Bewusstseinsakten:

Die Behauptung, die Philosophie sei gefühlsfeindlich, ist falsch.

„*Alles* Mitgefühl enthält die *Intention* des Fühlens von Leid und Freud am Erlebnis des andern. Das Mitgefühl ist selbst als ‚Fühlen' – nicht erst vermöge des ‚Urteils' oder der Vorstellung, ‚dass der andere das Leid fühle' – darauf ‚gerichtet'; nicht nur angesichts des fremden Leids tritt es ein, sondern es ‚meint' auch das fremde Leid und meint es *als* fühlende Funktion selbst." (24)

Intentionalität, der Schlüsselbegriff der phänomenologischen Analyse nach Husserl, ist die Eigenschaft des Bewusstseins, stets *Bewusstsein von Etwas* zu sein. Die phänomenologische Analyse geht von einer Beziehung zwischen Akten des Bewusstseins und ihren Gegenständen aus. Für Husserl ist unser Bewusstsein kein leeres Gefäß, in das die Außenwelt vermittels der sinnlichen Wahrnehmung eindringt. Unser Bewusstsein ist vielmehr immer schon bezogen auf etwas. Wir müssen uns das Bewusstsein nicht als „in uns" befindlich vorstellen, sondern als immer schon bei dem, wovon es Bewusstsein ist. Ziel der phänomenologischen Methode ist es, die Aufmerksamkeit nicht auf den Gegenstand der Wahrnehmung, sondern auf den Vollzug des Wahrnehmens selbst zu richten. Die so genannte phänomenologische Reduktion sieht – und dies ganz in der Tradition Kants, der die Erkennbarkeit von Gegenständen „an sich" bestritten hatte – von der Frage, was ein Gegenstand in Wirklichkeit ist, zunächst ab und achtet vielmehr auf die Art und Weise, *wie* er zu Bewusstsein kommt. Um zur „Sache selbst" vorzudringen, müssen wir uns eines Urteils enthalten; es wird eingeklammert (Epoché). Erst dann gelingt es, das am Gegenstand Erlebte auf das *Wesentliche* zurückzuführen (Wesensschau). Was betrachtet wird, sind die Bewusstseinsakte selbst. „Die Sache" wird in der „absoluten Seinsregion des Bewusstseins" als konstruktive Leistung des Bewusstseins erkennbar – nicht als Gegenstand, den die Welt uns gewissermaßen vorgibt.

Vor diesem Hintergrund wird verständlich, warum Scheler das Mitgefühl von „Nachfühlen", „Nachahmen", der „Gefühlsansteckung" und der „Einsfühlung" abgrenzt, warum er sich gegen alle entwicklungsgeschichtlichen Erklärungen des Mitfühlens wendet und auch die metaphysischen, das heißt solche wie die Schopenhauers, die das Mitleiden auf die Einsicht in das Leiden der Welt schlechthin zurückführen, verwirft. Alle diese Begriffe, alle Konzepte, in die sie eingebettet sind, verfehlen das echte Verstehen ihres Gegenstands, das nur durch die „Wesensschau" möglich ist. Durch die Intentionalität des Mitfühlens, so Scheler, ist Verstehen objektiv möglich. Die Objektivität dessen, worauf der intentionale Akt zielt, ist nämlich immer schon dadurch gegeben, dass er seinen Gegenstand – hier: das Gefühl und Befinden des anderen – nicht verfehlt, weil er ihn immer schon enthält. So wird das Mitfühlen gewissermaßen zu einem Erlebnis, das sich nur dem jeweils erlebenden Bewusstsein erschließt; eines konkreten Anderen bedarf es eigentlich nicht mehr.

Man kann darin eine zirkuläre Argumentation erkennen: Das mitfühlende Verstehen erreicht das Erleben des anderen durch eine Struktur, die dadurch de-

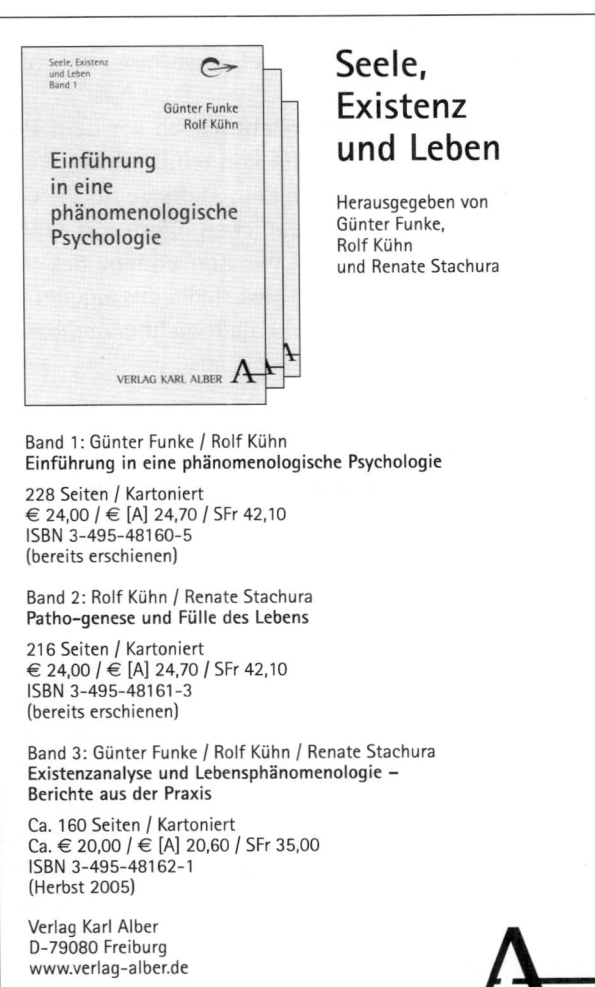

57

finiert ist, dass sie das, worauf sie sich bezieht, im Bezug selbst als enthalten voraussetzt. Unter diesen Voraussetzungen machen psychologische und entwicklungsgeschichtliche Erklärungen in der Tat keinen Sinn. Das Mitgefühl ist für Scheler ein reiner, für sich bestehender Akt, eine menschliche Wesenstatsache. Es entwickelt sich, so Scheler, nicht aus der Sozialität des Menschen, sondern umgekehrt wird ein Schuh daraus: Mitgefühl ist die Befähigung zur Sozialität.

Mitgefühl ist für sich genommen ein Wert.

Gefühl und Moral

Weil Schelers Entwurf des Mitgefühls keine Werthaltungen zu Grunde liegen, stellt sich die Frage, in welchem Sinne es ethisch gehaltvoll ist. Denn das ist es ja, was Scheler beabsichtigt: die Grundlegung einer materialen Wertethik, das heißt einer Ethik, die nicht auf einem formalen Prinzip beruht, wie die Kants, sondern einer Ethik, die auf inhaltlich bestimmten („materialen") Werten fußt. Die Gültigkeit solcher Werte beziehungsweise deren inhaltliche Bestimmung wird nach Scheler jedoch nicht durch den Intellekt aufgewiesen,

Abbildung:
Max Scheler
Zeichnung,
Corinna Assmann,
2005

sondern ist in emotionalen Akten des Fühlens, Vorziehens und Werteröffnens beziehungsweise -verschließens gegeben.

Eine Ethik dieses Typs steht jedoch vor dem Problem, nicht begründen zu können, welche Werte ethisch verpflichten – es fehlt ein Maßstab für die Geltung von allgemein verbindlichen Werten. Gefühle entziehen sich nun einmal der Konsequenz des Verstands und vor allem sind sie, wie jeder aus eigener Erfahrung weiß, durch Einsicht auch nicht erzeugbar.

Gefühl und Verstand sprechen die gleiche Sprache.

Für die Frage nach der Werthaltigkeit der Sympathie, so muss Scheler zugestehen, zeigt sich freilich eine „höchst schicksalsreiche Zweideutigkeit im Begriff des ‚Mitgefühls'. Es gibt ein Sichfreuen an der fremden Freude und ein Leiden an dieser Freude; ein Leiden am fremden Leid und ein Sichfreuen am fremden Leid ... Das ist nun gerade ethisch von größter Wichtigkeit. Ist es doch evident (hier: offensichtlich), dass nur das Mitgefühl im *ersten* Sinne sittlich *positiv*wertig ist und alles Verhalten mit umgekehrten Vorzeichen ebenso evident *negativ*wertig." (141) Hier ist von Evidenz die Rede, aber Argumente für diese vermeintliche Offensichtlichkeit gibt es nicht.

Eine solche Zweideutigkeit des Gefühls muss auch Kant vor Augen gehabt haben, als er die Frage erwog, ob Gefühle als Triebfedern der Moral taugen. Wir beherrschen unsere Gefühle nicht; das macht ihr unvergleichlich zauberhaftes, aber auch ihr unvergleichlich schreckliches Wesen aus. Ob wir dem Leid des anderen mit Mitleid oder mit Schadenfreude begegnen, ha-

Das Gefühl erscheint als das Wahre, weil Authentische.

ben wir nicht immer in der Hand. Allein das „selbstgewirkte" Gefühl der Achtung als Triebfeder moralischer Handlungen, so Kant, schützt uns vor den Abgründen der Ungerechtigkeit, in die uns unsere Gefühle auch stürzen können. Scheler, der den formalistischen Weg Kants ausdrücklich nicht gehen will, sondern den Gefühlen folgt, bekommt die Zweideutigkeit nicht in den Griff. Zeigen, dass Mitgefühl nur im ersten, „positivwertigen" Sinn einen Sinn macht, nämlich einen ethischen, kann Scheler nur um den Preis einer Zusatzbegründung, die in seiner phänomenologischen Analyse des Mitgefühls bisher nicht vorkam: Das Mitgefühl, so Scheler, sei „Mitgift alles Lebendigen". Eine Voraussetzung, die seinerzeit für Nietzsche-kundige Leser Schelers freilich offenkundig war: Lebendiges, das Leben

als solches, hat einen positiven moralischen Wert, den einzigen vielleicht, den es überhaupt gibt. Die den Menschen eigene Fähigkeit, „ihr Leben gegenseitig zu erleben", muss schließlich, ohne dass Scheler es ausspricht, als Grundlage seiner Ethik genügen.

Das Mitgefühl bei Scheler bleibt, ganz in der Tradition Nietzsches, eine Angelegenheit des Individuums; es ist nicht universalisierbar, sondern bleibt stets auf den Einzelnen bezogen. Im Gegensatz dazu erreicht die Sympathie (englisch: sympathy) in ihrer englisch-schottischen Konzeption jede beliebige Person. Hume und Smith etwa entfalten sie im Sinne einer universellen menschlichen Disposition des „affektiven Mitschwingens".[9] Was Sympathy zu einem moralischen Gefühl macht, ist die Zweck- und Interessen-Bindung der Gefühle im Rahmen gesellschaftlicher Prozesse. So enthält Sympathy einen rationalen Maßstab, nämlich den der Beurteilung durch einen „unparteilichen Betrachter", dessen Autorität auf der Rationalität eines universellen Prinzips beruht: der gleichmäßigen Berücksichtigung der rational begründbaren Interessen aller. Scheler hat das Mitgefühl zu dieser Sicht der Dinge in maximale Distanz bringen wollen – in die Einsamkeit geistiger Akte, die von der Welt letztlich verschont bleiben.

Anke Thyen lehrt und forscht an der Pädagogischen Hochschule Ludwigsburg im Fach Philosophie.

Anmerkungen:

1. Frank, R. H.: Die Strategie der Emotionen. München 1992; Freeman, W. J.: Societies of Brains. A Study in the Neuroscience of Love and Hate. Hillsdale 1995
2. Oeser, E.: Geschichte der Hirnforschung. Von der Antike bis zur Gegenwart. Darmstadt 2002
3. Ebenso tiefe wie überraschende Einblicke in diese Zusammenhänge gewährt Kondylis, P.: Die Aufklärung im Rahmen des neuzeitlichen Rationalismus. München 1986
4. Home, H.: Elements of Criticism. Edinburgh 1795, Band 3, Seite 278
5. Kant, I.: Untersuchung über die Deutlichkeit der Grundsätze der natürlichen Theologie und der Moral. 1764, IV, §2
6. Scheler, M.: Wesen und Formen der Sympathie (1923). 2. Auflage, Bern 1973 (**Die im Text in Klammern angegebenen Seitenzahlen verweisen auf diese Ausgabe.**)
7. Benhabib, S.: Der verallgemeinerte und der konkrete Andere. In: List, E.; Studer, H. (Hrsg.): Denkverhältnisse. Frankfurt am Main 1989, Seite 454–387
8. Die Voraussetzungslosigkeit des Mitgefühls hat so gesehen transzendenten (die sinnlich erfassbare Wirklichkeit übersteigenden) Charakter: Der Mensch, insofern er Person ist, ist das „Fenster zum Absoluten".
9. Tugendhat, E.: Vorlesungen über Ethik. Frankfurt am Main, Seite 282 ff.

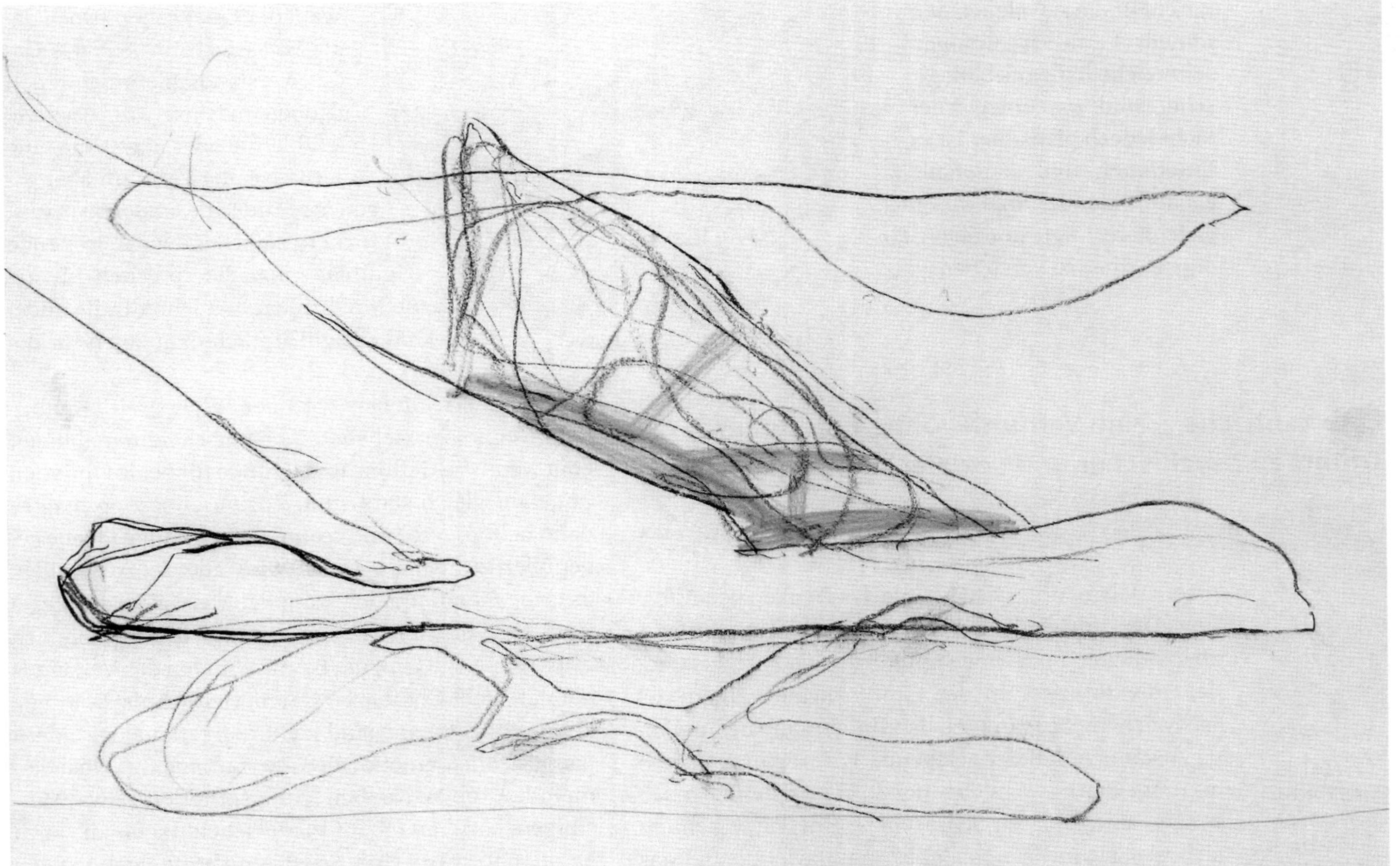

RUDOLF SCHOOTS 2004

Rüdiger Vaas

Kitsch oder Kant?

Gefühl und Vernunft sind Partner, nicht Gegner

„Alles, was von den Menschen getan und erdacht wird, gilt der Befriedigung gefühlter Bedürfnisse sowie der Stillung von Schmerzen", hat Albert Einstein einmal geschrieben. Demnach sind Lust und Unlust – im weitesten Sinn – die eigentlichen Beweggründe menschlichen Wollens und Handelns, und sie unterscheiden sich von denen anderer Tiere allenfalls in ihrer höheren Komplexität.[1] Diese oft als zu vereinfacht kritisierte Auffassung wirft die viel diskutierte Frage nach der Natur unserer Entscheidungen auf sowie die nach dem Verhältnis von Gefühl und Vernunft.[2] Häufig wird die Rationalität den Emotionen übergeordnet – sowohl in der Hierarchie als auch in der Wertigkeit –, oder aber beide werden als Kontrahenten betrachtet, die um die Durchsetzung ihrer gegensätzlichen Ziele streiten. Diese Vorstellungen sind weit verbreitet – von den Höhen eines Platon, Kant oder Freud bis zu den Niederungen der Kitschfilme und Trivialliteratur. Für die Advokaten der reinen Vernunft weniger schmeichelhaft, aus biologischer und psychologischer Sicht jedoch plausibler ist es, Emotionen und Rationalität als auf einander angewiesene, gleichberechtigte und eigenständige Partner zu verstehen.

Auch in Alltagssituationen sind Konflikte zwischen Gefühl und Verstand ein beliebtes und gefürchtetes Thema. Sie werden nicht selten mystifiziert oder in eine existenzielle Dimension gerückt. Bei genauerer

> ## Entscheidungen werden emotional getroffen.

Abbildung: Elektrische Reizung der Gesichtsmuskeln durch den Arzt G. B. A. Duchenne. Siehe Erläuterung Seite 61

Betrachtung ist die Situation aber komplizierter und der Frontverlauf des Konflikts ein anderer – nämlich einer zwischen verschiedenen Gefühlen. Die Weltliteratur kennt viele Beispiele von Individuen, die zwischen zwei Menschen hin und her gerissen sind oder sich zwischen Freitod und Weiterleben entscheiden müssen – die die Qual der Wahl oder die Wahl der Qual haben. Doch dabei ist es nicht so, wie das Gefühl-Verstand-Dilemma einen glauben machen will, dass die Gefühle für oder gegen die eine Alternative, die Vernunft aber gegen oder für die andere spricht. Vielmehr gibt es widerstreitende Gefühle – manche sprechen für die eine Möglichkeit, manche für die andere. Und das gilt ähnlich dann auch für die Gründe.

Besonders intensiv wird der Widerstreit empfunden, wenn sehr viel von einer Entscheidung abhängt oder wenn die Gefühle und Gründe für beide Optionen ungefähr gleich stark sind. Zur Orientierung mag es dann helfen, „pro" und „contra" wie in einer Tabelle gegenüber zu stellen. Dabei wird allerdings deutlich, dass die Situation noch komplizierter ist: In der Regel lässt sich die Entscheidung nämlich nicht einfach „ausrechnen". Denn die Begründungen des Verstands können nicht Gefühle bewerten, vielmehr ist es umgekehrt. Bewertungen sind nicht rein rationale, sondern hauptsächlich emotionale Gewichtungen. (Selbst vermeintlich objektive Bewertungskriterien, etwa Messungen, basieren oft auf Vorentscheidungen, die auch emotional gefärbt sind. So ist es nicht zwingend, einen Marathonlauf nach der Zeit beziehungsweise einen Gesangswettbewerb nach undurchsichtigen Geschmacks-

> ## Eine kantische „reine Vernunft" ohne Emotionen führt zu psychischer und sozialer Auffälligkeit.

Jeder erlebt häufig, wie Gefühle das Denken beeinflussen. Der umgekehrte Vorgang geschieht ebenfalls, aber seltener und weniger intensiv. Das liegt daran, dass die Prozesse in der Großhirnrinde einen viel „schwächeren Zugang" zu den für emotionale Vorgänge zuständigen, tiefer gelegenen Hirnregionen haben als umgekehrt – was sich schon in der Art der Verschaltungen ablesen lässt. Schreckliche Erlebnisse können sich gleichsam tief ins Gehirn eingravieren und das Denken tyrannisieren, weil sie vom Bewusstsein nur schwer unter Kontrolle zu bringen sind.[3]

urteilen zu bewerten – man könnte ja auch die Originalität des Laufstils beziehungsweise die mittlere Lautstärke der Sänger als Kriterium wählen und käme dann zu ganz anderen Ergebnissen.) Folglich beziehen sich alle Einträge in der vorgestellten Tabelle letztlich auch auf mutmaßliche eigene Gefühle (zu denen die Einstellung zu den Gefühlen anderer ebenfalls zählen). Der Vorteil einer solchen Art der Entscheidungsfindung kann darin bestehen, sich der Gewichtung der einzelnen emotionalen Aspekte bewusst(er) zu werden. Vorgeblich „rationale" Gründe enthalten immer auch emotionale – beispielsweise Befürchtungen im Hinblick auf die Folgen, die zu erschließen die Vernunft ermöglicht. Im Alltag ist man sich über viele Motive freilich gar nicht immer im Klaren. Deshalb sind „unvernünftige" Handlungen häufig keine Fehler des rationalen Denkens (infolge falscher oder unzureichender Schlüsse), sondern geschehen auf Grund von emotionalen Randbedingungen, die sogar tief verwurzelte Gefühle überstimmen oder überspringen können – wenn beispielsweise beim erstmaligen Drogenkonsum trotz des Wissens um dessen Folgen diffuse Affekte (Imponiergehabe in der Gruppe oder eine Pseudoidentifikation mit einem Werbeträger) stärker sind als der Selbsterhaltungstrieb. Wenn man gemäß einer Pro-und-contra-Tabelle seine Bilanz zieht und dennoch entgegengesetzt handelt, dann liegt das zumeist nicht an der Übermacht einer Emotion gegenüber der Vernunft, sondern an einer unzureichend ausgewerteten oder ausgefüllten Tabelle, insofern die wahre Motivation beziehungsweise das bestimmende Gefühl zuvor nicht ausreichend gewichtet oder erkannt wurde. Dies passt zur Erfahrung, dass man sich

vor einer Entscheidung mitunter nicht genügend in eine Situation hineinversetzen kann, selbst wenn nach der Wahl keine relevanten Informationen von außen hinzukommen – man merkt eben erst nach der Entscheidung, dass diese falsch war, weil man sich in dieser Hinsicht zuvor selbst nicht gut genug einzuschätzen vermochte.

Motive und Gründe sind gefühlt.

Entscheidungen werden also grundsätzlich nicht nur rational, sondern immer auch – und sogar hauptsächlich – emotional getroffen.[4] Denn die Motive und Gründe sind gefühlt. Gefühle werden als angenehm oder unangenehm empfunden, und sie richten sich auf die Vorstellung beziehungsweise durch Erfahrung geprägte Vorwegnahme von Emotionen, die mit den mutmaßlichen Handlungsfolgen assoziiert werden. Doch ebenso wenig wie man in vielen Situationen die richtige Handlung logisch ableiten kann, lassen sich Gefühle einfach gegeneinander abwägen. Zum einen sind unterschiedliche Gefühle oft nur schwer vergleichbar (sieben Einheiten Vorfreude gegen vier Einheiten Angst und zwei Einheiten Antipathie?). Zum anderen stehen kurzfristige emotionale Effekte mit entgegengesetzten langfristigen im Widerstreit (das Vergnügen der Lektüre des Buchs *Fiktionen* von Jorge Luis Borges gegenüber den Missfallensbekundungen des Herausgebers, wenn der Abgabetermin dieses Es-

61

Die Muskeln der Gefühle

Als der französische Arzt und Privatgelehrte Guillaume Benjamin Amand Duchenne (1806–1875) im Jahre 1855 in Paris sein Hauptwerk *De l'electrisation localisée et de son application à la pathologie et à la Thérapeutique* veröffentlichte, befand sich die klinische Elektrophysiologie noch in den Kinderschuhen. Duchenne gelang es, mit einem eigens entwickelten „faradischen Pinsel" elektrische Reizungen, besonders der Gesichtsmuskeln, hervorzurufen, mit denen Muskelkrankheiten besser als zuvor nachgewiesen und mimische Reaktionen provoziert werden konnten. Das Interesse galt der Physiognomie des Gesichts, dessen Entschlüsselung ihm durch Einsatz seiner Elektrostimulationen vorschwebte. Eine „Orthografie des Gesichtsausdrucks", die geheimnisvollen Beziehungen zwischen Gefühl und Mimik waren das Ziel. Seine Versuche mit Probanden der Pariser Kliniken wurden 1862 unter dem Titel *Méchanism de la physiognomie humaine* veröffentlicht. Den Gesichtsmuskeln, die Duchenne in erster Linie interessierten, gab der Forscher Namen nach den Gefühlen, für die sie seines Erachtens standen: Muskeln der Traurigkeit, des Schmerzes, des Lachens, der Lüsternheit. Die

Namen seiner Probanden hat der Arzt nie preisgegeben; einige von ihnen kennen wir aber, so den alten zahnlosen Schuhmacher von „beschränkter Intelligenz" aber „charakterlicher Gutartigkeit", der an einer Gefühllosigkeit des Gesichts litt und deshalb von den Stromstößen nichts spürte. Die Ansprüche Duchennes erstreckten sich schließlich sogar auf das Gebiet der Theaterkunst, auf die Suche nach Regeln des Zusammenspiels von Emotion und Physiognomie. Duchenne ahnte, dass seine Forschungen erst den Anfang einer neuen Epoche der Diagnostik, Therapie und der Physiognomik markierten. Jahrzehnte des Experimentierens würde noch folgen müssen. „Wird mein Leben dazu ausreichen? Ich hoffe es mit Gottes Hilfe und meiner Kollegen!", schrieb der klinische Neurologe 1855, zwanzig Jahre bevor er an einer Hirnblutung starb.

Wolfgang Eckart

Wolfgang Eckart ist Professor für Geschichte der Medizin an der Universität Heidelberg.

Weitere Abbildungen finden Sie auch auf den Seiten 66 und 67.

der blaue reiter

says noch länger überzogen würde). Und schließlich
sind viele Gefühle dem Bewusstsein nur teilweise oder
gar nicht transparent (Edward Gibbon: „Man traue keinem erhabenen Motiv für eine Handlung, wenn sich
auch ein niedriges finden lässt").

Die Bedeutung der Emotionen kann also gar nicht
hoch genug eingeschätzt werden. Das gilt auch für die
Philosophie. So wird in der Kontroverse um die Willensfreiheit[5] – existiert sie und wenn ja, in welchem
Sinn? – die emotionale Komponente oft zu Gunsten erhabenen Räsonierens vernachlässigt, als wenn der
Wille schon frei wäre, wenn er reflektiert und begründet ist. Auch Drogensüchtige und Zwangsneurotiker
mögen gute Gründe für oder gegen ihr Wollen und
Tun finden, frei sind sie deshalb noch lange nicht. Und
(wie) kann man sein Wollen wollen? Ähnliches gilt für
die Ethik: Werte basieren ganz wesentlich auf Gefühlen. Und das gilt nicht nur für persönliche Präferen-
zen, sondern auch für moralische Maßstäbe. Eine
Ethik ohne ein gewisses Maß an Einfühlungsvermö-
gen und Mitleid wäre unmöglich – oder unmensch-
lich.

Auch bei scheinbar rein rationalen Angelegenheiten spielen Emotionen eine im Wortsinn entscheidende Rolle. Bei Strategie- und Taktikspielen wie Schach
und Go erscheinen Gefühle – abgesehen von der Motivation, die Voraussetzung für das Spiel ist – unange-
bracht oder sogar hinderlich. Tatsächlich beeinflussen
sie jedoch – im Gegensatz zum Rechenkalkül von

Computerprogrammen – die Wahl der Spielzüge. Die
kombinatorische Komplexität der Spiele ist nämlich so
groß, dass in vielen Stellungen Wissen und Denkkapa-
zität niemals ausreichen, um eindeutig richtige Entscheidungen treffen zu können. Hier hilft es oft, sich
auf das „Bauchgefühl", die „Intuition" oder wie immer
man es nennen mag, zu verlassen. Zwar ist auch dies
keine Erfolgsgarantie, erhöht in undurchsichtigen,
komplexen Situationen – besonders im zwischen-
menschlichen Bereich – unter Zeit- und Handlungs-
druck jedoch die Erfolgswahrscheinlichkeit.

Das liegt daran, dass das Gehirn wesentlich mehr
„weiß", als einem selbst bewusst oder erinnerbar ist.
Lebenslang lernt es und speichert eine enorme, niemals vollständig vergegenwärtigbare Menge an Erfahrungen. Neue Umweltreize führen zu Assoziationen
mit in bestimmter Hinsicht ähnlichen oder passenden
Gedächtnisinhalten. Diese werden oft nicht bewusst,
sind aber doch aktiv und werden anderen Gehirnberei-
chen „mitgeteilt". Das geschieht nicht nur innerhalb
des Gehirns, sondern auch mittels einer „externen"
Schleife über den Körper – sprichwörtlich wurden zum
Beispiel die „Schmetterlinge", die im Bauch der Verliebten tanzen, und die Angst, die in den Eingewei-
den wühlt. Diese „verkörperlichten", mal guten, mal
schlechten Gefühle sind diffus, aber äußerst wirksam.
Sie prägen das Verhalten und die Handlungen. Sie tragen beispielsweise stark dazu bei, ob man sich auf jemanden vertrauensvoll einlässt oder ob man furchtsam
bestimmte Orte meidet. Das mag anderen oder auch
einem selbst zuweilen als „irrational" erscheinen –

Die Architektur unseres Erlebens
Emotionen und Rationalität werden in unterschiedlichen Gehirnregionen erzeugt und verarbeitet, stehen aber in enger Wechselwirkung. Denken und ex-
plizites, nichtemotionales Gedächtnis werden in
verschiedenen Bereichen der Großhirnrinde reali-
siert. Gefühle stammen vor allem aus dem so genannten limbischen System. Seine unterste Ebene
besteht aus Hirnrealen, welche die angeborenen
Affektzustände steuern. Die mittlere Ebene ist an
den emotionalen Konditionierungen und sekundären Gefühlen beteiligt: Dabei handelt es sich um ein
überwiegend implizites, also unbewusstes, aber zugleich sehr nachhaltiges Lernen und Umlernen. De-
taillierte und schnelle, aber auch flexiblere Lernvor-
gänge sowie bewusste Bewertungen finden vor
allem auf der oberen, bewusstseinsfähigen Ebene
der Großhirnrinde statt. Die verschiedenen, hierar-
chisch geordneten Strukturen sind wechselseitig
miteinander verschaltet, doch sind die Einflüsse
der unteren Ebene(n) wesentlich stärker als die der
oberen (was hier durch die Dicke der Pfeile symbolisiert wurde). Deshalb ist es so schwer, rational gegen übermächtige Gefühle anzugehen.
(**Schema rechte Seite:** Ergänzt und verändert nach
Roth, G.: Fühlen, Denken, Handeln. Suhrkamp,
Frankfurt am Main 2003, Seite 474.)

und tatsächlich gibt es immer wieder Fälle, in denen das Gefühl täuschte und ein anderes Handeln sinnvoller gewesen wäre –, doch meistens sind die Gefühle dem längere Zeit in Anspruch nehmenden Nachdenken überlegen.

Auch anhand von Schädigungen im mittleren, unteren Stirnhirn (das über den Augen liegt), zum Beispiel durch Unfälle, lässt sich zeigen, wie sehr die Rationalität auf die Gefühle angewiesen ist. Die Defekte führen zu Gefühlsarmut und Beeinträchtigungen des Sozialverhaltens, nicht aber zu Einbußen von Fähigkeiten wie Intelligenz, Wortschatz, Rechnen und räumliches Vorstellungsvermögen. Die Betroffenen verändern sich jedoch stark in ihrer Persönlichkeit: Sie fallen beispielsweise auf durch Randalieren, kriminelle Aktivitäten, riskante Sexualkontakte, Wutausbrüche, schlechte Finanzplanung und einen Mangel an Schuldbewusstsein oder Mitgefühl. Außerdem haben sie erhebliche Schwierigkeiten, in komplexen Situationen Entscheidungen zu treffen. Die Ursache dafür ist, dass sie die Probleme nur verstandesmäßig angehen können, was auf Grund der meist knappen Zeit und der faktischen Unberechenbarkeit der Situation nicht zu befriedigenden Resultaten führt. In Experimenten (etwa der Wahl zwischen zwei Stapeln von Spielkarten mit unterschiedlichen Gewinnen und Verlusten) lernen gesunde Versuchspersonen schnell, auf ihre Intuition zu achten, und verhalten sich alsbald richtig, und zwar häufig sogar, bevor ihnen bewusst wird, welche Entscheidung die bessere ist. Den Hirngeschädigten gelingt dies nicht, und oft handeln sie sogar wider besseres Wissen. Das liegt daran, dass ihnen die sekundären, das heißt erlernten Gefühle (im Gegensatz zu primären wie Angst oder Ekel) fehlen: Emotionale Reize, die nicht angeborenermaßen, sondern erst zusammen mit dem Hintergrundwissen Gefühle auslösen, kommen nicht zur Geltung.

Dem Neurologen Antonio R. Damasio[6] zufolge entstehen sekundäre Emotionen über „somatische

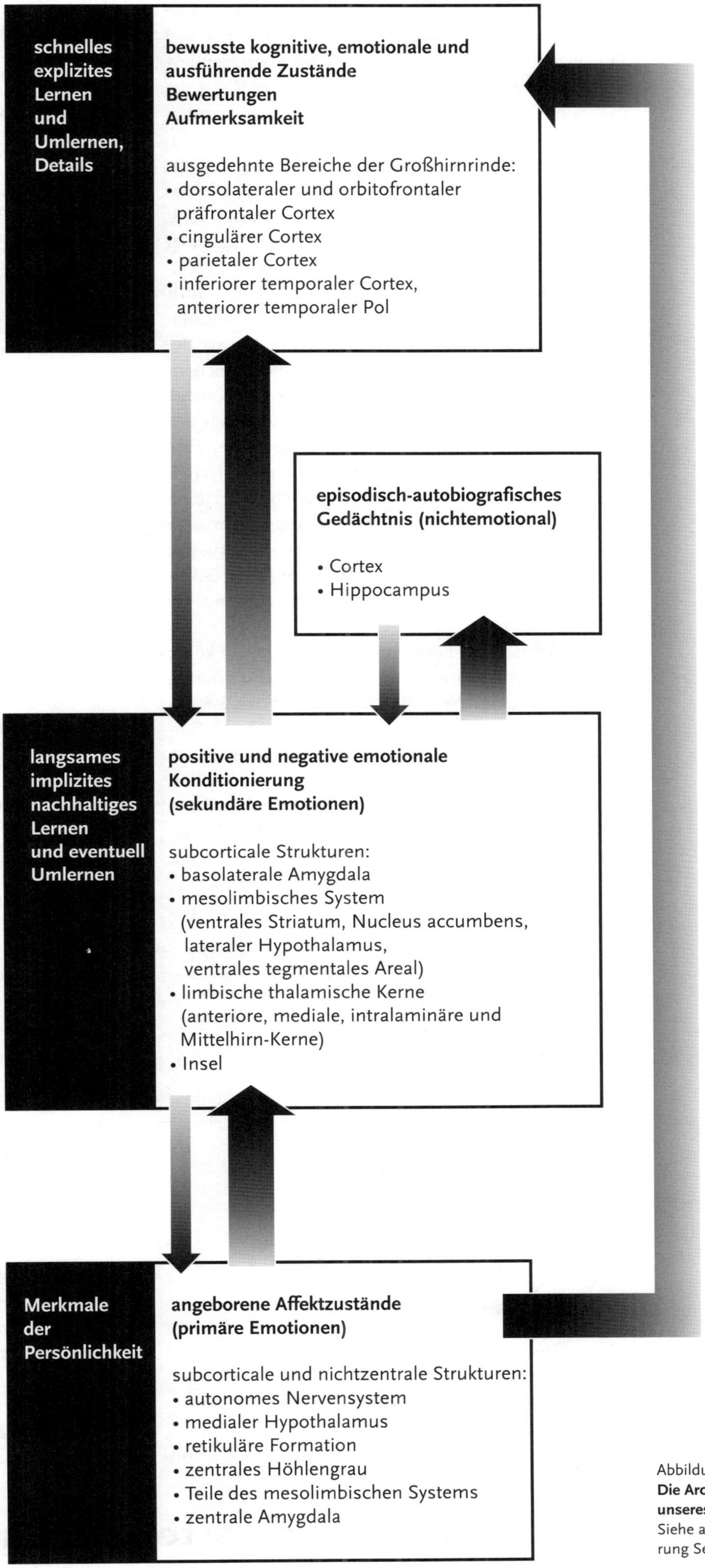

63

schnelles explizites Lernen und Umlernen, Details	**bewusste kognitive, emotionale und ausführende Zustände Bewertungen Aufmerksamkeit**
	ausgedehnte Bereiche der Großhirnrinde: • dorsolateraler und orbitofrontaler präfrontaler Cortex • cingulärer Cortex • parietaler Cortex • inferiorer temporaler Cortex, anteriorer temporaler Pol

episodisch-autobiografisches Gedächtnis (nichtemotional)

• Cortex
• Hippocampus

langsames implizites nachhaltiges Lernen und eventuell Umlernen	**positive und negative emotionale Konditionierung (sekundäre Emotionen)**
	subcorticale Strukturen: • basolaterale Amygdala • mesolimbisches System (ventrales Striatum, Nucleus accumbens, lateraler Hypothalamus, ventrales tegmentales Areal) • limbische thalamische Kerne (anteriore, mediale, intralaminäre und Mittelhirn-Kerne) • Insel

Merkmale der Persönlichkeit	**angeborene Affektzustände (primäre Emotionen)**
	subcorticale und nichtzentrale Strukturen: • autonomes Nervensystem • medialer Hypothalamus • retikuläre Formation • zentrales Höhlengrau • Teile des mesolimbischen Systems • zentrale Amygdala

Abbildung:
Die Architektur unseres Erlebens
Siehe auch Erläuterung Seite 62

(körperliche) Marker": physiologische Körperzustände (insbesondere Blutdruck, Herzschlag, Aktivität der Eingeweide und so weiter), die im Gehirn repräsentiert werden und eine Art Bewertung bestimmter Vorgänge markieren. Diese oft unbewussten Signale werden vom emotionalen Gedächtnis miterzeugt und beeinflussen wesentlich die Entscheidungsfindung in komplexen Situationen. Einmal etabliert, kann die Überlagerung geistiger Inhalte und somatischer Marker auch ohne die körperlichen Vorgänge erfolgen. Im Stirnhirn werden dann Vorstellungen erzeugt, „Als-ob-Schleifen", welche die Repräsentation des Körpers im Gehirn in Form einer Simulation der körperlichen Rückmeldung beeinflussen. Sie erlauben eine emotionale Bewertung auch fiktiver Situationen, was für weitreichende Planungen von großer Hilfe ist. Diese Hypothese wird durch Messungen gestützt, die zeigen, dass das Stirnhirn umso aktiver ist, je unkontrollierbarer eine Aufgabe erscheint, das heißt je mehr eine Entscheidung von intuitiven Einschätzungen abhängt. Eine kant'sche „reine Vernunft" ohne Emotionen führt also keinesfalls zu besseren Entscheidungen, sondern, wie das Verhalten von Menschen mit bestimmten Stirnhirnschädigungen zeigt, sogar zu psychischer und sozialer Auffälligkeit.

Die skizzierten Thesen und Beispiele stellen keine ausgearbeitete Theorie der Emotionen und der Rationalität sowie deren Verhältnis zueinander dar. Sie zeigen jedoch, dass ein genaueres Verständnis der Gefühle ein Betrag zum Verständnis des Menschen ist im Sinn des antiken Mottos „Erkenne dich selbst". Denn Gefühle sind, wie es der Hirnforscher Joseph LeDoux formuliert hat, „die Fäden, die das mentale Geschehen zusammenhalten. Sie legen fest, wer wir sind – in unseren eigenen Augen und in den Augen anderer."

Rüdiger Vaas ist Philosoph, Publizist und Redakteur beim Monatsmagazin *bild der wissenschaft*. Er hat an den Universitäten Hohenheim, Stuttgart und Tübingen Biologie, Germanistik und Philosophie studiert. Sein neuestes Buch *Tunnel durch Raum und Zeit* erschien 2005 im Verlag Franckh-Kosmos. Kontakt: ruediger.vaas@t-online.de

Anmerkungen:

1. Vergleiche zum Beispiel Pöppel, E.: Lust und Schmerz. Goldmann, München 1995
2. Die Begriffe „Gefühle" und „Emotionen" werden hier synonym und in der unscharfen Alltagsbedeutung verwendet. Für einen differenzierteren Gebrauch (subjektive „Gefühle" als bestimmte Formen des bewussten Erlebens, objektivierbare „Emotionen" als spezifische physiologische und behaviorale Vorgänge) und zu definitorischen Problemen siehe zum Beispiel: Vaas, R.: Angst; Emotionen. In: Lexikon der Neurowissenschaft. Spektrum Akademischer Verlag, Heidelberg/Berlin 2000, Band 1, Seite 72–78 und 386–397 mit vielen Literaturhinweisen. Diese Übersichtsartikel führen auch ein in die Kontroverse um das Verhältnis von Emotionen, Reizen und Reaktionen, in die Unterscheidung von Grund- und komplexen Gefühlen und deren Funktionen in der Evolution sowie in die anatomischen und physiologischen Korrelate im Gehirn. Auch die Begriffsfelder „Vernunft", „Verstand" und „Rationalität" sind von verwirrender Vieldeutigkeit. Gemeint sind in erster Linie die Folgerungs- und die Mittelrationalität, also logisches Schließen und instrumentelle Vernunft. Einführungen in diese Begriffsfelder geben beispielsweise: Apel, K. O., Kettner, M. (Hrsg.): Die eine Vernunft und die vielen Rationalitäten. Suhrkamp, Frankfurt 1996; Gil, T.: Die Rationalität des Handelns. Fink, München 2003; Lenk, H., Spinner, H.: Rationalitätstypen, Rationalitätskonzepte und Rationalitätstheorien im Überblick. In: Stachowiak, H. (Hrsg.): Pragmatik, Band III. Meiner, Hamburg 1989; Schnädelbach, H. (Hrsg.): Rationalität. Suhrkamp, Frankfurt 1984; Steinvorth, U.: Was ist Vernunft? Beck, München 2002
3. Über die neuronalen Vorgänge – entscheidend sind hier besonders Veränderungen in der Amygdala – wissen Hirnforscher schon recht gut Bescheid. Siehe zur Einführung Vaas, R.: Fear Not. Scientific American, Special: Mind. Band 14, Nummer. 1, Seite 62–69 (2004)
4. Einen knappen Überblick über die neuronalen Grundlagen von Entscheiden und Handeln gibt Vaas, R.: Das Gehirn in Aktion – Wahl, Handlung und Willkürmotorik im Fokus der Neurowissenschaft. Universitas Band 56, Nummer 663, Seite 924–940 (2001)
5. Siehe hierzu Vaas, R.: Der Streit um die Willensfreiheit – Die Grenzen unserer Autonomie. Universitas Band 57, Nummer 672 und 674, Seite 598–612 und 807–819 (2002)
6. Siehe hierzu Damasio, A. R.: Descartes' Irrtum. List, München/Leipzig 1995 und Damasio, A. R.: Der Spinoza-Effekt. List, München 2003

RUDOLF SCHOOFS 2003

RUDOLF SCHOOFS 2003

Worauf hören Sie mehr, auf Ihr Gefühl oder auf Ihren Verstand?

Mit dem Mikrofon unterwegs in Stuttgarts Straßen ...

Wenn man vernünftig gehandelt hat, hat man nachher oft ein besseres Gefühl.
Postangestellte, 49

Ich versuche manchmal, meine Gefühle mit dem Verstand zu überprüfen.
Sekretärin, 35

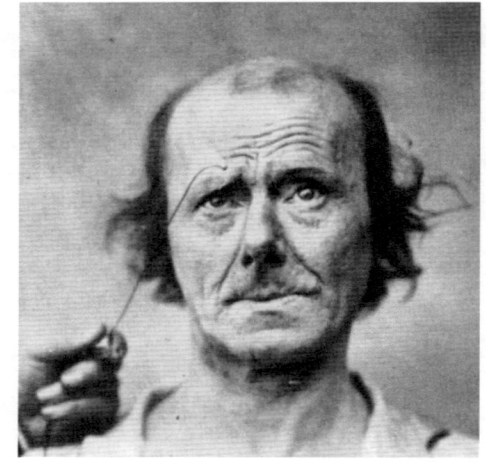

Mal so, mal so, aber letztendlich mehr auf meinen Verstand.
Informatikstudentin, 22

Ich höre auf meinen Bauch – wenn er knurrt!
Informatikstudent, 24

Für viele Dinge, zum Beispiel zum Musik machen, muss man seine Gefühle in die gewünschte Fassung bringen. Das ist dann ein sehr schönes Gefühl.
Musiker, 26

Ich würde gern mehr auf mein Gefühl hören, aber meine Verpflichtungen lassen oft nur vernünftige Entscheidungen zu.
Verkäufer, 23

In manchen Situationen muss man nur nach dem Verstand handeln und genau überlegen, was man tut. Manchmal ist wieder mehr Intuition gefragt. Je mehr Erfahrung man hat, desto besser weiß man, was gerade dran ist.
Augenärztin, 47

Ich höre meistens auf mein Gefühl.
Dozentin für Altphilologie, 35

Beides ist wichtig, aber im echten Zweifelsfall versuche ich nach meinem Gefühl zu handeln.
Programmierer, 31

Abbildungen: Fotos von elektrischen Reizungen der Gesichtsmuskulatur zur Erforschung der Beziehung zwischen Gefühlen und Mimik durch den Arzt und Privatgelehrten Guillaume Benjamin Amand Duchenne (1806–1875). Siehe auch Seite 60 und Erläuterung Seite 61.

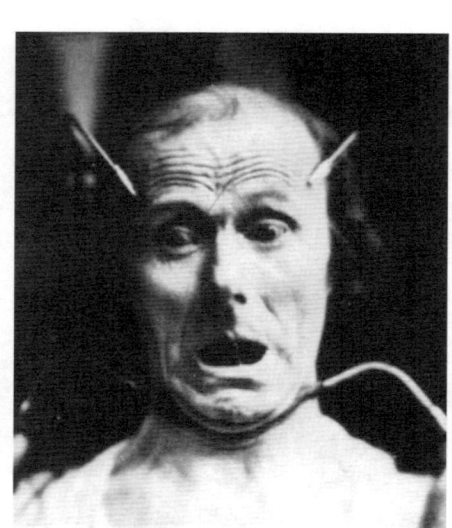

Ich schalte auf Autopilot.
Lehrerin, mit Liebeskummer, 26

Kann ich nicht immer so genau trennen, es fließt meistens beides zusammen.
Krankenpfleger, 24

Im privaten Kreis lasse ich meinen
Gefühlen freien Lauf. Sonst muss ich
eher vernünftig handeln.
Mechaniker, 36

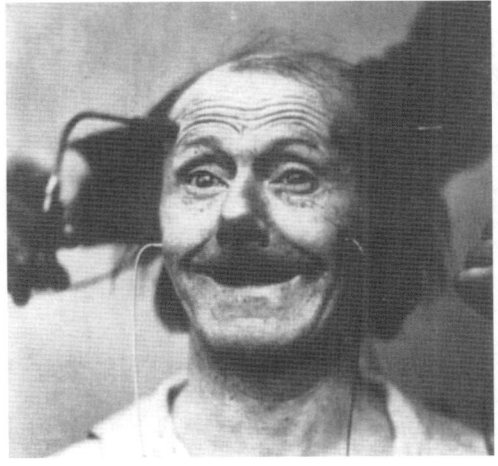

Auf mein Gefühl, eindeutig.
Mein Verstand muss damit
dann zurechtkommen!
Schauspieler, 40

Bei mir sind Vernunft und Gefühl eigentlich nicht so getrennt.
Die streiten sich nur, wenn man sowieso alles falsch macht.
Student der Computerlinguistik, 21

Meistens auf meine Frau!
Biologielehrer, 56

Bei wichtigen Entscheidungen versuche ich, beides zu
berücksichtigen. Man kann etwas aus Vernunft heraus
tun, aber mit den Folgen muss man ja nachher leben.
Studentin der Anglistik, 28

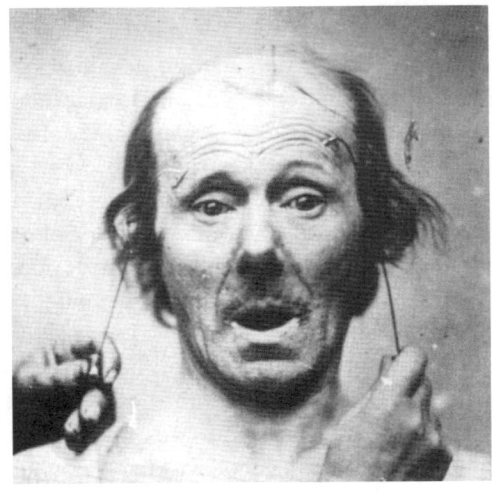

Ich höre auf beides. Gefühl und Verstand kann
man durch seinen Willen steuern!
EDV-Spezialist, 33

Im Urlaub aufs Gefühl, bei der Arbeit
achte ich aufs Notwendige, Vernünftige.
Installateur, 50

Eigentlich auf mein Gefühl, aber was
tun bei widersprüchlichen Gefühlen?
Gärtnerin, arbeitslos, 30

Ich versuche stärker auf meine Gefühle zu hören.
Das tut mir gut und erleichtert mir das Leben.
Lehrerin, 31

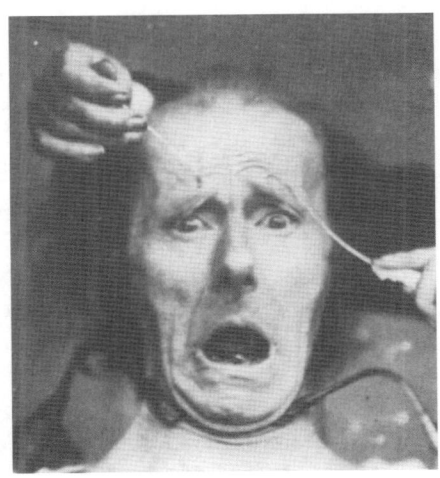

Auf meinen Schwanz!
Designer, 30

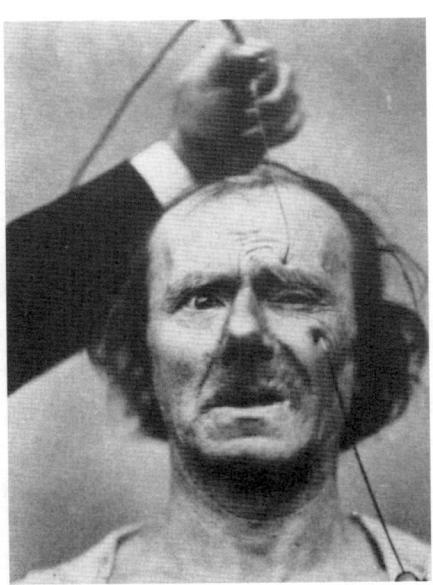

Am besten, man bringt beides in Einklang.
(Früh-)Rentner, früher Ingenieur, 59

Mit dem Mikrofon unterwegs war Silvia Lipski.

Friedrich Dieckmann

Weltgefühl

Philosophie und Gefühl, das ist ein weites, allzuweites Feld; vor seinem Eingang steht die Warntafel, die Hegel in der Vorrede zur *Phänomenologie des Geistes* wider die gefühlsmäßige Weltbetrachtung aufgestellt hat. Er nennt das Gefühl dort ein „inwendiges Orakel" und meint das nicht positiv; merkwürdig ist nur, dass das „jener", welches das Subjekt des betreffenden Satzes bildet, sich auf den „gemeinen Menschenverstand" bezieht, der die philosophische Wahrheitsfindung als „Sophistereien" abtut. „Indem jener sich auf das Gefühl, sein inwendiges Orakel, beruft, ist er gegen den, der nicht übereinstimmt, fertig; er muß erklären, daß er dem weiter nichts zu sagen habe, der nicht dasselbe in sich finde und fühle; – mit anderen Worten, er tritt die Wurzel der Humanität mit Füßen. Denn die Natur dieser ist, auf Übereinkunft mit anderen zu dringen, und ihre Existenz nur in der zustande gebrachten Gemeinsamkeit der Bewußtseine. Das Widermenschliche, das Tierische besteht darin, im Gefühle stehenzubleiben und nur durch dieses sich mitteilen zu können."[1]

Das Verdikt richtet sich nicht sowohl gegen das Gefühl als gegen das *Stehenbleiben* im Gefühl und gegen die Prätention, *nur* durch dieses sich mitteilen zu können. Denn gegen die Berufung auf das Gefühl ist keine Appellation an eine andere, etwa rationale Instanz möglich. Das Subjektive setzt sich darin absolut; das dünkt den Autor als schlechthin widermenschlich. Das Vermögen, eine vernunftbestimmte Übereinkunft mit andern herzustellen, ist ihm der Kern der Humanität; diese bewährt sich an der Anstrengung, mit andern, womöglich Widerstrebenden eine Gemeinsamkeit des Bewußtseins zu gewinnen. Also so lange diskutieren, bis der andere überzeugt worden ist oder man selbst von der Ansicht des andern? Nicht so ist es gemeint, sondern in dem Sinn jenes heraklitischen Satzes, wonach „die Wachenden ein und dieselbe gemeinsame Welt haben, während sich von den Schlafenden ein jeder zu seiner eigenen abwende".[2] In einem denkwürdigen Kommentar hat Martin Buber diesen Satz in einer Weise ausgedeutet, die mit jener Hegelschen Maßgabe übereinstimmt: den Verstand zu gebrauchen, um die Schranken niederzulegen, mit denen das sich als träumerisch-absolut setzende Gefühls-Ich sich umgrenzt.[3]

Hegel ist in jener Vorrede davon entfernt, eine Philosophie des Gefühls entwickeln zu wollen. Wir folgen ihm auch darin und entheben uns mit einer Nietzscheschen Miszelle des Verdachts, dergleichen vorzuhaben; sie spricht nicht bloß vom Gefühl, sondern vom „Gefühl der Gefühle"; das verheißt nichts Gutes. Vom Wert des Lebens handelt dieser 33. Abschnitt aus dem ersten Band von *Menschliches, Allzumenschliches*; er erklärt es für „unreines Denken", wenn jene „selteneren Menschen, welche überhaupt über sich hinaus denken", ihren „Glauben an Wert und Würdigkeit des Lebens" entweder an den „hohen Begabungen und den reinen Seelen" orientieren, an Ausnahmemenschen also, oder an dem Gattungsganzen, indem sie dieses bei seinen „weniger egoistischen Trieben" begreifen. Das ist einigermaßen unscharf ausgedrückt; es wäre heute vielleicht mit der Fähigkeit zur Solidarität, zur Teilnahme am Schicksal des Ganzen zu übersetzen.

Anders als die selteneren Menschen denke der „gewöhnliche, alltägliche Mensch" immer nur an sich selbst; der Wert des Lebens beruhe für ihn einzig darauf, „daß er sich wichtiger nimmt als die Welt", unwillig und außerstande, sich in Los und Leiden anderer einzufühlen. „Wer dagegen wirklich daran teilnehmen könnte, müßte am Werte des Lebens verzweifeln; gelänge es ihm, das Gesamtbewußtsein der Menschheit in sich zu fassen und zu empfinden, er würde mit einem Fluche gegen das Dasein zusammenbrechen, – denn die Menschheit hat im Ganzen *keine* Ziele, folglich kann der Mensch, in Betrachtung des ganzen Verlaufes, nicht darin seinen Trost und Halt finden, sondern seine Verzweiflung. Sieht er bei allem, was er tut, auf die letzte Ziellosigkeit der Menschen, so bekommt sein eigenes Wirken in seinen Augen den Charakter der Vergeudung. Sich aber als Menschheit (und nicht nur als Individuum) ebenso *vergeudet* zu fühlen, wie wir die einzelne Blüte von der Natur vergeudet sehen, ist ein Gefühl über alle Gefühle. – Wer aber ist desselben fähig? Gewiß nur ein Dichter: und Dichter wissen sich immer zu trösten."

Zeichnung:
Jan Tomaschoff

der blaue reiter

Schon bevor er zu dem „Gefühl über allen Gefühlen" kam, hat sich der Autor als der Gefühlsphilosoph offenbart, der er ist, ohne zum Dichter werden zu können. Er bleibt der Aphoristiker eines Weltgefühls, das Schiller im zweiten *Karlos*-Akt auf die jambische Formel gebracht hat: „In seines Nichts durchbohrendem Gefühl". Weltgefühl? Hätte Hegel das Wort durchgehen lassen? Goethe geht weiter, er bringt das Wort Weltseele zu Ehren. Das Gedicht, das er im zweiten Anlauf so überschreibt, überbietet Schillers Lied *An die Freude*, indem das imperativ zum „Ihr" erweiterte lyrische Subjekt („Begeistert reißt Euch durch die nächsten Zonen / Ins All und füllt es aus!") nicht auf der Erde stehenbleibt, um zum Sternenzelt aufzublicken, sondern eine kosmische Reise antritt, um einer Schöpfung, die es in vieler Hinsicht als gelungen anzusehen scheint, andere der Art an die Seite zu stellen: „Ihr greifet rasch nach ungeformten Erden / Und wirket, schöpfrisch jung, / Daß sie belebt und stets belebter werden, / Im abgemessnen Schwung." Dann geht es Schritt um Schritt wie bei der irdischen Schöpfung zu, am Ende aber verwandeln sich diese Weltenschöpfer „im Labyrinth der Sonnen und Planeten" in das „erste Paar", womit das grenzenlose Schöpfertum auf kleinstem Raum zur Ruhe kommt: „Und bald verlischt ein unbegrenztes Streben, / Im sel'gen Wechselblick. / Und so empfangt, mit Dank, das schönste Leben / Vom All ins All zurück."

Weltschöpfung hieß das Gedicht in dem Erstdruck von 1803; vom Ende des Textes her erschließt sich dieser Titel wie der spätere. Die Liebe als Weltschöpfung, Weltseele ist ein Fazit, das auf kosmischen Wegen zielstrebig-weitläufig erreicht wird, von einem Ausgangspunkt her, der seinerseits innerweltlich ist: „Verteilet Euch, nach allen Regionen, / Von diesem heil'gen Schmaus!"

Wir können dieses panerotische Gedicht für nicht weniger philosophisch halten als jene Nietzschesche Miszelle mit ihrem totalen erotischen Defizit; in beiden drückt sich ein Weltgefühl aus, das aufs Absolute geht. Ist Philosophie die Rationalisierung je eigener Weltempfindung, Weltgefühls? Und Dichtung die Poetisierung eines schon gefundenen Weltbegriffs? Wie eng beide, in aller Verschiedenheit ihrer Mittel, zusammenhängen und welche Rolle dabei dem Gefühl zukommt, hat Goethe in einem Gedicht niedergelegt, das einem andern entgegnete, genauer: dessen beiden letzten Versen, die eine naturwissenschaftliche Konferenz in Berlin sich in goldenen Lettern zu Häupten gesetzt hatte: „Denn alles muß in Nichts zerfallen, / Wenn es im Sein beharren will!" Der Unmut des Autors über diese isolierende Herausstellung führte auf eine Selbsterwiderung, die großartiger nicht zu denken ist; die Verse zeigen ganz unmittelbar, wie Philosophie Dichtung werden kann, ohne an Dichtung und an Philosophie einzubüßen.[4] Nietzsches „seltenere Menschen" erscheinen darin als „die kleinste Schar", die sich, erfahrungsgesättigt, nicht vermisst, „das allgemeine Walten" zu lenken, aber darüber nicht in Resignation fällt; das „Liebewerk", das der Philosoph und der Dichter wie geschwisterlich voranbringen, wird als ein dieser kleinsten Schar vorfühlendes gedacht. Hegel hat das noch lesen können, es stand 1829 unvermittelt am Ende des zweiten Buches von *Wilhelm Meisters Wanderjahren*. Ich denke mir, er hat es auch in diesem Punkt gelten lassen.

Friedrich Dieckmann lebt als Schriftsteller und Publizist in Berlin-Treptow. Er ist Mitglied der Sächsischen Akademie der Künste, der Deutschen Akademie für Sprache und Dichtung und der Berliner Akademie der Künste.

Anmerkungen:

1. Hegel, Georg Wilhelm Friedrich: Werke. Band 3. Frankfurt am Main 1989, Seite 64f.
2. Capelle, Wilhelm: Die Vorsokratiker. Berlin 1961, Seite 132
3. Buber, Martin: Dem Gemeinschaftlichen folgen. In: Neue Rundschau, Heft 4/1956, Seite 582–600
4. Vergleiche Dieckmann, Friedrich: Imperative des erfüllten Augenblicks. Über Goethes Gedicht „Vermächtnis". In: Sinn und Form, Heft 4/1997

Gefühle –
der Klebstoff des Denkens

Ein Interview mit Ernst Pöppel

der
blaue
reiter

Herr Professor Pöppel, als Psychologe und Hirnforscher untersuchen Sie die Funktionsweise des menschlichen Gehirns. Was sind für einen Hirnforscher Gefühle?

Es gibt eigentlich nur vier Bereiche im Repertoire des Psychischen: Wahrnehmungsprozesse, Erinnerungssysteme, Emotionen und den Bereich des Handelns. Sprachlich werden diese Bereiche zwar unterschieden, aber im Gehirn gibt es eine unglaublich enge Verzahnung dessen, was wir ein Gefühl nennen, mit den anderen Bereichen. Es gibt kein Gefühl, das unabhängig wäre von unseren Gedächtnisleistungen, das unabhängig von einem Wahrnehmungsprozess oder vom Aspekt des Handelns gedacht werden könnte. Wir können aber nach der besonderen Funktion der Gefühle fragen. Gefühle sind der Indikator einer gestörten Balance unseres Bewusstseinslebens. Für mich sind sie Bewertungen, die einzig dazu da sind, neue Handlungsoptionen zu eröffnen. Emotionen sind der Klebstoff, um überhaupt eine Kontinuität des Erlebens herstellen zu können. Ohne gleichbleibend emotionale Bewertung gäbe es nicht einmal Denken.

In Ihrem Buch *Lust und Schmerz* charakterisieren Sie alle psychischen Zustände durch eine besondere Mischung von Lust und Schmerz gekennzeichnet.

Für mich sind das die Urphänomene überhaupt; so etwas wie Erregung und Abbau von Spannung. Wenn Lust und Schmerz fehlen oder heruntergeregelt sind, dann gibt es auch keine anderen Gefühle mehr. Das Tragische bei der Depression ist das Verblassen der Gefühle, worunter man leidet, weil man Lust und Schmerz nicht mehr richtig empfinden kann.

> **Man kann feststellen, ob jemand schläft und ob er träumt, aber nicht was er träumt.**

Wie sind Gefühle im Gehirn repräsentiert?

Zunächst, es gibt offenbar sechs Grundemotionen: Freude, Überraschung, Ärger, Trauer, Wut und Ekel. Diese sind genetisch vorgegebene Handlungsmuster, die zwar durch frühkindliche Erfahrungen bestätigt werden müssen, aber als neuronales Programm immer schon vorhanden sind. Damit sie sich nicht permanent äußern, sind sie gehemmt, das heißt, sie können sich nur in bestimmten Reizsituationen äußern. Der neurobiologisch interessante Aspekt dabei ist, dass etwas zutage tritt, indem es enthemmt wird. Das heißt, die Hemmung der Hemmung ist das, was die Äußerung oder das Erleben eines Gefühlszustands überhaupt erst möglich macht. Erstaunlicherweise wird selbst in neurowissenschaftlichen Kreisen zu wenig darüber diskutiert, dass es eigentlich darum geht, die Hemmung der Prozesse besser zu verstehen. Das ist übrigens bei Bewegungen genauso. Alle unsere Bewegungsmuster sind vorhanden, sie müssen nur selektiv enthemmt werden. Die neuronale Repräsentation darf man sich aber nicht so vorstellen, als sei ein bestimmtes Verhaltensmuster an einem bestimmten Ort im Gehirn lokalisiert. Wichtig ist es, das jeweilige raumzeitliche Muster verteilter neuronaler Aktivitäten für ein bestimmtes Gefühl zu erkennen, an dem Dutzende verschiedene Gehirnareale beteiligt sein können.

Gleichwohl bezeichnen Sie in Ihrem Buch *Lust und Schmerz* den Hypothalamus (Teil des Zwischenhirns) als „Vergnügungsviertel des Gehirns".

Auch ein Vergnügungsviertel ist in ein Netzwerk eingebunden. Natürlich können Sie durch Reizungen des Hypothalamus Lustgefühle erzeugen, aber es ist nicht vorstellbar, dass unsere positive Emotionalität nur von dort aus gesteuert wird. Hypothalamische Areale sind gar nicht bewusstseinspflichtig und bewusstseinsmöglich. Um ein Gefühl haben zu können, müssen noch andere Bereiche eingebunden sein.

Die Neurowissenschaft hat ein großes Problem mit ihren Begrifflichkeiten. Wir verwenden Sprache, um zu kommunizieren, aber wir haben das Problem, dass wir dazu neigen, Wendungen wie „Sitz des Bewusstseins" wörtlicher zu nehmen, als es sinnvoll ist. Das wird von den meisten Hirnforschern so betrieben. Viele Hirnforscher haben das Problem, dass sie Notwendig und Hinreichend nicht unterscheiden können. Es gibt ohne Frage notwendige Aktivierungen in bestimmten Hirnarealen, damit ein bestimmtes Erlebnis möglich wird, aber das ist üblicherweise nicht hinreichend.

Wir finden Spezialisierungen von Gehirnarealen, aber das sind Bausteine in einem Gesamtsystem. Das Gehirn mit seinen 10^{11} bis 10^{12} Nervenzellen ist stark vernetzt, darüber hinaus ist es mit dem Hormonsys-

Ernst Pöppel
wurde 1940 in Pommern ge-
boren. Er studierte Psychologie
und Biologie in Freiburg, München und Innsbruck. 1974 erfolgte die Habilitation an der
Ludwig-Maximilians-Universi-
tät in München im Fach Sinnes-
physiologie, 1976 in Innsbruck
für Psychologie. Seit 1976 ist er
Professor am Institut für Medizinische Psychologie der Lud-
wig-Maximilians-Universität.
Zwischen 1992 und 1997 war
er Vorstand im Forschungszen-
trum Jülich, zuständig für Le-
benswissenschaften und Um-
weltforschung. Seit 1997 leitet
er das international und interdisziplinär ausgerichtete Human-
wissenschaftliche Zentrum an
der Ludwig-Maximilians-Univer-
sität und seit 2000 ist er Leiter
des Generation Research Pro-
gram (GRP) in Bad Tölz.
Er lehrte als Gastprofessor in
den Niederlanden, Dänemark,
Finnland, Spanien, Polen, Nor-
wegen und China.

interview

tem und dem Immunsystem verbunden. Auf Bildern des Gehirns, wie sie zum Beispiel die Kernspintomographie liefert, sieht man immer ein verteiltes Muster von Aktivitäten. Man wendet bei den bildgebenden Verfahren das Subtraktionsverfahren an um herauszubekommen, welche Gehirnareale zum Beispiel bei emotionalen Bewertungen primär beteiligt sind. Das heißt, dass man Aktivitätsmuster von Gehirnen vergleicht, die sich zum Beispiel im Zustand der Lust oder der Gleichgültigkeit befinden. Vereinfacht gesagt gibt dann die Differenz der Aktivitäten das für die betreffenden Gefühle zuständige Areal wieder. Man beweist damit aber nur, dass die Aktivierung dieser Areale eine notwendige Bedingung für den Gesamtzustand darstellt. Worauf es ankommt, sind aber die gesamten Aktivitäten des Gehirns.

Was kann man anhand der Bilder erkennen, die mittels der Kernspintomografie und anderen bildgebenden Verfahren erzeugt werden? Müssen wir jemandem nur präzise genug ins Gehirn schauen, um erkennen zu können, was er denkt, fühlt, wonach ihm gelüstet...?

Mittels dieser Verfahren können Aktivitäten des Gehirns, nicht die Inhalte von Gedanken, sichtbar gemacht werden. Elektrische Aktivitäten sind die „Auspuffgase" des Gehirns, aus denen man nicht erschließen kann, welche Lust oder welchen Schmerz jemand empfindet. Um eindeutig sagen zu können, dass es sich bei einer bestimmten Aktivität um eine Wahrnehmung oder ein Gefühl handelt, muss anderes hinzukommen. Wichtig ist das raumzeitliche Muster, das heißt der Gesamtzustand des Gehirns.

Elektrische Aktivitäten sind die Auspuffgase des Gehirns.

Wie ist die Faszination zu erklären, die von den Bildern von Gehirnaktivitäten ausgeht?

Bilder sind unverzichtbar für Erkenntnisfortschritt. Ohne bildliche Repräsentation kann man an überhaupt nichts glauben. Wahrnehmen heißt „für wahr nehmen", und deswegen versuchen wir, alles ins Bild zu setzen. Das Problem ist, dass wir die Bedeutung der Bilder im Prozess der Erzeugung von Wissen gar nicht mehr hinterfragen. Auf Grund der Bildversessenheit in der Medizin und der Neurowissenschaft gibt es zur Zeit weltweit keine ernsthaften Bemühungen, die raumzeitlichen Muster mathematisch zu beschreiben, die jeweils für spezifische mentale Akte verantwortlich sind – hat man das Bild, hat man die Antwort. Das ist

mit dem negativsten Resultat. Wir haben Patienten mit schweren Depressionen neurowissenschaftlich untersucht und sie über Tage und Wochen permanent betreut. Schließlich ging es den Patienten offenbar durch die intensive Zuwendung so gut, dass die Untersuchung zu keinem interessanten Ergebnis führte. Das Experiment war die Therapie.

Gibt es in den Neurowissenschaften Erklärungsmodelle, wie Bedeutungs- und Sinnzusammenhänge in das Gehirn kommen und wie sich zum Beispiel Kultur dort manifestiert?

Das Schmerzempfinden ist zum Beispiel angeboren. Aber wie wir Schmerz erleben, ist eine Sache der Erfahrung der ersten fünf bis zehn Lebensjahre. Wie man Schmerz in den frühen Phasen des Lebens bewertet, bestimmt dann, wie man später als Erwachsener den Schmerz empfindet. Der soziale Aspekt gibt

eine unglaubliche konzeptionelle Schwäche. Es gibt keine einzige Studie, in der die verschiedenen bildgebenden Verfahren verglichen werden. Das heißt, man hat noch nie überprüft, ob die zur Verfügung stehenden Verfahren bei gleicher Versuchsanordnung das gleiche raumzeitliche Muster wiedergeben.

Man muss mehrere Betrachtungsebenen und Beobachtungsverfahren kombinieren. Nur aus einem Bild können Sie überhaupt nichts entnehmen, allenfalls einen Allgemeinzustand. Ich habe 50 Kilometer Schlaf-EEG ausgewertet und sehe anhand eines EEGs sofort, ob jemand schläft oder träumt, aber ich kann nicht sagen, was er träumt. Es wird nie eine Chance geben, einen spezifischen mentalen Inhalt sichtbar zu machen. Aber man kann vielleicht einmal feststellen, ob jemand liest, denkt oder liebeskrank ist.

Aus dem Möglichkeitssinn muss ein Wirklichkeitssinn werden.

Ist es bei der Untersuchung neurowissenschaftlicher Phänomene nicht auch ein Problem, dass die Versuchsanordnung das Ergebnis beeinflusst?

Ja. Das größte Experiment, das ich je geleitet habe, war vor vielen Jahren ein „Depressionsprojekt" am Max-Planck-Institut für Psychiatrie. Es war auch das Projekt

In der Medizin wird die Bedeutung der Bilder, die unsere Geräte erzeugen, nicht mehr hinterfragt.

einen Rahmen vor. Warum ist es zum Beispiel so, dass Mädchen eine geringere Schmerztoleranz haben als Jungens? Das liegt wohl daran, dass im täglichen Umgang mit schmerzhaften Erfahrungen einem Jungen eher gesagt wird, dass er das aushalten muss, während ein Mädchen Zuwendung bekommt. Anders kann man sich meines Erachtens auch nicht erklären, dass in unterschiedlichen Kulturen unterschiedliches Schmerzempfinden zu finden ist. Oder betrachten wir die Frage, ob und wie Emotionen wie Ärger oder Freude in verschiedenen Kulturen gezeigt werden. Dass zum Beispiel in der japanischen Kultur Gefühle nicht gezeigt werden, hängt damit zusammen, dass die neuronal-genetischen Programme in einer anderen Weise bestätigt werden. Sie können auf Grund von „Gehirn-Scans" aber nicht sagen, ob jemand Japaner ist. Menschen kommen mit genetischen Programmen in die Welt hinein, aber in frühen Phasen der Biografie öffnen sich Zeitfenster, innerhalb derer eine Prägung durch Input stattfindet. Es gibt Fenster für die Entwicklung von Gerechtigkeit, für Schmerzerfahrung, für visuelle Information und psychosexuelle Entwicklung. Auch der Spracherwerb ist an ein bestimmtes Zeitfenster gebunden. Ab einem gewissen Alter wird es Ihnen trotz aller Anstrengungen zum Beispiel nicht mehr gelingen, eine Sprache akzentfrei zu erlernen. Die Frage, ob etwas angeboren oder erworben ist, ist aus neurowissenschaftlicher Sicht absurd. Die Pointe besteht gerade darin, dass man mit einer neuronalen Offenheit in die Welt kommt und dann durch die Bestätigung der Informationsverarbeitung beim Sehen, bei den Gefühlen, bei Erinnerungsprozessen geprägt wird. Wenn man das akzeptiert, dann hat man auch eine ganz andere Möglichkeit der interkulturellen Kommunikation.

Die Umstrukturierung der Lehrpläne ist seit der Pisa-Studie ein allgegenwärtiges Thema. Können Erkenntnisse aus den Neurowissenschaften dabei helfen?

Die Lehrpläne sind von einer geisteswissenschaftlichen Tradition in den Erziehungswissenschaften bestimmt. Ich halte es für absolut notwendig, dass die Erkenntnisse der modernen Psychologie und den Neurowissenschaften in den Erziehungswissenschaften berücksichtigt werden. Meine Tochter hat in ihrem Pädagogikstudium nie etwas über Neurowissenschaften erfahren.

Betrachten wir das Phänomen des Prägungslernens. Wir treten mit genetisch vorgegebenen Programmen in eine Welt von Möglichkeiten für Wahrnehmungen, Gefühle, Erinnerungen, Motorik und insbesondere für Sprache. Damit daraus aber individuelle, persönliche Wirklichkeit wird, muss man diese neuronalen Module benutzen. Was man nicht nutzt, wird abgeschaltet oder ist ohne Anstrengung nicht mehr aktivierbar. Das anstrengungslose Lernen, diese Prägung in den frühen Phasen der Biografie, ist fundamental, auch was die Emotionalität betrifft.

Taxifahrer entwickeln durch ihre Tätigkeit ein überdurchschnittliches großes Gehirnareal für räumliche Orientierung: Ist das auch eine Prägung, die nicht mehr rückgängig gemacht werden kann?

Nein. Das sind vorübergehende Aufblähungen bestimmter neuronaler Strukturen. Wenn sie im Erwachsenenalter erworben wurden, gehen sie, wenn sie nicht mehr trainiert werden, schnell wieder verloren. Das Gehirn ist wie ein Muskel. Was nicht verändert werden kann, da streiten sich die Gelehrten aber auch, sind die frühkindlichen Prägungen.

Hat man das Bild, hat man die Antwort.

Wenn kindliche Prägungen nicht mehr änderbar sind, stellt sich die Frage nach der Verantwortung. Sind wir Marionetten unserer Gehirnzellen? Inwiefern trage ich Verantwortung für mein Verhalten und wie viel Willensfreiheit bleibt dem Erwachsenen?

Wir haben in der Tradition der Neuzeit einen blinden Glauben an das Cogito (Cogito sum: Ich denke, ich bin). Als würden wir uns unserer selbst im Wesentlichen über einen rationalen Prozess versichern. Wenn die Hirnforschung einen Beitrag geleistet hat, dann ist es die Erkenntnis, dass wir im Wachbewusstsein mindestens zwei verschiedene Bewusstseinszustände haben. In einem Gespräch gibt es so etwas wie „direct consciousness". Also die Unmittelbarkeit der Anschauung, das Eingetauchtsein. Augustinus spricht von der Gegenwart des Gegenwärtigen. Die Abwendung von der Unmittelbarkeit ist Descartes' Cogito, quasi im Nachhinein die Reflektion dessen, was in einem bestimmten Augenblick war. Das sind verschiedene mentale und neuronale Prozesse. Ich kann mich – und dafür

73

ist im Wesentlichen der frontale Cortex entwickelt worden – gleichsam ne-
ben mich selber stellen. Ich kann mich verdoppeln und auf Grund dieser
Möglichkeit darüber nachdenken, was war und Pläne schmieden. Wir bewegen uns in einem Meer neuronaler Prozesse, aus denen manchmal Prozesse herausdestilliert werden, die bewusst werden, damit ich mich anderen mitteilen kann. Das meiste läuft aber implizit ab.

Manche Hirnforscher stellen die Willensfreiheit in Frage. Sie beziehen
sich dabei auf Experimente von Benjamin Libet, mit denen er nachweist,
dass in einer bestimmten Situation neuronale Aktivität gegeben ist, bevor
ich sie mir bewusst mache. Wie soll es denn auch anders möglich sein?
Aber es gibt eben auch den Prozess der Selbstdistanzierung. Man ist als
Mensch gut beraten, wenn man sozusagen die Möglichkeit der Willensfreiheit ausbeutet, indem man sich selbst in verschiedenste Situationen
bringt, und nach dem alten Prinzip vorgeht: Ich mache nur dann etwas,
wenn ich bei nüchterner Betrachtung und im emotionalen Rausch zum
selben Ergebnis komme.

Bedeutet Menschsein sich aufspalten?

Dass ich mir selber ein Doppelgänger bin, ist für mich in der Tat eine der
wesentlichen Entdeckungen der Neurowissenschaften. Ein Kind entdeckt
ungefähr mit vier Jahren, dass es einen Blick hat. Wenn ich erkenne, dass
ich einen Blick habe, dann erkenne ich mein eigenes Bewusstsein. Dann
erkenne ich auch, dass jemand anders einen Blick hat, das heißt, dass ich
mich von mir selber distanzieren kann. Eine ganz kleine Teilmenge der
Variablen, die meine Auswahl zum Beispiel an Handlungen bestimmen,
ist verfügbar. Das meiste bleibt eingebettet in eine emotionale Bewertung.
In dem ganzen Prozess des Sich-Entscheidens sind notwendigerweise immer auch die emotionale Bewertung und die Bezüge zu anderen Erinne-
rungsinhalten gegeben. In dem Sinne ist natürlich eine Wahl oder Entscheidung nie frei, aber sie ist begründet, und ich kann mir selber die
Ursachen transparent machen.

Kann die Psychotherapie nach Freud ersetzt werden durch ein „Emotionsdesign" mittels von den Neurowissenschaften noch zu entwickelnden Medikamenten?

Nein! Aber ich kann mich durch die Vergegenwärtigung meiner Vergangenheit auch nicht der neuronalen Programme entledigen, die in meiner
Jugend geprägt wurden. Das besagt aber wiederum nicht, dass man die
Psychotherapie nicht vorantreiben sollte, und zwar in dem Sinne, dass
man sich selber transparent macht. Ich kann mich nicht „umprogrammie-
ren", aber ich kann lernen, mit meinen Prägungen umzugehen. „Erkenne dich selbst" ist auch Aufgabe der Philosophie, aber vor allem der Psychotherapie. Gute Analytiker helfen zu verstehen, wer man eigentlich ist,
und Umgangsformen mit sich selbst zu erlernen, die helfen, wenn man
unter sich leidet. Dazu braucht man ein umfassendes Wissen und meines
Erachtens auch das Neurowissen, das heutzutage verfügbar ist.

In Ihrem Buch *Lust und Schmerz* beschreiben Sie eine optische Täuschung: Man glaubt, ein Quadrat zu sehen, obwohl keines da ist (siehe auch die Zeichnung in der Abbildung auf S. 71). Das soll zeigen, dass das Gehirn bestrebt ist, Strukturen in den Sinneswahrnehmungen zu suchen. Aber wie kommt die Vorstellung eines Quadrats ins Gehirn? Funktionieren solche Täuschungen auch bei Menschen, die keine euklidische Geometrie kennen?

Ja, das funktioniert bei uns allen. Wahrnehmung ist nicht die Abbildung
dessen, was in unseren Sinnesorganen dargestellt wird. Es ist ein sich
wechselseitig ergänzender, ein komplementärer Prozess von sensori-
schem Input und Konstruktionsprinzipien des Gehirns. Der berühmte

Satz von John Locke „nihil est in intellectu, quid non ante fuerit in sensu" (nichts ist im Geist, was nicht vorher in den Sinnen war) stimmt natürlich nicht; der Leibniz'sche Zusatz ist schon richtig: „nisi intellectus ipse" (außer dem Verstand selbst). Was optisch wahrgenommen wird, muss immer interpretiert werden. Ein extremes Beispiel ist die Prosopagnosie. Patienten mit diesem Krankheitsbild können Gesichter nicht mehr unterscheiden. Das erklärt sich daraus, dass wir ein angeborenes Schema von „Gesicht" haben. Wenn die betreffenden Gegenden im Gehirn beeinträchtigt sind, ist die Verbindung zwischen der jeweiligen optischen Information und dem angeborenen Schema unterbrochen. Jede Wahrnehmung ist eine Bestätigung (Verifikation) oder Verneinung (Falsifikation) einer Hypothese, die das Gehirn über einen Sachverhalt hat. Diese Art der Vorwegnahme von Wahrnehmungen ist das Ökonomieprinzip des Gehirns. In der Außenwelt ändert sich ja nicht dauernd etwas; das meiste bleibt ziemlich gleich. Deshalb genügt es, wenn in etwa Drei-Sekunden-Zyklen „überprüft" wird, ob sich etwas verändert hat. Das Gehirn versucht vorwegzunehmen, was in den nächsten Augenblicken kommen wird. Ihr Gehirn ergänzt zum Beispiel auch ohne Ihr bewusstes Zutun einen von mir objektiv nicht zu Ende gesprochenen Satz.

Gibt es einen Zusammenhang zwischen unserem Zeitempfinden und unseren Emotionen?

Gefühle sind ein Indikator für die verloren gegangene Einheit von Mensch und Natur.

Die Zeit der klassischen Physik hat überhaupt nichts mit der Konstruktion der Kontinuität der Zeit im menschlichen Erleben zu tun. Beide stimmen nur überein. Die Frage ist, wie es gelingt, dass durch emotionale Bewertungen etwas erzeugt wird, was die Illusion einer kontinuierlichen Zeit bewirkt und wie Identität auf der Abstraktionsebene zustande kommt.

Gefühle sind dazu da, neue Handlungsoptionen zu eröffnen.

Neurophysiologen haben sehr kurze Zeitkonstanten im Blick – nach 100 Millisekunden ist alles schon wieder vorbei. Auch die neuronalen Programme, die Handlungen ermöglichen, haben ganz kurze Zeitkonstanten. Erinnerungsmodule hingegen bestehen ein Leben lang. Welche Module kommen dafür in Frage, dass aus aufeinander folgenden Sekundenfenstern erlebte Kontinuität hergestellt werden kann? Nur durch die Interessenlage des Organismus beziehungsweise die Bewertungen in den Modulen, die wir Emotionen nennen, wird begriffliche und damit auch zeitliche Kontinuität hergestellt. Bei Schizophrenen liegt zum Beispiel eine Entkopplung der emotionalen Bewertung von den so genannten Kognitionen vor, so dass der begriffliche Zusammenhang zusammenbricht – Kontinuität kann nicht mehr hergestellt werden.

Wenn die Gefühle eine so zentrale Rolle für das Denken spielen, wie Sie sagen, sind dann die Bemühungen, künstliche Intelligenz zum Beispiel mittels neuronaler Netze zu entwickeln, nicht im Vorhinein zum Scheitern verurteilt?

75

Das Gehirn ist für mich kein Computer. Die Sprache der Informatik kann sehr irreführend sein. Neuronale Netze sind zum Beispiel dadurch gekennzeichnet, dass Elemente, die Neuronen repräsentieren, zwei Funktionszustände haben, und da fängt der Ärger schon an. Neuronen haben drei Funktionszustände, die durch Erregung nach oben oder durch Hemmung nach unten reguliert werden können. Was in der klassischen Künstliche-Intelligenz-Forschung gemacht wurde, hat wenig damit zu tun, wie ein menschliches Gehirn funktioniert. Emotionale Bewertungen können nicht implementiert, das heißt einprogrammiert werden. Das ist übrigens der Grund dafür, warum man damit begonnen hat, „tacit knowledge", das stumme, emotional ein-

absichten und emotionalen Bewertungen. Das können wir uns nur nachträglich im Sinne einer Analyse transparent machen. Die Sprachfalle, in der wir sitzen, ist, dass wir meinen, dass diese Begrifflichkeit, durch die wir uns unserer selbst versichern, die Wirklichkeit sei.

Wie sehen Sie die Rolle der Neurowissenschaften in der aktuellen Wissenschaftslandschaft?

Wir Neurowissenschaftler benehmen uns, als wäre unsere Disziplin eine Leitwissenschaft. Auch Wissenschaft muss sich vermarkten, Lobbyarbeit betreiben und sich an den herrschenden Zeitgeist anpassen. Es ist natürlich ein prostitutives Vorgehen, aber Fördermittel werden in der Regel nur im Rahmen dessen vergeben, was gerade „in" ist. Da werden unglaubliche Mittel auf Grund falscher oder fadenscheiniger Argumente verbraucht.

Ein weiteres Problem ist die Idiotie der so genannten Drittmittel, die die Autonomie der Lehrstühle bedrohen. Die Wissenschaft sitzt in der Falle der Legislaturperioden und von Drei-Monats-Zyklen, die uns von der amerikanischen Börse aufgezwungen werden. Der Mangel an längerfristigen Perspektiven bedeutet einen enormen Kreativitätsverlust. Meine Aufgabe als Professor ist es, für junge Wissenschaftler, von denen ich meine, dass aus ihnen etwas werden könnte, Freiräume zu schaffen – in Zeitperspektiven von zwei, aber auch 20 Jahren. Ich habe im asiatischen Bereich eine viel höhere Akzeptanz für längerfristiges Denken erfahren. In Deutschland herrscht eine Atmosphäre des Misstrauens, die es verhindert, dass junge Forscher sich ein neues wissenschaftliches Gebiet erschließen können, das noch nicht etabliert ist.

Herr Pöppel, wir danken Ihnen für das Gespräch.

Das Interview führten Elke Uhl, Stefan Gammel und Siegfried Reusch.

gebundene Wissen, genauer zu untersuchen. Auch bei der NASA weiß man, dass eine Marsmission zu lange dauert, um sie rein technisch programmieren zu können.

Wie kommt es, dass Roboter oder Androiden zum Beispiel in Fernsehserien Gefühle wie Zuneigung oder Furcht hervorrufen können?

Wir können gar nicht anders, als „jemandem", der sich in unserem Zeitbereich ähnlich bewegt wie wir und auch eine Größe aufweist, die wir wahrnehmen können, Leben und Erleben zuzuschreiben. Der Honda-Roboter ASIMO zum Beispiel ist strohdumm. Aber wir betrachten ihn als ein Du; wir unterstellen ihm Gefühle, Handlungsbereitschaft, Willensfreiheit. Ich nenne dies den Pygmalion-Effekt. Das führt zu der Frage, woher ich weiß, dass andere Menschen eine Seele,

> **Emotionen sind der zeitliche Klebstoff, um die Kontinuität des Erlebens herzustellen.**

Bewusstsein oder Gefühle haben. Das Zwei- oder Drei-Sekunden-Fenster der Aufmerksamkeit eröffnet eine gemeinsame Gegenwart, in der wir uns gegenseitig unserer selbst versichern können. Innerhalb dieses Fensters gibt es keine Trennung zwischen Wahrnehmungsprozessen, Empfindungsprozessen, Handlungs-

Veröffentlichungen (Auswahl):

Lust und Schmerz. Grundlagen menschlichen Erlebens und Verhaltens. Verlag Severin & Siedler, Berlin 1982; *Grenzen des Bewußtseins. Über Wirklichkeit und Welterfahrung.* Deutsche Verlags-Anstalt, Stuttgart 1985; *Geheimnisvoller Kosmos Gehirn.* Verlag C. Bertelsmann, München 1994 (mit A.-L. Edingshaus); *Zeit und Mensch.* Thouet Verlag, Aachen 1996 (herausgegeben mit M. Kerner); *Der Rahmen.* Hanser Verlag, München 2005 (in Vorbereitung).

Ein vollständiges Literaturverzeichnis finden Interessierte unter: www.imp-muenchen.de

Uwe C. Steiner

„Gefühl ist alles!"

Die Revolution der Gefühle im 18. Jahrhundert

Wer kennt sie nicht, die Gretchenfrage? „Nun sag', wie hast du's mit der Religion?", fragt das bislang unbescholtene Mädchen den Titelhelden des größten deutschen Dramas aus gegebenem Anlass. Sorgt sie sich doch nicht ganz unbegründet. Es war ja allemal Vorsicht geboten angesichts der hartnäckigen Avancen, die der durch Hexenkünste verjüngte Faust ihr macht.

Abbildung: Titelblatt des Buchs *Musarion. Die Philosophie der Grazien* von Christoph Martin Wieland, Leipzig 1769

Das bürgerliche Trauerspiel, an dessen Tradition die Gretchentragödie anknüpft, handelt mit Vorliebe von der bürgerlichen Tugend, die einem zumeist adligen Verführer zum Opfer fällt. Wer sich dagegen zur Religion bekennt, der kann kein Libertin (zügelloser Freigeist) sein.

Faust hätte Gretchens Ängste leicht zerstreuen können. Das will er in dieser Szene aber offensichtlich nicht. Ihm scheint ebensosehr wie an dem Mädchen daran gelegen, sich programmatisch zum Gefühl an sich zu bekennen. Wenn nicht gar mehr an letzterem! Nicht nur, dass der übersinnlich-sinnliche Freier – so wird ihn wenig später sein teuflischer Begleiter Mephistopheles mit treffendem Spott charakterisieren – mehr noch als in das Mädchen in die Liebe selbst verliebt ist. Faust ist zumal verliebt in den gefühlten Überschwang beziehungsweise ins überschwängliche Gefühl, das die Liebe ihm eingibt: So hymnisch schweift nun seine Rede aus, dass seine Antwort auf die Gretchenfrage ungleich weniger geläufig ist als diese selbst. Dabei nimmt sie sich kaum minder prägnant aus. Wie hält er es nun mit der Religion, der Heinrich Faust? Die kurze Version lautet: „Gefühl ist alles!" Die ausführliche wie folgt:

Faust:

Mein Liebchen, wer darf sagen:
Ich glaub' an Gott?
Magst Priester oder Weise fragen,
Und ihre Antwort scheint nur Spott
Über den Frager zu sein.

Margarete:

So glaubst du nicht?

Faust:

Mißhör mich nicht, du holdes Angesicht!
Wer darf ihn nennen?
Und wer bekennen:
Ich glaub' ihn.
Wer empfinden,
Und sich unterwinden
Zu sagen: ich glaub' ihn nicht?
Der Allumfasser,
Der Allerhalter,
Faßt und erhält er nicht
Dich, mich, sich selbst?
Wölbt sich der Himmel nicht dadroben?
Liegt die Erde nicht hierunten fest?
Und steigen freundlich blickend
Ewige Sterne nicht herauf?
Schau' ich nicht Aug' in Auge dir,
und drängt nicht alles
Nach Haupt und Herzen dir,
Und webt in ewigem Geheimnis
Unsichtbar sichtbar neben dir?
Erfüll davon dein Herz, so groß es ist,
Und wenn du ganz in dem Gefühle selig bist,
Nenn es dann, wie du willst,
Nenn's Glück! Herz! Liebe! Gott!
Ich habe keinen Namen
Dafür! Gefühl ist alles;
Name ist Schall und Rauch,
Umnebelnd Himmelsglut.

Das Gefühl umfasst alles, enthält alles – auch Gott.

Faust verwickelt sich hier lustvoll in eine Paradoxie. Behauptet er doch nichts Geringeres, als dass die totale und totalisierende Instanz des Gefühls selbst den umfasse, den er, Faust, zuvor „Allumfasser" genannt hatte. Von diesem hätte das endliche fühlende Subjekt demnach doch eigentlich umfasst werden sollen. Und er setzt noch eins drauf: Das Gefühl ent- und erhalte den, der „Allerhalter" genannt worden war. Faust ersetzt de facto die zentrale, vermeintlich beglaubigte Instanz Gott durch die scheinbar abgeleitete Instanz, die ihn beglaubigen soll: das Gefühl. Das Gefühl, das Gott beglaubigt, beglaubigt, genau besehen, erst einmal sich selbst. „Ich! Der ich mir alles bin, da ich alles nur durch mich kenne! So ruft jeder, der sich fühlt, und macht große Schritte durch dieses Leben, eine Bereitung für den unendlichen Weg drüben" – mit diesem Ausruf nimmt Goethes Rede *Zum Schäkespears Tag* von 1771, ein Manifest des Sturm und Drang, das faustische Pathos einer sich selbst vergöttlichenden Gefühlssubjektivität vorweg: Weil ich alles, die Welt und mich selbst, durch mich selbst erfahre, darf das Medium der Selbst- und Welterfahrung, die weltliche, fühlende Subjektivität, zugleich als Medium der Weltüberschreitung, der Transzendenz gelten.

Goethe hat die zeitgenössische Gefühlsrevolution ebenso teilnehmend wie distanziert, so involviert wie fasziniert, aber zugleich auch skeptisch beobachtet. Des gewesenen Wissenschaftlers und jetzigen Teufelsbündners Selbstgenuss wird sich auch hier als Selbstverblendung durch Selbstüberredung erweisen: Nachdem er bekommen hat, was er wollte, macht er sich davon und Gretchen unglücklich.

Affekt versus Gefühl

Das so genannte Religionsgespräch findet sich schon in dem zumeist *Urfaust* genannten Fragment (1772–1775). Es entsteht damit in den Gipfeljahren von Empfindsamkeit und Sturm und Drang, und es bezeugt jene historisch unerhörte Revolution der Gefühle. Den revolutionären Charakter muss man sich heute dabei eigens vergegenwärtigen. Bei aller Problematik steht uns Heutigen die faustische Überhöhung des Gefühls doch noch so nahe, dass wir erst einmal ihre historische Unwahrscheinlichkeit erkennen müssen. Weil wir die Gefühle als das uns Nächste glauben, weil für uns an die Stelle der Gretchen- die zudringliche Kernerfrage getreten ist („wie fühlt man sich, wenn..." – bekanntlich die stereotype Inquisitionsfloskel jeder Talkshow) und weil wir unser Selbst mit dessen Gefühlen zu identifizieren geneigt sind, überrascht es uns in aller Regel zu erfahren, dass nicht nur ihre Bewertungen, sondern die Gefühle selbst eine Geschichte haben.

Fausts enthusiastische Verführungsrede dokumentiert eine unerhörte Machtergreifung der fühlenden Subjektivität: Gott, die Welt (samt der Natur), die Seele, die sich im Gefühl selbst erfährt, auch alle Dinge überhaupt, das alles, inklusive des Allerhalters und Allumfassers, will Faust eindringlich glauben machen, sei im Gefühl enthalten und umfasst. Und damit alle jene Größen, die zuvor, in der mittlerweile als verzopft geltenden Schulphilosophie, die Gegenstände der klassischen Metaphysik (siehe Erläuterung) gebildet haben. *Vernünfftige Gedancken von Gott, der Welt und der Seele des Menschen, auch allen Dingen überhaupt,* so lautete der Titel von Christian Wolffs 1720 erschiener *Deutscher Metaphysik,* jenes erzvernünftigen Rationalismus an der Schwelle zwischen Barock und Aufklärung. Vernünftige und nicht etwa gefühlte Gedanken! Die Frage nach der Religion mit dem Verweis aufs Gefühl zu beantworten wäre für Wolff undenkbar gewesen.

Wie sollte ein so unsicherer, flatterhafter und beeinflussbarer Kandidat wie ausgerechnet das Gefühl darauf Anspruch erheben können, die Totalität von Theologie, Kosmologie und rationaler Psychologie zu umfassen.

Wie hat es dazu überhaupt kommen können? Wolffs Rationalismus, der Bezugspunkt aller aufgeklärten Schulphilosophie, ist in Gestus und Gehalt selber noch vielfach der Formation des Barock verpflichtet. Wenn wir uns nun in aller Holzschnitthaftigkeit die Rolle der Gefühle im Barock vergegenwärtigen, stellen wir erst einmal verwundert fest: bis ins 18. Jahrhundert hinein spielt die uns selbstverständlich anmutende Identifizierung von Gefühl und Subjektivität noch kaum eine

> **„Ich kehre in mich selbst zurück, und finde eine Welt!"**
> Johann Wolfgang Goethe

Rolle. Das barocke Selbst definiert sich nicht durch „seine" Gefühle, geschweige denn dadurch, sie auszukosten, sondern allenfalls durch die Beherrschung der Affekte.

Den Unterschied zwischen Affekt und Gefühl kann man sich kaum elementar genug vorstellen. Grundsätzlich gilt der Affekt seit Aristoteles als eine nach quasi mechanischen Gesetzmäßigkeiten ablaufende Seelenbewegung, wie sie durch eine Ursache von außen hervorgerufen wurde. Im Gefühl bezieht sich das empfindsame Subjekt auf sich selbst, erfährt sich und die Welt in der Besonderheit seiner gefühlsimprägnierten Sicht. Der Affekt hingegen wird grundsätzlich erlitten, er überwältigt gleichsam das Individuum; Aristoteles nennt ihn darum „pathos" (im Sinne von Leiden). Das empfindsame Subjekt kann sagen: „mein Gefühl". Affekte hingegen vertragen sich nicht mit Besitzansprüchen. Das vormoderne Individuum hätte nie sein Selbst mit den Affekten identifiziert. Schließlich besitzt es sie sehr viel weniger, als dass es von ihnen besessen wird. Von den Affekten sollte in der Mehrzahl gesprochen werden. Faust hingegen hatte repräsentativ „das Gefühl" in der Einzahl beschworen, das eine allumfassende, in das neben Gott, Welt, Seele, den Dingen überhaupt auch die besonderen Empfindungen integriert sind.

> **Aufklärung beinhaltete immer auch das Projekt der Aufklärung der Gefühle.**

essay

RUDOLF SCHOOTS 2004

René Descartes legt mit seinem *Traité des passions de l'ame*, dem *Traktat über die Leidenschaften der Seele* von 1649, das Hauptwerk der rationalistischen Affektenlehre vor. Affekte sind ihm zufolge Leidenschaften, von denen angestoßen die so genannten Lebensgeister, vom Gehirn ausgehend, die Maschine Körper, den „Automaten", wie Descartes häufig sagt, in Bewegung setzen. In diesem Sachzusammenhang inventarisiert insbesondere die barocke Rhetorik und, mit ihr verwandt, die musikalische Affektenlehre ein umfassendes Wissen von den Affekten. Es gehört zum Handwerkszeug jedes Redners, jedes Komponisten. Weil sich die Lebensgeister bei freudiger Erregung rascher bewegen und größere Strecken durchmessen, entsprechen ihnen schnelle Tempi und weite Intervalle. Ernst, Kummer und Trauer kennzeichnen sich dagegen durch eine gehemmte Bewegung der Lebensgeister und entsprechend durch langsame Tempi und enge Intervalle.

> **Die Natur ist das Vernünftige und das Vernünftige das Natürliche.**

„Unzweifelhaft haben Menschen, deren Wille die Leidenschaften am leichtesten besiegen und die sie begleitenden Bewegungen des Körpers hemmen kann, die stärksten Seelen", schrieb Descartes in seinem Traktat über die Leidenschaften. Er unterstreicht damit, dass die Beständigkeit (lateinisch constantia) als Ideal der Ethik des 17. Jahrhunderts gegolten hatte. Gerade weil man so leicht von ihnen beherrscht werden kann, soll der vorbildliche Mensch die Affekte und damit sich regieren lernen. Die constantia hatte denn auch als Haupttugend in der für das Barock maßgeblichen Ethik, in der Lehre des Justus Lipsius, gegolten.

Dem kontrollierten Affekt entsprach, zumindest im höfischen Kontext, das Ideal des artifiziellen Körpers, an dem jedes Anzeichen von Natur dem Blick entzogen werden sollte. Korsette, Perücken, Schminke, Schönheitspflästerchen waren bei beiden Geschlechtern im Gebrauch. Ja, in Gestalt der – wie heute die Popstars – gefeierten Kastraten gab es sozusagen ein drittes Geschlecht, dessen Attraktivität auf der Opernbühne nicht zuletzt darin bestand, das Ideal der Künstlichkeit in Vollendung zu repräsentieren. Denn selbst in einem Genre, das man für gewöhnlich gänzlich dem Gefühl verpflichtet glaubt, in der Oper, gilt uneingeschränkt das Ideal der Disziplinierung, genauer: der rhetorischen Rationalisierung der Affekte.

Die Aufklärung der Gefühle

Schon in der ersten Hälfte des 18. Jahrhunderts regt sich in Gestalt der Aufklärung Widerstand. Man agierte und polemisierte im Namen der „Natur" gegen die angeblich überspannte Künstlichkeit. Das ging freilich nur, weil die großen rationalistischen Systeme des Barock den Boden schon bereitet hatten: Schon dort war im Begriff der Natur nichts anderes als die vernünftige Ordnung gemeint, die dem scheinbaren Chaos der sinnlichen Erfahrung zugrunde liegt. Daran konnte man anknüpfen. Selbst im Hochgebirge, bislang Inbegriff einer chaotischen, regellosen und menschenfeindlichen Umwelt, „herrschet die Vernunft, von der

> **Im Gefühl bezieht sich das empfindsame Subjekt auf sich selbst.**

Natur geleitet". So heißt es repräsentativ 1729 in dem Lehrgedicht *Die Alpen*. Sein Verfasser, der Göttinger Biologe und Physiologe Albrecht von Haller, erschließt das Hochgebirge zugleich als ästhetischen, poetischen und als Raum des disziplinären Wissens: Gelehrte Fußnoten mit enzyklopädischen Informationen über Flora, Fauna und Geologie stützen die erlebnisbewegten Verse, in denen Haller ein genüg- und arbeitsames, tugendhaftes Leben in der Ursprünglichkeit und Vorbildhaftigkeit der Natur preist. Die Natur ist das Vernünftige und das Vernünftige das Natürliche, so lautet gleichsam die Kampfparole der frühen Aufklärung. Sie bereitet der Gefühlsrevolution den Boden: Haller ästhetisiert ein Leben frei von allen Verderbnissen der städtischen Zivilisation, wie sie nur wenige Jahrzehnte später einflussreich Jean-Jacques Rousseau geißeln wird. Und Rousseau wird denn auch zum Vordenker, wenn nicht gar zum Vorfühler der großen europäischen Gefühlsrevolution avancieren. Denn jene bedeutende Formation der „Empfindsamkeit" darf keinesfalls als Opposition zu einer Aufklärung verstanden werden, die man sich häufig zu Unrecht als allzu verstandesbetont und nüchtern ausgemalt hatte. Aufklärung beinhaltete immer auch das Projekt der Aufklärung der Gefühle und damit die Formation der Empfindsamkeit.

Was aber (noch) nicht hieß, den Gefühlen, und auch noch nicht *dem* Gefühl im Singular, sei freier Raum zu lassen. Der Vernunft der Gefühle auf die Spur zu kommen, beinhaltete immer noch die Maxime, die Affekte zu rationalisieren und zu beherrschen. Wie das idealerweise ausgesehen haben mag, kann man sich an einem der charmantesten Beispiele vergegenwärtigen, nämlich an Christoph Martin Wielands um 1768 erfolgreichem Versepos *Musarion*. Im Zentrum dieser Dichtung steht nämlich eine Schwärmerkur: Ein an und für sich vernünftiger junger Mann muss von einem nicht durch die Vernunft kontrollierten, negativen Gefühlsüberschwang geheilt werden.

81

> **Pythagoräische Sphäre**
> Geometrische Darstellung der Kugel, die zugleich das Himmelsgewölbe beziehungsweise die Planetenbahnen symbolisiert.

Und von einem negativen Weltverhältnis, das durch seine depressive Verstimmung, wie man heute sagen würde, provoziert worden war.

Die Handlung ist rasch wiedergegeben. Der athenische Jüngling Phanias zieht sich in die Abgeschiedenheit seines Landguts zurück, nachdem seine Angebetete, die hetärische Titelfigur Musarion, mit einem Rivalen getändelt hatte. Frustriert widmet er sich einer asketischen Philosophie und gibt sich einer geradezu barock dimensionierten Verneinung der ach so eitlen Welt hin. Er will aller Sinnlichkeit überhaupt entsagen und wird zum melancholischen Verfechter einer asketischen Philosophie. Wieland gibt deutlich zu erkennen, dass sich hinter der Schwärmerei des Jünglings nichts anderes als erotische Frustration verbirgt – was die Psychologie des Unbewussten sehr viel später als Sublimation bezeichnen wird. Und darum muss Phanias im Verlauf des Epos durch Musarion eines Besseren belehrt werden, indem er zur Natur, zur Vernunft der Natur, und damit zu naturgemäß temperierten Gefühlen bekehrt wird. Für Wieland beinhalteten naturgemäß temperierte Gefühle freilich immer ein gesundes, hedonistisches (lustbetontes) Verhältnis zur (seinerzeit so noch nicht benannten!) Sexualität.

> **Das barocke Selbst definiert sich durch die Beherrschung der Affekte.**

Auf dem Titelkupfer zum ersten Buch zeichnet der frühalt gebeugte Phanias mit seinem Stock einen Kreis in den Boden des düsteren Waldes, den er sich zum weltfernen Refugium erkoren hatte. Der Kreis stellt eine pythagoräische Sphäre (siehe Erläuterung) dar und symbolisiert damit die asketische Überspanntheit des frustrierten Jünglings: Die Pythagoräer galten Wieland als Inbegriff einer weltfeindlichen Sekte. Von rechts, aus dem lichten, also aufgeklärten Bildhintergrund, naht dagegen Musarion: Indem sie die linke, die über dem Herzen befindliche entblößte Brust noch durch die das Gewand raffende Hand akzentuiert, weist sie auf die allein legitime, weil wirkliche Sphäre hin. Als Phanias nun Musarion, der vermeintlich Abtrünnigen, seine asketischen Ideale glaubhaft machen will, scheitert er auf exemplarische Weise. Gerade noch fühlt er sich in vermeintlich idealischem Aufschwung „entkleidet / Vom niederziehenden Gewand der Sterblichkeit", da wird seines Blickes Himmelfahrt vom Auge der Schönen und dann von einem anderen, diesmal ganz konkreten Gewand, von Musarions Negligé nämlich, wieder herab und in gänzlich irdische Bahnen gelenkt. Und so ist denn seine Bekehrung beinah schon besiegelt, als er Musarion, gleichsam stellvertretend, „die runde Hand" drückt: „Und denkt, indem durchs steigende Gewand / Die schöne Brust sich bläht, ob diese halbe Sfäre / Der Pythagorischen nicht vorzuziehen wäre?"

An Phanias vollzieht sich ein Aufklärungsprozess, eine Aufklärung in philosophischer, in Verstandeshinsicht, vor allem aber eine Gefühlsaufklärung und eine Aufklärung zumal in eroticis. Im Namen einer vernünftigen, vorbildlichen Natur werden die Logik der Leidenschaften und die Natur der Gefühle erhellt. Die Stürmer und Dränger brauchten, als sie die Revolution der Gefühle forcierten, die Aufklärer und ihr Ideal der Natur eigentlich nur beim Wort zu nehmen. Sie verfolgten, indem sie die Natur und mit ihr das Gefühl propagierten, eine listige Strategie. Denn klammheimlich war es eine andere Natur geworden, die scheinbar einverständlich hochgehalten wurde. Was ist denn Natur, frug man rhetorisch: Doch nicht die geschaffene, abgeschlossen in ihren Produkten vorliegende Natur! Natur wird jetzt vielmehr als schaffende, formende, keimende und produzierende Natur begriffen. Nicht mehr als natura naturata (als geschaffene Natur), sondern als natura naturans (als schaffende Natur). Und eben das Prinzip der schaffenden Natur glaubten die Stürmer und Dränger im autonomen, Kunst schaffenden Genie zu entdecken. Im genialen, schöpferischen Subjekt formt und waltet unbewusst die Natur; in ihm, dem Genie, kommt das Prinzip der fühlenden Subjektivität zu seinem kraftmeierisch triumphalen Ausdruck. Darum begegnet in Goethes Shakespeare-Rede ein in seiner expressiven Überpointierung für den Sturm und Drang einschlägiger Ausruf: „Und ich rufe Natur! Natur! nichts so Natur als Schäkespears Menschen." Natur, Kunst und Subjektivität – sie finden ihren Einheitsgrund im Gefühl. Goethe sollte denn auch bald, 1774, Pathos und Pathologie dieser Universalisierung der fühlenden Subjektivität in seinen *Leiden des jungen Werthers* epochal verbindlich darstellen: „Ich kehre in mich selbst zurück, und finde eine Welt!" Werthers berühmter Satz aus dem Brief vom 22. May hat die Literatur der Empfindsamkeit und die Befindlichkeit ihrer Leser auf eine nachhaltige Formel gebracht. In seinem Brief vom 10. May schildert der spätere Märtyrer der Empfindsamkeit eine pantheistische Erfahrung (siehe Erläuterung), wie sie vergleichbar auch Faust in seinem Hymnus auf das alles umfassende Gefühl beschwört: im liebenden, dampfenden Tal, am Bache die Gräschen beäugend und das Wimmeln der Würmchen belauschend, fühlt Werther sowohl „die Gegenwart des Allmächtigen" und das „Wehen des Alliebenden". Weil der den Menschen bekanntlich nach seinem Bilde schuf, ist die Erfahrung seiner für Werther aber auch und vor allem eine Erfahrung seines Selbst, des „innere(n) Heiligtum(s)". Und hier tritt nun folgerichtig die Kunst ein in die Konstellation. So sehr berauscht sich Werther an seinem Gott, Natur und Seele umfassenden Gefühl, dass er sich nach der Fähigkeit sehnt, es ausdrücken zu können.

Metaphysik
Philosophische Lehre von den ersten Prinzipien und Ursachen der Dinge.

Seltsam! Gefühl sollte doch eigentlich alles umfassen. Und nun macht sich inmitten dieser so um- wie übergreifenden und überwältigenden Erfahrung ein Mangel bemerkbar. Das alles umfassende Gefühl beinhaltet seinen künstlerischen Ausdruck offenkundig nicht. Wir hören einen zutiefst schmerzhaften Seufzer: „Ach könntest du das wieder ausdrücken, könntest du dem Papiere das einhauchen, was so voll und warm in dir lebt", erst dann, suggeriert Werther, wäre die totale Erfahrung und Erfahrung der Totalität wirklich umfassend. Was heißt, dass sie eben nicht total gewesen ist, dass ihr immer schon ein Mangel innegewohnt hatte. Der „Spiegel (s)einer Seele", der „Spiegel des unendlichen Gottes", erweist sich schon hier empfindlich getrübt. Goethe kennzeichnet seinen Helden als einen Dilettanten. Als jemanden, der glaubt, es genüge, nur hinreichend intensiv zu fühlen, um der Welt und zumal der Kunst habhaft zu werden. So früh schon, und exakt in seinem Überschwang, steht Werther am Abgrund: „Mein Freund – Aber ich gehe darüber zugrunde, ich erliege unter der Gewalt der Herrlichkeit dieser Erscheinungen."

Gefühl ist doch nicht alles, das wusste bereits der Verfasser des *Werther*.

Uwe C. Steiner ist Hochschuldozent für Neuere deutsche Literatur und Medien an der Universität Mannheim.

Literatur:

- Descartes, René: Über die Leidenschaften der Seele. In: Philosophische Werke. Übersetzt von A. Buchenau. IV. Abteilung, Leipzig 1911
- Goethe, Johann Wolfgang: Faust. In: Sämtliche Werke, Briefe, Tagebücher und Gespräche. Herausgegeben von Hendrik Birus und anderen. I. Abteilung, Band 7/1 und 7/2, herausgegeben von Albrecht Schöne. Frankfurt am Main 1994
- Goethe, Johann Wolfgang: Die Leiden des jungen Werthers. In: Sämtliche Werke, Briefe, Tagebücher und Gespräche. Herausgegeben von Hendrik Birus und anderen. I. Abteilung, Band 8, herausgegeben von Waltraud Wiethölter. Frankfurt am Main 1994
- Goethe, Johann Wolfgang: Zum Schäkespears Tag. In: Berliner Ausgabe. Herausgegeben vom Aufbau Verlag/Siegfried Seidel. 1960 ff, Band 17
- Wieland, Christoph Martin: Musarion oder Die Philosophie der Grazien. Leipzig 1769. Nachdruck Hildesheim und Zürich 1987
- Fischer-Lichte, Erika: Semiotik des Theaters. Band 2: Vom „künstlichen" zum „natürlichen" Zeichen. Theater des Barock und der Aufklärung. Tübingen ²1999
- Niefanger, Dirk: Barock. Stuttgart/Weimar 2000
- Sauder, Gerhard: Empfindsamkeit. Drei Bände, Stuttgart 1974ff.
- Serauky, Walter: Affektenlehre. In: Die Musik in Geschichte und Gegenwart. Allgemeine Enzyklopädie der Musik. Unter Mitarbeit zahlreicher Musikforscher des In- und Auslandes herausgegeben von Friedrich Blume. Band 1–17. Bärenreiter Verlag, Kassel 1949–1986. Band 1, Seite 113–121
- Steiner, Uwe C.: Gipfelpoesie. Wandrers Leiden, Höhen und Tiefen in Goethes beiden Nachtliedern. In: Witte, Bernd (Hrsg.): Gedichte von J. W. Goethe. Interpretationen. Reclam Verlag, Stuttgart 1998, Seite 77–95

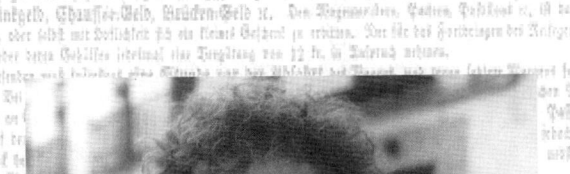

83

Intuition

Der flämische Kommentator und Übersetzer Wilhelm von Moerbeke (1215–1286) gebrauchte das Wort intuitio erstmals zur Abgrenzung einer besonderen Art des Erkenntniserwerbs von der diskursiven Methode, das heißt der stufenweise voranschreitenden Erkenntnis. Das entsprechende griechische Wort αδροα επιβολη (adroa epibole) verwendet die epikureische Philosophie für das schlagartig auftretende Erfassen des Ganzen eines Erkenntnisgegenstands. Diese Art Königsweg zur Wahrheit fügt sich leicht ein in das Bestreben der Erkenntnis des rein Geistigen bei Plotin. Die intuitive Erkenntnis korrespondiert der reinen Wahrheit, während die diskursive Erkenntnis den unvollkommenen irdischen Dingen angemessen ist.

Die spätantike, intuitive Erkenntnis kannte keinen Irrtum. Irrtum war ein Kennzeichen der irdischen Methodik, nach der nur ein Teilausschnitt des Ganzen betrachtet wird. Für die Philosophie des Mittelalters und der Renaissance gilt sie nach wie vor als die höchste Form des Erkennens. Nicolaus Cusanus (1401–1464) schreibt in seiner Schrift *Der Laie über den Geist*, dass die „Schau (intuitio) der absoluten Wahrheit, gleichsam wie wenn jemand in der zuvor geschilderten Weise sähe, daß alles Seiende verschiedenermaßen an der Seinsheit teilhat, und danach in der Weise, von der jetzt die Rede ist, über aller Teilhabe und Verschiedenheit die absolute Seinsheit selbst einfachhin schaute." (Seite 63) Es ist die unmittelbare Einsicht in das Wesen der Dinge, die durch Intuition erlangt werden sollte. René Descartes (1596–1650) und Baruch de Spinoza (1632–1677) übermittelten schließlich die intuitive Erkenntnisart ins Zeitalter der Spätaufklärung und der Goethezeit.

Vor allem Spinoza hat den Geist der deutschen Spätaufklärung mit seiner intuitiven Erkenntnisart maßgeblich beeinflusst. Er unterscheidet drei Arten der Erkenntnis. Die unterste Art ist die sinnliche Wahrnehmung. Ihr folgt das Erkennen durch Zeichen und Begriffe. Auf der ersten Stufe gewinne der Mensch „Erkenntnis aus vager Erfahrung", Erkenntnisse aus geometrisch-beweisenden Methoden vermittele die zweite. Doch adäquate Erkenntnis könne allein die höchste Stufe erlangen, die Intuition. Sie ist verwandt mit dem, was Friedrich Wilhelm Joseph Schelling (1775–1854) später die intellektuelle Anschauung nennen wird. Die adäquate Erkenntnis stützt sich auf ein Wissen, das in seiner Reinheit nur mit dem Wissen Gottes verglichen werden kann. „Diese Gattung der Erkenntnis schreitet von der adäquaten Idee des formalen Wesens einiger Attribute Gottes fort zur adäquaten Erkenntnis des Wesens der Dinge", lautet es in der Anmerkung 2 zum Lehrsatz 40 des zweiten Buchs der *Ethik*. An dieser letzten Erkenntnisart endet jedes Zweifeln und jede Forderung nach Beweis. Die scientia intuitiva (intuitive Erkenntnis) gibt die Zusammenhänge unmittelbar und auf gleiche Weise wieder wie sie in Gott sind.

Spinoza wurde zur Leitfigur der Goethezeit und mit ihm die intuitive Erkenntnisleistung. Wie kein anderer hat Goethe sich Spinozas scientia intuitiva zu eigen gemacht. Seine Vorstellung von der gleichermaßen gesetzmäßigen und göttlichen Natur beruht auf der Überzeugung, dass eine urbildliche, kraftbegabte Idee die Metamorphosen (Wandlungen) der erscheinenden Welt hervorbringe. Manifestiert hat sich eine solche Idee in der „Urpflanze". Zunächst war Goethe überzeugt, dass diese archetypische (ursprüngliche) Gestalt, die der Allgemeinbegriff aller Pflanzen sei, in reinster Form auch existieren müsse. Goethes Intuition ließ ihn auch in Italien danach suchen, bis er von dieser Vorstellung abrückte und Intuition als eine philosophische Kategorie zu begreifen begann. Aus Italien provozierte er den frommen Friedrich Heinrich Jacobi (1743–1819) in einem berühmt gewordenen Brief mit seinem Bekenntnis zu Spinoza, in dem er die oben genannte Anmerkung aus der *Ethik* zitierte: „Ich halte mich fest und fester an die Gottesverehrung des Atheisten und überlasse euch alles was ihr Religion heisst und heissen *müsst*. Wenn du sagst man könne an Gott nur *glauben*, so sage ich dir, ich halte viel aufs *schauen*, und wenn Spinoza von der Scientia intuitiva spricht, und sagt: Hoc cognoscendi genus procedit ab adaequata idea essentiae formalis quorundam Dei attributorum ad adaequatam cognitionem essentiae rerum (Diese Gattung des Erkennens schreitet von der adäquaten Idee des formalen Wesens einiger Attribute Gottes fort zur adäquaten Erkenntnis des Wesens der Dinge); so geben mir diese wenigen Worte Muth, mein ganzes Leben der Betrachtung der Dinge zu widmen die ich reichen und von deren essentia formali (formalem Wesen) ich mir eine adäquate Idee zu bilden hoffen kann, ohne mich im mindsten zu bekümmern, wie weit ich kommen werde und was mir zugeschnitten ist." (Briefe, Seite 508f.)

Seine *Studie nach Spinoza* bringt Spinozas Intuition mit der Lebenserfahrung zusammen. Wenn Menschen in ihrer Erkenntnis das Ganze erblicken, „... werden (sie) dasjenige, was sie am bequemsten denken, worin sie einen Genuß finden können, für das Gewisseste und Sicherste halten, ja man wird meistenteils bemerken, daß sie andere, welche sich nicht so leicht beruhigen und mehr Verhältnisse göttlicher und menschlicher Dinge aufzusuchen und zu erkennen streben, mit einem zufriedenen Mitleid ansehen und bei jeder Gelegenheit bescheiden trotzig merken lassen, daß sie im Wahren eine Sicherheit gefunden, welche über allen Beweis und Verstand erhaben sei. Sie können nicht genug ihre innere beneidenswerte Ruhe und Freude rühmen und diese Glückseligkeit einem jeden als das letzte Ziel andeuten." (Werke, Seite 9) Die scientia intuitiva verschaffe also dem nach Erkenntnis strebenden Menschen der Goethezeit Ruhe, Sicherheit und gelassene Toleranz.

Wer sich als Spinozist bezeichnete, war ebenfalls angetan von der Kraft der spontanen und vollkommenen Einsicht ins Wesen der Dinge. Schelling kleidet sein *Identitätssystem* in das alte Kleid der Metaphysik, indem er unterstreicht, dass die ursprüngliche Einsicht einer Identität von Subjekt und Objekt manchen Individuen in „intellektueller Einsicht" zuteil werde (Metaphysik: Philosophische Disziplin, die sich mit den über die Naturerscheinungen hinausgehenden Fragen des Seins beschäftigt). Das *Identitätssystem* möchte zeigen, wie sich im Absoluten Ideales und Reales vereinige. Durch intellektuelle Anschauung – die spinozistische Intuition – könne der Philosoph diese Erkenntnis gewinnen.

Für Georg Wilhelm Friedrich Hegel (1770–1831) war diese Intuition die Nacht, in der alle Kühe schwarz sind. Intuition war ihm weniger eine Erkenntnisleistung als deren Hindernis. Die dialektische Methode erforderte, dass die höchste Erkenntnis nicht am Anfang, sondern am Ende eines mühevollen Denkweges und als dessen Resultat zu finden sei.

Auch Immanuel Kant (1724–1804) hatte mit systematischen Argumenten bestritten, dass es einen archetypischen Verstand (intellectus intuitivus oder archetypus) gebe, das heißt einen Verstand, der die Dinge intuitiv in ihrem wahren

der blaue reiter

Sein erschauen könne. So widersprach er dem Spinozist Goethe, der sich der Intuition Spinozas besonders nahe fühlte. Für Kant war es zwar klar, dass wir einen solchen Verstand besitzen müssten, wenn wir die intelligiblen (allein mittels Verstand oder Vernunft erfassbaren) Substanzen hinter den Einzeldingen erkennen wollten. Vom Standpunkt der kritischen Philosophie aus betrachtet sind diese intuitiven Erkenntnisse jedoch eine Täuschung, weil sie der Verführung nachgeben, Gedanken ohne Erfahrung verbinden zu können und als reale Objekte zu setzen. Allenfalls als regulative Idee könne die Intuition die Erkenntnis leiten, wie Kant später in der *Kritik der Urteilskraft* ausführt.

Vor dem Zweiten Weltkrieg können Theorien der Intuition, wie sie bei Henri Bergson, Carl G. Jung, aber auch bei Rudolf Steiner auftreten, noch Breitenwirkung erzielen (Bergson hält die Intuition für die einzig adäquate Erkenntnis; Jung gleichermaßen wie Steiner postulieren eine geistige oder übernatürliche Struktur des Wirklichen, die sich intuitiv erkennen lasse). Seit der zweiten Hälfte des zwanzigsten Jahrhunderts werden Lehren der Intuition einhellig zurückgewiesen. Dies gilt gleichermaßen für die Phänomenologie, den Kritischen Rationalismus und die analytische Philosophie.

Dr. Klaus-Jürgen Grün ist Privatdozent an der Johann Wolfgang Goethe-Universität Frankfurt am Main sowie Gründer und Leiter des Philosophischen Kollegs für Führungskräfte PhilKoll (www.philkoll.de).

Literatur:

- Cusa, Nicolai de: Idiota de mente/Der Laie über den Geist. Lateinisch-Deutsch, übersetzt von Renate Steiger. Hamburg 1995
- Goethe, Johann Wolfgang von: Briefe. Hamburger Ausgabe, Band 1. Hamburg 1962
- Goethe, Johann Wolfgang von: Werke. Hamburger Ausgabe, Band 13. München 1982
- Grün, Klaus-Jürgen: Das Erwachen der Materie. Studie über die spinozistischen Gehalte der Naturphilosophie Schellings. Hildesheim 1993
- Kant, Immanuel: Kritik der Urteilskraft. § 77
- Popper, Karl R.: Objektive Erkenntnis. Hamburg 1973
- Schelling, Friedrich Wilhelm Joseph: Werke. Herausgegeben von Manfred Schröter. München 1927 bis 1954. Vergleiche zur „intellektuellen Anschauung": Über die Weltseele (Band II); Über das Wesen der menschlichen Freiheit (Band VII)
- Spinoza, Benedictus de: Die Ethik. Lateinisch-Deutsch, revidierte Übersetzung von Jakob Stern. Stuttgart 1984

Verstand und Vernunft

In der philosophischen Tradition wird das Begriffspaar Verstand und Vernunft nicht eindeutig gebraucht. Wortgeschichtlich gehört Verstand zu verstehen, Vernunft aber zu vernehmen, wobei sich beide Begriffe auf die Übersetzung der lateinischen Termini „ratio", für das begriffliche und diskursive Denken, beziehungsweise „intellectus", für das intuitive Erfassen geistiger Zusammenhänge, zurückführen lassen, die sich ihrerseits von der Unterscheidung von Dianoia und Noesis herleiten.

Im Linien-Gleichnis von Platons *Staat* werden beide Begriffe als zwei unterschiedliche Formen des Wissens (Episteme) in Anspruch genommen und deutlich von dem Bereich des bloßen Meinens (Doxa) abgehoben: Während sich die Meinungen auf die Erscheinungen der sichtbaren Welt beziehen, die zugleich die Welt des Werdens und der Veränderung darstellt, sind die Formen des Wissens Gegenständen der intelligiblen Welt (der Welt des Geistes) zugeordnet, die

zugleich die Welt des unvergänglich Seienden ist. Dabei bezieht sich die Dianoia (Verstand) auf die mathematische Erkenntnis (Arithmetik, Geometrie, Astronomie und Harmonik), die schon die Wendung des Blicks vom Werden zum Sein vollzieht, wenn es ihr zum Beispiel um die Einsicht in reine geometrische Gebilde zu tun ist. Allerdings bleibt diese Erkenntnis, und hier setzt Platons Kritik der Mathematik ein, noch im zweifachen Sinne unvollkommen. Zum einen ist sie an Anschauungen gebunden, zum anderen setzt sie Grundbegriffe und Hypothesen voraus, die in ihrem Rahmen nicht zu bestimmen sind. In diese Lücke greift die Noesis (Vernunft) ein, und zwar als jene Erkenntnisweise, die Platon Dialektik nennt, worunter er zunächst die Kunst versteht, ein sachgemäßes Gespräch zu führen. Erst sie bewegt sich ausschließlich im Reich des Denkens und bezieht sich letztlich auf das unsichtbare Reich des Unveränderlichen und mit sich Identischen, auf das nur Denkbare und vollkommen Seiende in seiner reinen Form, den Urbildern oder Ideen. Vor allem geht sie nicht von unhinterfragten Voraussetzungen aus, sondern steigt zu einem voraussetzungslosen Anfang auf: zu der Idee des Guten – dem Prinzip aller Ideen – laut Platon der Fluchtpunkt aller theoretischen und praktischen Einsicht und zugleich der Ankerpunkt für die Würde der ganzen Seinshierarchie.

Eine gründliche Neubewertung erfährt das Verhältnis von Vernunft und Verstand in der Philosophie Immanuel Kants. Die *Kritik der reinen Vernunft* ist eine Theorie menschlicher Erkenntnis, die sich im Rahmen einer Selbstkritik der menschlichen Vernunft vollzieht, deren Möglichkeiten und Grenzen sie ausloten will. Zwischen Erfahrungserkenntnis (Empirismus) und Vernunfterkenntnis (Rationalismus) nimmt sie eine vermittelnde Position ein, wenn sie die erfahrungsunabhängigen Bedingungen aller wissenschaftlichen Erkenntnis erörtert. Als Vernunft im weiten Sinne wird dabei das Erkenntnisvermögen aus Prinzipien verstanden und nach dem Modell des Organismus gedeutet: eine für sich bestehende und in sich gegliederte Einheit, in der ein jeder Teil um alle anderen und alle um eines jeden willen bestehen und deren Prinzipien einen systematischen Zusammenhang bilden. Im engeren Sinn aber stellt die Vernunft das oberste Erkenntnisvermögen dar, das im Zusammenspiel mit Verstand und Sinnlichkeit seinen bestimmten Part im Ganzen der Erfahrung spielt, so dass die Kritik der Erkenntnis im Aufweis des jeweils angemessenen Gebrauchs der einzelnen Erkenntnisvermögen besteht.

Die Anschauungsformen von Raum und Zeit liefern uns das mannigfaltige Material, das durch die Begriffe des Verstands, die Kategorien, zu einer Einheit verbunden wird. Denn der Verstand ist das Vermögen der Begriffe und der Urteile, wobei der Grund dieser einheitsstiftenden Funktion in der Einheit des Selbstbewusstseins, in dem „Ich denke" besteht, das unsere Vorstellungen immer schon begleitet. Zudem entspringen dem Verstand die Grundsätze aller Erfahrungserkenntnis, die sich letztlich von dem Prinzip leiten lässt, dass die Bedingungen möglicher Erfahrung zugleich die Bedingungen möglicher Gegenstände der Erfahrung sind – eine Einsicht, die Kant selbst als kopernikanische Wende in der Erkenntnistheorie bezeichnet.

An diesem Punkt setzt die Kritik der Vernunft im eigentlichen Sinne ein, die deren falschen Gebrauch aufdeckt. Dabei ist die Vernunft das Vermögen der Ideen und des Schlussfolgerns, wobei Kant unter Idee, wie Platon schon zuvor, jene Vernunftbegriffe versteht, denen, da sie auf das Unbedingte zielen, kein Sinnesgegenstand jemals entsprechen kann. Im Gegenzug zu Platon aber, entfaltet Kant den Gebrauch der Vernunft als Logik des Scheins: Weil uns das Unbedingte nie gegeben, sondern bloß zum Suchen aufgegeben ist, kann auch der richtige Gebrauch der Ideen nie konstitutiv (grundlegend), sondern allein regulativ sein. Die Vernunft erweitert nicht unsere Erfahrung von der Welt, sondern entwirft jene Prinzipien, die der Verstandeserkenntnis Einheit und systematischen Zusammenhalt verleihen.

Im Bereich der Praxis tritt das Verhältnis von Vernunft und Verstand in eine neue Konstellation. Dabei haben wir es nicht mit zwei verschiedenen Arten von Vernunft zu tun, sondern mit ein und demselben Vermögen in seinem unterschiedlichen Gebrauch, wobei es im Praktischen nicht um Natur-, sondern um Freiheitsbegriffe geht und die praktische Vernunft in Verbindung mit der theoretischen den Vorrang erhält. In deren Zentrum steht die Frage nach der vernünftigen Bestimmung des Willens. Im Rahmen der Sittlichkeit übernimmt die praktische Vernunft eine konstitutive Rolle. Denn sie gibt das Gesetz der Sittlichkeit, durch das der Wille sich selbst bestimmt, so dass sich die vernünftige Praxis im Spannungsfeld von Freiheit und Gesetz bewegt: Gäbe es kein Sittengesetz der praktischen Vernunft, so wären wir auch unserer Freiheit nicht bewusst, gäbe es aber keine Freiheit, so fehlte dem moralischen Gesetz die Verbindlichkeit. Während die praktische Vernunft mit dem Grundgesetz der Sittlichkeit: „Handele so, dass die Maxime deines Willens jederzeit zugleich als Prinzip einer allgemeinen Gesetzgebung gelten könne" den Ursprung aller moralischen Willensbestimmung abgibt, fungiert der praktische Verstand als Vermögen sittlicher Beurteilung der konkreten Handlung – weil er die Maxime der Handlung auf ihre mögliche Verallgemeinerbarkeit hin prüft.

Auch Georg Wilhelm Friedrich Hegels Philosophie versteht sich als „Vernunfterkenntnis", der es allerdings gerade um die Erkenntnis des Unbedingten oder der Idee geht, die nicht von außen und von einem fremden Inhalt bestimmt wird, sondern sich ausschließlich selbst bestimmt, indem sie allen Inhalt aus sich selbst erzeugt. Von dieser Warte aus kritisiert Hegel Kants Philosophie als ein Reich endlicher Wahrheit, in dem das Denken bloß in sich selber kreise. Zudem hinterlässt sie uns das Rätsel, wie denn die Vernunft überhaupt zu Wirklichkeit und Welt gelangt, wenn sie den Zusammenhang von Vernunft und Wirklichkeit derart aufbricht, dass ihr die Vernunft allein als ein subjektives Vermögen, die Wirklichkeit aber bar aller Vernunft, als äußere sinnliche Erscheinungswelt gilt. An diesem Prinzip der Subjektivität, so Hegel, krankt die neue Zeit. Deren Not ist durch drei Widersprüche gekennzeichnet: dem zwischen Denken und Sein, dem zwischen Freiheit und Notwendigkeit und dem zwischen Endlichkeit und Unendlichkeit. Ihnen gegenüber bietet Hegel die vereinigende Macht einer sich selbst verwirklichenden Vernunft auf, die im Zeichen einer umfassenden Versöhnung steht. Denn Wirklichkeit im Sinne Hegels ist ausgezeichnetes Dasein, ausgezeichnet durch den ihm eignenden Bezug zur Vernunft: Sie ist die adäquate und vollkommene Manifestation des Wesentlichen, die Einheit von Wesen und Existenz. Im Unterschied zur subjektiven Wahrheit, die in der Übereinstimmung von Vorstellung und Gegenstand besteht, ist es Hegel um die objektive Wahrheit der Sache selbst zu tun, die ihr Maß in der Übereinstimmung von Begriff und Realität hat.

Die Selbstentfaltung der Idee entwickelt Hegel in der *Enzyklopädie der philosophischen Wissenschaften* über die Stufen einer Triade: Die Logik entwickelt deren Formen im Medium des Gedankens und enthält jenen Plan, den die Idee dann selbst verwirklicht, wenn sie sich zur Natur entäußert, um dann in den Gestalten des Geistes zu sich selbst zu kommen. Der Verstand aber bildet das Moment des subjektiven Geistes, das die Oberfläche des Gegenstands durchdringt und die Mannigfaltigkeit der Erscheinungen zur notwendigen Einheit des Gesetzes verbindet, die allerdings erst durch das Denken der Vernunft auch begriffen wird. Die höchste Gestalt aber stellt der absolute Geist, das wahrhaft Unbedingte dar, dessen Begriff mit der Realität am Ende übereinstimmt, wenn die Idee die ganze Reihe der Gestaltungen als das Werk ihrer eigenen Tätigkeit und zugleich als den Weg ihrer Selbstverwirklichung erkennt, anerkennt und bejaht. Spekulativ oder positiv vernünftig ist für Hegel das Erkennen dieser ganzen dialektischen Bewegung von Setzen, Entgegensetzen, Aufhebung des Entzweiten und neu gestalteter

Einheit, wodurch sich die absolute Idee letztlich als das geistige Band aller Wirklichkeit entpuppt. Weil dabei notwendig ein Substrat vorausgesetzt wird, das im ganzen Fluss des Wandels identisch bleibt, ist für Hegel die Substanz zugleich das Subjekt der Bewegung – eine Einsicht, auf die laut der *Phänomenologie des Geistes* alles ankommt.

Dem Glauben der Wissenschaften an ihre ausschließliche Geltung und deren technische Anwendung ist nicht allein Hegels Konzept der objektiven Vernunft fremd geworden. Auf die gegenwärtige Krise der Vernunft unter der Schirmherrschaft des technizistischen Verstands antwortet Jürgen Habermas mit einem Konzept der Rationalität, das die Strukturen der Vernunft nun weder in dem subjektiven Vermögen noch in einer in sich gegliederten Wirklichkeit, sondern in der Sprache, genauer in der Redepraxis verortet. Seine *Theorie des kommunikativen Handelns* will die allgemeinen Bedingungen möglicher Verständigung ausloten. Wenn wir uns mit jemandem über etwas verständigen, kommen wir nicht umhin, mit jedem Akt der Rede gleich ein ganzes Set von vier gleichursprünglichen Geltungsansprüchen zu erheben: Wahrheit für Behauptungen, Richtigkeit für Handlungen und Normen, Wahrhaftigkeit für die Absicht der Sprecher und die Verständlichkeit für die Äußerung selbst, die gemeinsam die Geltungsbasis der Rede bilden.

Die Unterscheidung von Vernunft und Verstand, die von Kant besonders stark akzentuiert wurde, beruht letztlich auf den vermögenspsychologischen Voraussetzungen der Transzendentalphilosophie, das heißt auf die den Vermögen (Sinne, Verstand) innewohnenden Ausrichtungen auf Gegenständliches. Der Idealismus hatte sie als philosophische Hypothek erkannt, die im Rahmen der Transzendentalphilosophie philosophisch nicht abgearbeitet werden kann. Verstand und Sinnlichkeit werden im Idealismus als Momente des Vollzugs des Selbstverhältnisses der Vernunft interpretiert, in dem die Vernunft sich die Wirklichkeit entgegensetzt, um sich mit ihr, im Zeichen der Absolutheit (des Geistes), vereinigen zu können. Die sprachliche Wende in der Philosophie ebnet auch den Unterschied zwischen Verstand und Vernunft zu Gunsten der Differenz von kommunikativem Handeln und Diskurs ein: In der alltäglichen Verständigung werden die Geltungsansprüche einfach unterstellt, während sie im Diskurs in Frage gestellt und begründet werden sollen.

Dr. Hans-Klaus Keul ist Koordinator des ethisch-philosophischen Grundlagenstudiums am Humboldt-Studienzentrum der Universität Ulm.

Pantomime

(französisch, von griechisch pantómimos; eigentlich: der alles Nachahmende): Sonderform der Schauspielkunst, bei der Handlung und Charaktere ohne Gebrauch der Sprache ausschließlich durch Mimik, Gebärden und tänzerische Bewegungen ausgedrückt werden.

Die Wurzeln der Pantomimenkunst reichen weit zurück: Im alten Griechenland war die Pantomime ein Bestandteil religiöser Zeremonien. Die römischen Kaiser veranstalteten pantomimische Spiele in der Arena und machten Mimen sogar zu Priestern des Gottes Apoll. Während die Pantomime vom französischen Christentum bekämpft wurde, lebte sie im Italien des 16. Jahrhunderts, stark von der altrömischen Typenkomödie beeinflusst, in Form der Commedia del' arte als Ensemble mit feststehenden Charakteren neu auf. Literatur, Malerei und Musik wurden von ihr im hohen Maße beeinflusst. Eine künstlerische Neugestaltung erlebte das Mimenspiel durch die Integration ins große romantische Ballett als tragendes erzählerisches Element im 18. Jahrhundert. Weltberühmte Ballettchoreografien wie *Schwanensee* oder *Giselle* wären ohne die Kunst der Pantomime nicht denkbar.

Abbildungen:
Bastian & PAN
Fotos:
© Dirk Grobelny,
Duisburg

Die melancholische Gestalt des Pierrot im weißen fließenden Gewand mit weißer Maske, die sich im Paris des 19. Jahrhunderts im Théâtre des Funambules als Gegenstück zum lebenslustigen schalkhaften Harlekin entwickelte, wurde zu einem Idol der Romantik. Das Meisterwerk *Die Kinder des Olymp* von Marcel Carné wurde gerade durch die Darstellung des Pierrot von Jean-Louis Barrault zu einem Meilenstein der Filmgeschichte. Stummfilmdarsteller wie Charlie Chaplin, Buster Keaton, Stan Laurel und Oliver Hardy bedienten sich in ihren Darstellungen ähnlicher Darstellungsformen.

Schwarzes Kostüm und weißes Gesicht – das ist das Bild, das wir heutzutage unwillkürlich vor Augen haben, wenn wir über Pantomime sprechen. Eine Figur, die weiter kaum zu reduzieren ist. Ein schwarzer Raum, nur selten Musik, sonst nichts und doch alles. Der Pantomime Marcel Marceau erzählt in seinem Buch *Die Weltkunst der Pantomime* ein Beispiel, wie weit sich die Ausbildung zum Pantomimen reduzieren muss, um in den Olymp zu kommen: „Wir spielten nackt, nur mit einer kleinen Badehose bekleidet."

Unser Leben wird maßgeblich vom Wort bestimmt – vom Wort Gottes, vom Wort zum Sonntag, vom Nein- und vom Ja-Wort.

Das Wort trennt.

Was uns auf Dauer am stärksten in Erinnerung bleibt, sind Bilder.

In unseren Träumen werden wir, ob wir es wollen oder nicht, in erster Linie mit Bildern konfrontiert.

Sprachen, derer wir nicht mächtig sind, werden unter Umständen zu unüberwindbaren Grenzen und zwingen uns, uns mit Händen und Füßen zu verständigen – wohl dem, der diese Sprache beherrscht. Das gestische und mimische Element findet man in jedem Fall in jeder menschlichen Begegnung.

Psychologen erarbeiten Verhaltensprofile für Bewerbungsgespräche, analysieren, welche Auswirkungen es hat, wenn das linke Bein übers rechte geschlagen, das Haar geworfen und die Schultern angezogen sind. Hamlet glauben wir, trotz Mordstext, nur, wenn der Darsteller gestisch und mimisch überzeugt, wenn er den Gefühlen, die ihn übermannen, vor allem körperlich glaubhaft Ausdruck zu verleihen im Stande ist.

Sein signifikantes und neutrales Erscheinungsbild zwingt den Pantomimen vollständig hinter seine eigene Persönlichkeit zurückzutreten. Er ist das Vehikel unserer eigenen Vorstellungskraft, der Reiseführer durch die Welt der Fantasie. Um die Illusion seines Spiels permanent aufrechtzuerhalten, darf er den Kontakt zu seinem Publikum nie verlieren und vor allem die klare Form, in der er agiert, niemals verlassen.

In unterschiedlichen gesellschaftlichen Momenten, Situationen und Konstellationen herrschen sehr unterschiedliche Verhaltenskodizes. Nur selten decken sich die Art und Weise des erwarteten Verhaltens mit dem, was wir denken oder uns „im Innern" wünschen. Im gesellschaftlichen Le-

ben bewegen wir uns alle mehr oder weniger permanent in der Diskrepanz zwischen Wollen und Müssen. Auch wenn ein Pantomime seine eigene Persönlichkeit und seine Gefühle in seiner Rolle komplett vergessen können muss, so beobachtet er sich selbst in seinem eigenen Leben mit Argusaugen, denn genau hier befindet sich die Schnittstelle, um die es in seinen Darstellungen geht: Menschliches, allzu Menschliches.

Der Pantomime muss die gesammelten Werke an Normen, Zwängen, Lügen und Notlügen, Wunsch und Realität, denen wir alle täglich ausgeliefert und allzu oft unterlegen sind, in Fleisch und Blut haben, und ist doch in seiner Rolle völlig frei von ihnen. Genau das macht seine Faszination aus. Pantomime jedoch ist mehr als das Gehen auf der Stelle und mehr als große Gesten für kleine Anlässe.

Damit sein Körper ihm das Instrument sein kann, das jeden Ton mimisch so auszudrücken vermag, wie er es möchte, muss der Mime ihn bis in die Spitzen erforschen, trainieren und stimmen. Bis ins kleinste Detail werden Bewegungen und Gesten studiert, imitiert und modelliert. Präzision ist das wichtigste Kriterium. Eine exzellente Körperbeherrschung ist Basis, Gerüst und Statik der Luftschlösser, für deren Bau der Pantomime Maurer, Architekt und Bauherr zugleich sein muss. Die Illusion des Spiels lebt von der scheinbaren Leichtigkeit der Darstellung. Die Magie der Mimenkunst jedoch findet erst im Kopf des Zuschauers statt.

Zeitlos und überzeitlich wie die ausdrucksstarken Skulpturen von Auguste Rodin sind die Bilder, welche die klassische Pantomime hervorbringt. Pur und aus tiefster Seele transportiert jeder Moment ein starkes Gefühl, das genauso stark, ohne Umschweife und ungeschönt beim Betrachter ankommen soll.

Aus den zehntausend möglichen Gefühlen die zehn richtigen zu finden, aus den Millionen Gedanken den einen wichtigen zu ergründen, um das Farbspektrum der Gefühle und den ungeschönten Blick auf die Seele sichtbar zu machen – das verfolgt der Pantomime. Im Italienischen heißt das Fortuna: die Kraft für das Eine.

87

Der Autor Andreas Ebbert-Scholl (PAN) ist Pantomie, Choreograf und Tänzer. Sein Partner Sebastian Weiß (Bastian) ist Pantomime und Theaterproduzent. PAN und Bastian leben in Berlin; sie arbeiten national und international. (www.komik.de)

Literatur:

– Marceau, Marcel: Die Weltkunst der Pantomime. Arche 1991

Stefan Baur

Bücherrätsel

Gefühle und Philosophie – da könnte man unter anderem (nicht gerade zuallererst) an eine Behauptung denken, mit der sich Philosophiestudenten manchmal gegenseitig ärgern: Es gäbe die gefühligen, dunklen und verdächtigen Philosophen auf der einen und die klaren Denker auf der anderen Seite. Und es sei besser, sich mit der modernen analytischen, in aufgeklärter Tradition stehenden Philosophie zu beschäftigen als mit den vorgenannten Gefühlsargumentatoren. Man mag davon halten, was man will, und der Rätselonkel wird dieses Spielchen gewiss nicht aufwärmen wollen. Aber es könnte ein erster Hinweis auf den Schotten sein, dessen erstes („großes") Buch heute erraten werden soll. Denn einerseits steht er gerade in der oben als so vorteilhaft dargestellten Tradition, andererseits handelt das Buch ausschließlich von Gefühlen. Allerdings sind nicht alle Gefühle gleichermaßen gemeint, sondern ganz bestimmte, die schon im Titel des Werks in den Vordergrund gerückt sind.

Der bei Erscheinen des Werks Sechsunddreißigjährige, der heute wegen eines anderen Buchs zu einem anderen Thema weltberühmt ist, interessierte sich stets für diese besonderen Gefühle: Sein wichtigster Lehrer und sein nicht minder berühmter philosophischer Freund hatten ihre eigenen Ansichten zum selben Thema, die im gesuchten Werk profund kritisiert werden. So stand das Buch in einer lokalen Tradition und lässt sich bis heute am besten aus ihr heraus verstehen.

Jener Freund übrigens berichtete dem Autor ausführlich und nicht ohne Ironie über den großen und raschen Erfolg des gesuchten Werks: „I proceed to tell you the melancholy News, that your Book has been very unfortunate: For the Public seem disposed to applaud it extremely ... Three Bishops calld yesterday ... in order to buy Copies, and to ask questions about the Author". Zudem verschaffte dieser Erfolg dem Autor auch eine Stelle als Privatlehrer eines jungen Adligen mit nicht nur an Einfluss reicher Verwandtschaft, den obligaten Frankreich-Aufenthalt inbegriffen.

Obwohl das Werk somit zur Basis seiner Karriere wurde, ist es später zwar nicht vergessen, aber immer weniger geschätzt worden. Der Name des Autors wurde zunehmend mit einem späteren Buch in Verbindung gebracht, und darüber hinaus wurden die Kerngedanken des gesuchten Buchs in der Folge von anderen prominenten Namen und Theorien geprägt. Das ist nicht nur schade, weil der Text gut geschrieben und mit einer Fülle von bemerkenswerten Beobachtungen gespickt ist. Auch die wesentlichen Argumente sind keineswegs überholt. Sie verdienen vielmehr auch heute eine kritischen Würdigung.

Schließlich macht der kraftvolle Auftakt nach wie vor neugierig, wo es heißt: „How selfish soever man may be supposed, there are evidently some principles in his nature, which interest him in the fortune of others, and render their happiness necessary to him, though he derives nothing from it except the pleasure of seeing it."

Illustration: CANJA

Schriftenrätsel

Moses Mendelssohn nannte den Verfasser des abgebildeten Manuskripts einen „Alleszermalmer", Heinrich Heine hielt ihn für schlimmer als den ersten „Revolutionswächter" der Geschichte – Maximilian de Robespierre – und Heinrich von Kleist soll sich nach der Lektüre seiner Schriften gar das Leben genommen haben. In der Tat ist der Versuch, die Metaphysik, sprich das freie Denken über „Dinge" wie Gott, Seele und Welt, durch eine streng rationale, wissenschaftliche Methode zu ersetzen, für im religiösen und mythologischen Denken Verhaftete nur schwer zu ertragen. Um wessen Handschrift handelt es sich und wie lautet der ursprüngliche Titel der ersten Ausgabe des Buchs über eine systematisch abgefasste „Lehre von der Kenntnis des Menschen", das daraus entstand?

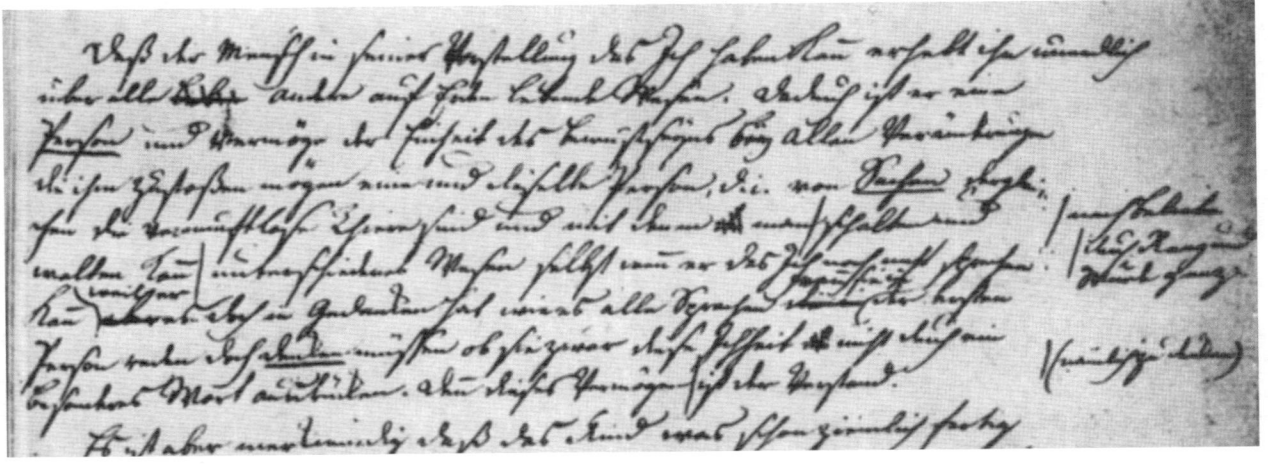

Haben Sie Probleme philosophischer Art?

Dr. B. Reiter

Dr. B. Reiter sorgt für Aufklärung!

Es gibt keine Frage, zu der er nicht die passende Antwort hätte.

Wenden Sie sich vertrauensvoll an unseren Spezialisten für philosophische Aufklärung.

Sehr geehrter Herr Dr. B. Reiter,

in unserem privaten Philosophiezirkel entbrannte vor kurzem ein Streit darüber, welcher Philosoph die erste Theorie des Kapitalismus verfasst habe. War es wirklich Karl Marx, der als Erster über „Angebot und Nachfrage" philosophierte?

Dr. K. Sauer, München

Sehr geehrter Herr Dr. Sauer,

nein, Karl Marx, der dem Weltgeist abgewandte und dem Leben sehr zugetane Schüler von Gottfried Wilhelm Hegel, war nicht der erste Philosoph, der sich mit dem Geistesleben scheinbar so fremden Dingen wie der Ökonomie beschäftigte. Die Frage nach dem Geld war von Anfang an Thema der Philosophiegeschichte. Der erste Theoretiker des Abendlands, der sich um eine Philosophie von Angebot und Nachfrage verdient gemacht hat, gilt gleichzeitig als der erste Philosoph der europäischen Philosophiegeschichte überhaupt: Thales von Milet. Die praktische Umsetzung von dessen Theorie im Selbstversuch beschreibt Aristoteles wie folgt: „Als man ihn (Thales von Milet) nämlich wegen seiner Armut verspottete, als ob die Philosophie zu nichts nütze sei, so soll er, der ... eine ergiebige Olivenernte voraussah, noch im Winter, mit dem wenigen Geld, das ihm zu Gebote stand, als Handgeld, sämtliche Ölpressen in Milet und Chios für einen geringen Preis gepachtet haben, da niemand ihn überbot. Als aber der rechte Zeitpunkt gekommen war und plötzlich und gleichzeitig viele Pressen verlangt wurden, da habe er sie so teuer verpachtet, als es ihm beliebte und so einen Haufen Geld verdient ... es gehört aber, wie gesagt, überhaupt zur Erwerbskunst, daß man sich in solcher Weise den Alleinverkauf eines Artikels zu verschaffen weiß. Deshalb gebrauchen auch manche Staaten dieses Erwerbsmittel, wenn es ihnen an Geld fehlt, und machen den Verkauf von Waren zum Staatsmonopol." (Politik 1259a 8–32) Ganz Philosoph soll Thales einen Großteil des verdienten Geldes verschenkt haben. So kann man von den Philosophen nicht nur lernen, wie man Geld verdient, sondern auch, wie man es wieder loswird. Die Vertreter der so genannten kritischen Schule hätten das vermutlich als Dialektik des Geldes bezeichnet.

der blaue reiter

phorismenschneise • Aphorismenschneise • Aphorismenschnei

Der Barbar schlürft das Leben aus Schädeln,
der Zivilisierte aus Petrischalen.

Sage keiner, dass es der Epoche an Leidenschaft fehle:
die Pädophilen – die Autofahrer – die Sekundärliteraten!

Den ganzen Menschen beherrscht,
wer nur einen Teil davon benötigt.

Das Gemeine ist nicht, was alle tun, sondern was alle denken.

Leben ist die höchste Leidenschaft des Jetztmenschen.
Wie sollte er sich da zur Liebe herablassen?

Sehr geehrter Herr Dr. B. Reiter,

als sehr an philosophischen Fragen interessierter Religions-pädagoge unterrichte ich auch Philosophie für die Oberstufe. Dabei taucht immer wieder die Frage auf, ob sich Religion und Philosophie ausschließen. Welche Meinung vertreten Sie diesbezüglich?

E. Metke, Essen

Sehr geehrter Herr Metke,

das hängt naturgemäß sehr davon ab, was Sie unter Religion und was unter Philosophie verstehen. Geht man davon aus, dass Religion auf letztlich nicht beweisbaren Glaubenssätzen in Verbindung mit einem wie auch immer gearteten Kultus basiert, dann sind auch Wissenschaft und Philosophie Religionen. Die Existenz der von Platon postulierten Ideen beziehungsweise deren Wiederkehr in Gestalt des „Ding an sich" bei Kant lassen sich ebensowenig letztgültig beweisen wie die Auferstehung Christi oder die Axiome der Naturwissenschaften (Axiom: Grundsatz, der keines Beweises bedarf). Man denke bezüglich Letzterer nur an die Ablösung der Newton'schen Physik durch die Relativitätstheorie beziehungsweise die Ablösung des Bohr'-schen Atommodells mit drei Elementarteilchen (Elektronen, Protonen und Neutronen) durch den aktuellen Elementarteilchenzoo – und es ist absehbar, dass die Stringtheorie, der letzte Schrei in den Naturwissenschaften, demnächst wieder alles sicher geglaubte Wissen über den Haufen werfen wird. Was den Kultus anlangt, so sei hier nur angemerkt, dass, auch wenn die so genannten 68er mit Sprüchen wie „Unter den Talaren Muff von tausend Jahren" lauthals gegen die Rituale der Hohenpriester der Vernunft protestierten, deren alte Zöpfe noch lange nicht abgeschnitten sind. Man denke beispielsweise an die Abschlussfeiern mit Doktorhut und Talar in den ach so progressiven Vereinigten Staaten und die jedes erkenntnistheoretischen beziehungsweise erkenntnisfördernden Sinns entbehrende, vor einigen Jahren wiederbelebte Sitte, die Rektoren der Universität Stuttgart – einer ehemaligen Technischen Hochschule – in Öl zu pinseln.

Doch zurück zu Ihrer Frage. Eine philosophische Erziehung kann nur heißen, dass man versucht, Schüler, seien es Kinder oder Erwachsene, zu urteilsfähigen Menschen zu „bilden", die auch in der Lage sind, die Grundlagen ihres Denkens und die Grundla-

gen ihrer Werte zu hinterfragen. Nicht umsonst ist auch in der Bibel die Rede vom Zweifel, der überhaupt erst Glaube möglich macht („Herr, warum hast du mich verlassen?"). Philosophie und Religiosität schließen sich nur insofern aus, als, solange man philosophiert, man nicht gläubig sein kann, weil eine richtig verstandene Philosophie grundsätzlich alles in Zweifel

> **Eine unreflektierte Religiosität ist das beste Beispiel für die Nachhaltigkeit schlechter Erziehung.**

zieht, vor allem das eigene Denken und Wahrnehmen. Eine unreflektierte Religiosität hingegen, ein blinder Glaube, ist das beste Beispiel für die Nachhaltigkeit schlechter Erziehung.

Noch Fragen? Fragen Sie Dr. B. Reiter!

91

Illustration:
CANIA

Dieter Birnbacher

Baruch de Spinoza – der verhasste Philosoph

Wider die unbewussten Leidenschaften

Schrecklich und feierlich zugleich war der Bannfluch, der Baruch de Spinoza in seinem vierundzwanzigsten Lebensjahr traf: „... Er sei verflucht bei Tag und verflucht bei Nacht, verflucht sein Hinlegen und verflucht sein Aufstehen, verflucht sein Gehen und verflucht sein Kommen ... Hütet euch: dass niemand mündlich noch schriftlich mit ihm verkehre, niemand ihm die geringste Gunst erweise, niemand unter einem Dach mit ihm wohnt, niemand sich ihm auf vier Ellen nähere, niemand eine von ihm gemachte oder geschriebene Schrift liest." So wurde am 27.7.1656 in der vollzählig versammelten portugiesisch-jüdischen Gemeinde von Amsterdam der Bannfluch über den jungen Spinoza verhängt, und es sollte nicht dabei bleiben.

> Spinoza, der „Philosoph der Psychoanalyse".

Der tiefe Abscheu gegen den „Gottlosen" und „Atheisten" war auch durch den Bannfluch, der den jungen Spinoza zur Aufgabe seiner gerade begonnenen kaufmännischen Karriere zwang, nicht gestillt. Auf den „ersten" folgte der „zweite Bann". Vier Jahre nach dem ersten Bannfluch sah sich die weltliche Stadtverwaltung durch den massiven Druck der jüdischen Gemeinde genötigt, den ungeliebten Denker aus der Stadt auszuweisen. Spinoza lebte von da an auf dem Lande und verdiente seinen Lebensunterhalt mit dem Schleifen optischer Gläser. Er hatte dieses Handwerk, mit dem er der Wissenschaft seiner Zeit diente – die Mikroskopie war gerade erst eingeführt worden –, ganz bewusst gewählt. Zugleich schadete er damit – ohne dass man dies zu seiner Zeit durchschaute – seiner ohnehin durch ein Lungenleiden angegriffenen Gesundheit. Als Spinoza im Alter von 45 Jahren starb, waren

die meisten seiner Schriften verboten, die wichtigsten, die er mit Absicht zurückgehalten hatte, unveröffentlicht. Der Hass blieb und sollte ihm noch Generationen nachfolgen.

Hass und Anfeindung, Bann und Intoleranz waren die Grunderfahrungen von Spinozas Leben, ironischerweise in einer der damals tolerantesten Städte der Welt. Womit zog dieser Denker so viel Hass auf sich? Weshalb wurde er von so vielen Zeitgenossen wortwörtlich verteufelt, zu einer Verkörperung des Leibhaftigen dämonisiert? Spinozas Denken war eigensinnig im besten Sinne – unbekümmert um alles, was zu seiner Zeit als religiös und politisch korrekt galt. Untragbar war für die Amsterdamer sephardisch-jüdische Gemeinschaft, der Spinozas Familie angehörte, Spinozas offene Leugnung des Offenbarungscharakters der heiligen Schriften und damit deren Autorität. Die einzige Autorität, die Spinoza gelten ließ, war die Vernunft. Für die niederländische calvinistisch-protestantische Staatskirche war die Ineinssetzung von Gott und Natur, das heißt sein Pantheismus, untragbar. Damit wurde die nicht nur für das Christentum, sondern für alle monotheistischen Religionen zentrale Unterscheidung

> „Der Mensch mag sich seines Triebs bewusst sein oder nicht, so bleibt doch der Trieb ein und derselbe."
> Baruch de Spinoza

zwischen Gott und Welt, Schöpfer und Schöpfung, Vollkommenheit und Unvollkommenheit geleugnet (Monotheismus: Glaube an einen einzigen Gott). Wenn Gott und Natur identisch und alles Natürliche gleichermaßen göttlich war – wo war dann noch Raum für Sünde, Abtrünnigkeit und Schuld? Welche Rolle konnten dann noch Buße, Vergebung und Gnade spielen? Dazu passte, was Spinoza unter „Ethik" verstand: kein System von Geboten und Verboten, sondern eine „Ethik ohne Normen" (wie seine *Ethik nach geometrischer Methode demonstriert* einmal genannt worden ist), eine Lehre vom guten und richtigen Leben in der Nachfolge der antiken Stoiker und Epikureer. Diese „Ethik" kennt keine Imperative (Sollenssätze). Sie verzichtet auf jeden autoritären Gestus. Verdächtig machte sich Spinoza darüber hinaus durch das, was man sei-

der blaue reiter

Rationalismus
(von lateinisch ratio: Vernunft, Verstand): Im weiten Sinn ein Denken, das die Vernünftigkeit/Rationalität der Welt zum Ausgangspunkt nimmt. Im Zusammenhang mit ethischen Fragestellungen wird der Vorrang der vernünftigen Seelenteile gegenüber den unvernünftigen (zum Beispiel den Gefühlen oder dem Willen) betont.

Determinismus
Lehre von der ursächlichen Vorherbestimmtheit allen Geschehens und Handelns.

nen „Materialismus" nannte, sein Bild vom Menschen, nach dem seelische Vorgänge aufs engste an körperliche Vorgänge gebunden sind. Damit ließ Spinoza – anders als Descartes' Dualismus von Körper und Seele – keinen Raum für eine individuelle Unsterblichkeit.

> **Nicht nur Hochmut, auch Kleinmütigkeit ist eine Fehlentwicklung.**

Spinozas Hauptwerke – die *Ethik* und der *Theologisch-politische Traktat* – lesen sich über weite Strecken wie eine nachträgliche philosophische Rechtfertigung der jugendlichen Ablehnung jedweder Autorität. Die zentrale „Botschaft" der *Ethik* lautet, dass nur die Vernunft sicheres Wissen zu liefern vermag, allen voran die Mathematik. Nur auf der Grundlage der Vernunft kann es Einigkeit und Frieden sowohl unter den Menschen als auch jedes einzelnen Menschen mit sich selbst geben. Und im *Traktat* werden die scheinbar mit Autorität sprechenden Offenbarungstexte der Religionen schlicht als Mythen gedeutet – als fantasievolle Einkleidungen allgemeingültiger Moralprinzipien. Nur um der Eingängigkeit willen geben sie sich den Anschein, von historischen Ereignissen zu berichten. Der Streit um die „wahre" Offenbarung – und die Spaltung der Menschheit in sich wechselseitig befeindende Religionen – sei deshalb müßig. Der Wert einer religiösen Glaubensüberzeugung erweise sich nicht an ihrer wortwörtlichen Wahrheit, sondern an ihrer Moral.

> **Hass und Reue sind die „Hauptfeinde des Menschengeschlechts".**

Hass und Feindschaft sind ein durchgängiges Thema von Spinozas Theorie der Gefühle/Emotionen, oder, wie er sie nennt, der Affektenlehre, die allein drei Bücher der insgesamt fünf Bücher zählenden *Ethik* einnimmt. Gemeint sind damit nicht nur der Hass auf und die Feindschaft gegen andere, sondern auch der Hass auf und die Feindschaft gegen sich selbst: die mit besonderer Strenge im Calvinismus vom Sünder geforderte Reue und Selbstdemütigung. Nicht nur der Hass, sondern auch die Reue werden in der niederländisch geschriebenen *Kurzen Abhandlung*, einem Vorläufer der späteren *Ethik*, als die „Hauptfeinde des Menschengeschlechts" bezeichnet. Die Überwindung beider negativer Affekte steht im Mittelpunkt von Spinozas Affektenlehre. Denn diese ist nicht nur eine Theorie der Gefühle, sie ist auch eine Anleitung zu deren Therapie. Sie will die menschlichen Gefühle nicht nur beschreiben, klassifizieren und hinsichtlich ihrer Ursachen und Funktionen analysieren (wie es Spino-

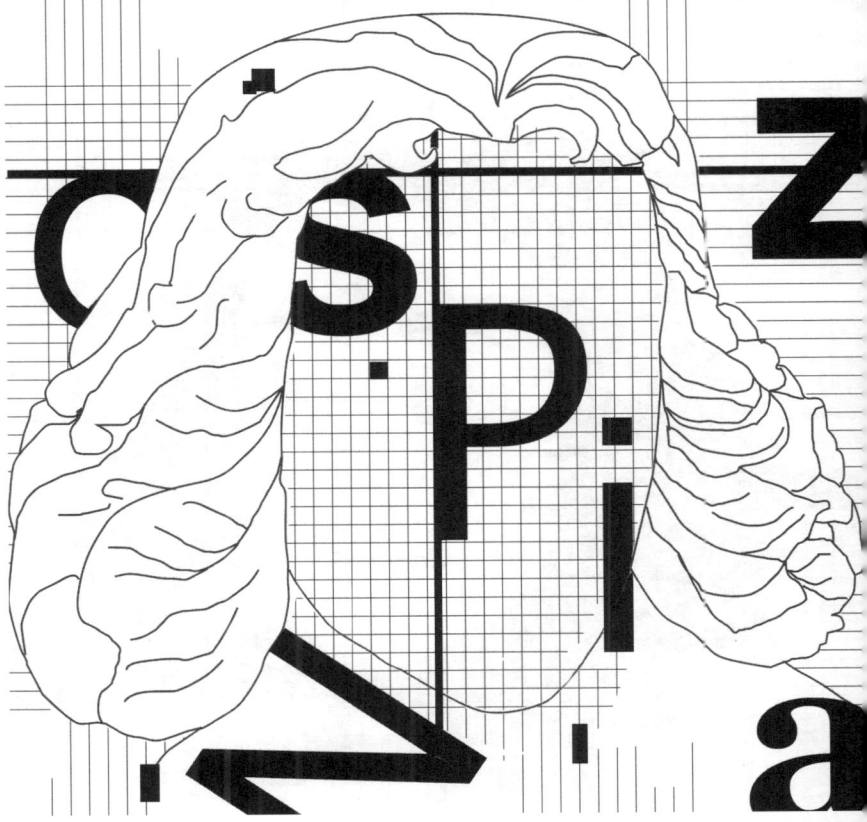

Illustration: Christiane Forstnig, 2005 www.butterandjam.com

zas philosophisches Vorbild Descartes in seinen *Leidenschaften der Seele* getan hatte), sondern sie will auch die Wege aufzeigen, des Hasses und der Feindschaft gegen sich und andere Herr zu werden und deren unheilvolle Wirkungen zu begrenzen. Spinozas Affektenlehre hat insofern – ähnlich wie die Affektenlehre der Stoiker – ein ethisches Ziel. Einsicht in die Natur unserer Gefühle soll uns helfen, die Gefühle in Zaum zu halten und „Herr im Haus" unseres eigenen Inneren zu werden.

Die Affektenlehre als Therapietheorie

Die Befreiung von der Herrschaft der Affekte, auf die Spinozas Affektenlehre zielt, unterscheidet sich grundlegend von der Affektenlehre der Stoiker, an die sich Spinoza ansonsten anlehnt. Während es den Stoikern um die Apathie, das heißt die Befreiung der Seele von *allen* Affekten ging, geht es Spinoza um die Befreiung der Seele von den *negativen* Affekten, oder wie er sie nennt, den *passiven* Affekten. Passive Affekte sind für Spinoza – der in diesem Punkt die Dinge holzschnittartig vereinfacht – Leidenschaften, denen der Mensch unterworfen ist: Zu ihnen rechnet er die negativen Affekte des Hasses, der Rachlust, der Reue, aber auch der Angst. Ihnen stellt er die *aktiven* Affekte gegenüber, die positiv getönt sind und bei denen der Mensch an Autonomie und Steuerungsfähigkeit gewinnt: Freude, Freundlichkeit und Verständnisbereitschaft. Den passiven Affekten ist der Mensch unterworfen; die aktiven verhelfen ihm zu gesteigerter innerer Souveränität. Die passiven sind der Vernunft zuwider, nicht nur arational (ohne Vernunft), sondern auch irrational (gegen die Vernunft), weil selbstzerstörerisch; die aktiven sind mit der Vernunft vereinbar, sie dienen der Selbsterhaltung und darüber hinaus der Verständigung und dem harmonischen Zusammenleben mit anderen.

Illustration:
Christiane Forstnig,
2005
www.
butterandjam.com

Der Wert einer religiösen Glaubensüberzeugung erweist sich nicht an ihrer wortwörtlichen Wahrheit, sondern an ihrer Moral.

Die Selbstbefreiung, von der Spinozas Affektenlehre handelt, vollzieht sich dadurch, dass aktive Affekte an die Stelle von passiven treten, dass Hass durch Verständnis, Zwietracht durch Versöhnung, Streit durch Friedensliebe, moralische Selbstzerfleischung durch tätige Zukunftsorientierung überwunden werden. Mit seiner scharfen und gelegentlich zynisch klingenden Ablehnung der insbesondere im Protestantismus hoch bewerteten Affekte der demütigen Ergebung, des Schuldbewusstseins und des Leidens und Mitleidens ist Spinoza nicht nur bei Christen auf Kritik gestoßen. Spinozas Ethik hat in der Hervorhebung des Positiven und Zukunftsorientierten gelegentlich etwas oberflächlich Pragmatisches, etwas „Ingenieurmäßiges": Schuldzuschreibungen, Rache und Reue verschwenden psy-

Nur auf der Grundlage der Vernunft kann es Einigkeit und Frieden geben.

chische Energien, die besser auf die Umorientierung der eigenen Verhaltensbereitschaften verwendet würden. Vergangenheitsorientierung bedeutet Ohnmacht und Passivität, während Zukunftsorientierung Spielräume für Steuerung und Gestaltung eröffnet. Aber diese Abwertung entspringt bei Spinoza der – mittlerweile vielfach bestätigten – Überzeugung, dass positive Emotionen nahezu immer besser und verlässlicher

zum Handeln motivieren als negative. Was Spinozas „therapeutische", auf die Selbstbefreiung des Menschen zielende Affektenlehre postuliert, ist etwas, was die Psychotherapie erst in den letzten Jahren neu entdeckt hat: dass die Orientierung an den positiven Gefühlen und an den psychischen „Ressourcen", an den Selbstheilungskräften der Seele, nicht nur auf die geistige Gesundheit, sondern auch auf die Moral günstiger wirkt als die Konzentration auf Unlustgefühle, Krankheit und Krankheitssymptome. Nicht wer sich selbst verabscheut oder anderweitig mit sich nicht im Reinen ist, ist für andere offen und bereit zur Selbstlosigkeit, sondern wer „das Höchste, was wir erhoffen können" erreicht hat, „die Zufriedenheit mit sich selber". Weit davon entfernt, Altruismus (selbstlose Nächstenliebe) auszuschließen, sind Selbstliebe und Selbstzufriedenheit deren notwendige Bedingung. Nicht nur Hochmut, auch Kleinmütigkeit ist eine Fehlentwicklung, „die Liebe und Barmherzigkeit zu anderen eher behindert als fördert".

Die Kultivierung der aktiven Affekte bedeutet für Spinoza primär die Befreiung von negativen Affekten wie Hass, Rache und Angst. Aber neben dieser „Freiheit von" beinhaltet sie auch eine „Freiheit zu", und zwar in zwei miteinander verwandten Formen. Die erste ist die gesteigerte Fähigkeit, unseren Willen nach unseren Vorstellungen davon, wer und wie wir sein wollen, zu steuern. Aktive Affekte ermöglichen es uns, unsere alltäglichen Strebungen und Handlungen konsequent an dem auszurichten, „was uns wirklich wichtig ist". Die zweite ist eine gesteigerte Beweglichkeit unserer Wünsche, Motive und Handlungen. Aktive Affekte lösen Fixierungen auf, erweitern Wahlmöglichkeiten und eröffnen Alternativen zum Gewohnten und Eingeschliffenen. Der Weg dahin ist für den Rationalisten (siehe Erläuterung) Spinoza im Wesentlichen derselbe wie der für Sokrates und die Stoiker: Er verläuft über die Selbsterkenntnis, die Rückwendung des Individuums auf sich selbst und die seinem Denken und Handeln zu Grunde liegenden Motive. Diese Selbstschau nimmt für den Determinsten (siehe Erläuterung) Spinoza allerdings eine andere Form an als für seine Vorgänger. Gefühle, Willensregungen und Motive sollen nicht nur erkannt, sondern auch in ihre Ursprünge hinein zurückverfolgt werden. Überwunden werden sollen die passiven Affekte nicht nur dadurch, dass sie als solche bewusst gemacht werden, sondern auch dadurch, dass ihre im Unbewussten liegenden Ursachen aufgedeckt werden. Damit weist Spinozas Affektenlehre unübersehbar voraus auf Freuds Psychoanalyse, und es ist keine Übertreibung, wenn Lou Andreas-Salomé, die Freundin Nietzsches und Rilkes, Spinoza den „Philosophen der Psychoanalyse" genannt hat. Spinoza identifiziert das Wesen eines Lebewesens mit seinem conatus (seinem Trieb, seiner inneren Dynamik). Dieser Trieb verfügt über eine begrenzte Energie, die „ökonomisch" auf die verfügbaren Objekte aufgeteilt wird. Sie fließt frei in der Lust, während sie in der Unlust und im Leiden gehemmt wird. Und dieser conatus wirkt großenteils unbewusst: „Der Mensch mag sich seines Triebs bewusst sein oder nicht, so bleibt doch der Trieb ein und derselbe." Überhaupt neigt Spinoza, obgleich er Leibliches und Seelisches als gleichberechtigte Aspekte der einen Weltsubstanz parallelisiert, zur Betonung der Unabhängigkeit der unbewussten Dynamik von ihrer Manifestation im Bewusstsein. Viele seiner charakteristischsten Sätze klingen deshalb – seine Zeitgenossen haben es gespürt – unverkennbar „materialistisch". Bezeichnend dafür ist ein Beispiel, auf das Spinoza wiederholt zurückkommt: das Beispiel des Schlafwandlers, der sich im Nachhinein darüber wundert, was er im Schlafe vermag. Wenn es der Körper (das Gehirn) unabhängig vom Bewusstsein vermag, einen Schlafwandler den richtigen Weg finden zu lassen, wie können wir dann sicher sein, dass es das Bewusstsein ist, das uns im Wachsein den Weg weist?

Selbsterkenntnis als Weg zu innerer Freiheit

Charakteristisch für Spinozas Affektenlehre – wie für seine Philosophie insgesamt – ist die therapeutische, vielfach quasi religiöse Funktion, die er Einsicht, Wissen und Wissenschaft zuweist. Wie die Erkenntnis der Naturgesetze den Wissenschaftler Gott näher bringen soll, soll die systematische Beschreibung der dem menschlichen Geiste zu Grunde liegenden unbewussten Mechanismen den Menschen der inneren Freiheit näher bringen. Aber wie kann das gehen? Wie kann Erkenntnis dazu hinreichend sein? Reicht bloßes Wissen um die Leidenschaften aus, um sich von ihnen zu befreien?

> **Nur die Vernunft vermag sicheres Wissen zu liefern.**

Zu diesen Fragen äußert sich der Rationalist Spinoza auffällig ambivalent. Auf der einen Seite versucht er das Bild einer von Erkenntnis gesteuerten Selbstgestaltung plausibel zu machen, indem er, wo immer möglich, diejenigen Aspekte von Emotionen, Einstellungen und Willensregungen betont, die einer Beeinflussung durch Erkenntnis und Selbsterkenntnis zugänglich sind: Emotionen und Einstellungen haben ja nicht nur bestimmte Gefühls- und Motivationsgehalte, sondern weisen auch kognitive (hier: erkenntnisorientierte) Aspekte auf. Durch diese Aspekte beziehen sie sich auf bestimmte Gegenstände, Anlässe und Gründe und beinhalten bestimmte Annahmen über diese Gegenstände. Andernfalls wäre nicht erklärbar, dass sich Emotionen nicht nur als stärker oder schwächer, positiver oder negativer getönt, mehr oder weniger verhaltenswirksam, sondern auch als mehr oder weniger berechtigt oder verfehlt, angemessen oder unangemessen, „gesund" oder „krankhaft" beurteilen lassen. Die Angst vor einer echten Gefahr ist berechtigt, die Angst vor

95

etwas Ungefährlichem unberechtigt. Darüber hinaus enthalten Emotionen zumeist Existenzannahmen, die ihrerseits berechtigt oder unberechtigt sein können. Wer vor Ufos Angst hat, befindet sich in gewisser Weise im Irrtum. Vor etwas berechtigterweise Angst zu haben, setzt nicht nur voraus, dass das Gefürchtete gefährlich ist, sondern auch, dass es existiert.

> **Einsicht alleine ist keine hinreichende Bedingung der Änderung des inneren und äußeren Verhaltens.**

Dieser kognitive Gehalt ist nicht nur für die allermeisten Emotionen charakteristisch, er ist in vielen Fällen auch das einzige, was verschiedene Emotionen voneinander unterscheidet. Spinoza führt als Beispiel Reue und Scham an. Reue definiert Spinoza als „Trauer, begleitet von der Idee einer Tat, die wir infolge eines freien Beschlusses der Seele verrichtet zu haben glauben", Scham als „Trauer, begleitet von der Idee einer von uns verrichteten Handlung, von der wir uns vorstellen, daß andere sie tadeln". Reue und Scham unterscheiden sich danach ausschließlich in ihrem kognitiven Aspekt, das heißt in den jeweils in sie eingehenden Annahmen

über die Art der betreffenden Handlung. Bereuen können wir nur freiwillige Handlungen, Scham können wir auch über unfreiwillige Handlungen empfinden. Dabei können beide Emotionen in ihrer Gefühlsqualität („Trauer") jedoch ansonsten vollständig übereinstimmen, so dass man auf Grund dieser allein niemals sagen könnte, um welche Emotion es sich handelt.

Der originellste Beitrag Spinozas zur Theorie der Gefühle ist seine These, dass vielen Emotionen nicht nur Annahmen über ihre Gegenstände wesentlich sind, sondern auch Annahmen über ihre Ursachen. Dies gilt insbesondere für die so genannten reaktiven Emotionen wie Dankbarkeit, Groll, Empörung und Rache. Ein wesentlicher Bestandteil dieser Emotionen besteht in der kausalen Attribution – das heißt darin, dass bestimmten Gegenständen eine ursächliche Rolle bei der Entstehung dieser Emotionen zugeschrieben wird. Wenn Person A Person B liebt, dann schreibt A in der Regel B zu, diese Liebe in ihr erweckt zu haben. Ist A auf B wütend, schreibt A in der Regel B zu, diese Wut in ihr erregt zu haben.

Spinoza zieht aus dieser Theorie Folgerungen, die für seine Vorstellung davon, wie sich die Menschen von den passiven Affekten befreien können, von entscheidender Bedeutung sind: Passive Affekte lassen sich zu einem großen Teil bereits insofern als verfehlt durchschauen, als sie entweder auf etwas gerichtet sind, was für den rational Denkenden gar nicht existiert, oder von einem sachlich falschen Bild der kausalen Verhältnisse (Ursache-Wirkungs-Verhältnisse) ausgehen. So sind für Spinoza alle Emotionen irrational, die sich auf einen außerhalb der Welt existierenden Gott oder auf eine etwaige den Körper überdauernde Seele richten. Wie sollte man auch etwa vor einem göttlichen Gericht oder vor „Höllenstrafen" Angst haben können, wenn die Seele zusammen mit dem Körper zu existieren aufhört? Aber auch die reaktiven Emotionen in ihrer Gesamtheit sind irrational, da sie Spinoza zufolge von dem Gedanken abhängen, dass man selbst oder ein anderer anders hätte handeln können, als tatsächlich gehandelt wurde. Das gilt für selbstbezogene reaktive Emotionen wie Reue und Schuldgefühle, aber auch für reaktive Emotionen gegen andere wie Hass, Wut oder (auf der positiven Seite) Dankbarkeit.

Therapeutisch bedeutsam ist die Einsicht in die Bedingtheit des diese Emotionen auslösenden Handelns, weil sie dazu beiträgt, die jeweilige Emotion in ihrer Intensität und Durchschlagskraft abzuschwächen: „Liebe und Haß gegen ein Ding, das unserer Vorstellung nach frei ist, müssen beide bei gleicher Ursache größer sein als Liebe und Haß gegen ein notwendiges Ding." Wut und Groll gegen diejenigen, von denen wir Unrecht erlitten haben, werden geschwächt durch die Überlegung, dass nicht sie allein, sondern eine Vielzahl von Faktoren ursächlich zu dem erlittenen Unrecht beigetragen hat und dass es einseitig wäre, nur ihnen und nicht der Gesamtkonstellation der Ursachen die Schuld zu geben. Indem wir das letzte Glied der kausalen Kette gewissermaßen zum Sündenbock für die gesamte Kette machen, erliegen wir – einerseits aus Denkfaulheit, andererseits aus dem Wunsch nach Abreaktion – einer grundlegenden Täuschung über die Zusammenhänge. Wir schreiben dem Gegenstand unserer Emotion eine ursächliche Bedeutung zu, die ihm objektiv nicht zukommt.

Wie wird Erkenntnis zum Affekt?

Dieses Bild einer Überwindung von Hass und Furcht durch Einsicht in die vielfältigen Möglichkeiten, in denen Emotionen unangemessen und fehlerhaft sein können, ist allerdings nur die eine Seite von Spinozas Rationalismus. Die andere Seite ist, dass sich Spinoza – mit Aristoteles, Thomas Hobbes und anderen – der Tatsache sehr wohl bewusst ist, dass Erkenntnis für sich genommen „nichts bewegt". Spinoza ist psychologisch viel zu scharfsichtig, um nicht zu wissen, dass „ein Affekt nur gehemmt oder aufgehoben werden kann durch einen Affekt, der entgegengesetzt und der stärker ist als der zu hemmende Affekt". Erkenntnis ist nur soweit hinreichend zur Mobilisierung der Selbstheilungskräfte der Seele, als sie selbst zum Affekt wird. Wie aber wird Erkenntnis zum Affekt?

> **Die einzige Autorität, die Spinoza gelten lässt, ist die Vernunft.**

Spinozas Antwort hierauf ist eine, die auch ein moderner Psychotherapeut geben würde: Die Einsicht ist nur eine notwendige, keine hinreichende Bedingung der Änderung des inneren und äußeren Verhaltens. Zur Einsicht muss zusätzlich etwas hinzukommen, das in direkterer und verlässlicherer Weise verhaltensbestimmend wird – ein länger dauernder und sich nicht nur in guten Vorsätzen erschöpfender Umgang mit Gefühlen (Prozess des affektiven Lernens), der Umgewöhnung, Übung und Durcharbeitung. Wenn es gelingen soll, die passiven Affekte zu überwinden, dann nur durch „nicht geringe Übung und Mühe". Dafür, wie diese „Übung" ablaufen soll, entwickelt Spinoza ein regelrechtes Trainingsprogramm, das jeder an sich selbst anwenden kann und das sich insbesondere auf die gedankliche Fokussierung erwünschter und Vermeidung unerwünschter Assoziationen konzentriert. Spinozas Therapiekonzeption weist voraus auf moderne Therapiekonzepte wie die der Selbstmanagement-Therapie. Auch hier wird die Arbeit an sich selbst zum größeren Teil dem Patienten selbst überlassen. Der Therapeut beschränkt sich auf „Hilfe zur Selbsthilfe". Wie bei Spinoza stehen auch hier Aktivierung, Selbstständigkeit und Zukunftsorientierung im Vordergrund. Und wie bei Spinoza soll auch hier der aktiv beteiligte Patient zur Erkenntnis eigener Verhaltens- und Entscheidungsspielräume gebracht werden. Da der aktive Patient therapeutische Erfolge nicht mehr nur dem Therapeuten, sondern ebenso der eigenen Selbststeuerung zuschreibt, entwickelt er ein höheres Maß an Lebensmut, Selbstvertrauen und Risikobereitschaft. Er findet zu seinen „aktiven Affekten".

Dieter Birnbacher ist Professor für Philosophie an der Heinrich-Heine-Universität Düsseldorf.

Literatur:

- Spinoza, Baruch de: Ethik in geometrischer Ordnung dargestellt. In: Spinoza, Baruch de: Sämtliche Werke. Band 2. Felix Meiner Verlag, Hamburg
- Spinoza, Baruch de: Theologisch-Politischer Traktat. In: Spinoza, Baruch de: Sämtliche Werke. Band 3. Felix Meiner Verlag, Hamburg
- Spinoza, Baruch de: Kurze Abhandlung von Gott, dem Menschen und dessen Glück. In: Spinoza, Baruch de: Sämtliche Werke. Band 1. Felix Meiner Verlag, Hamburg

97

Aphorismenschneise • Aphorismenschneise • Aphorismenschneise

Die Freude ist ein Spiegel, vor dem die Vernunft sich abmüht.

Das „Gefühlsleben" scheint erfunden, damit jene sprechen können, die nicht fühlen.

Der Hass stirbt am Überfluss, die Liebe lebt aus der Not.

Wer einmal nachrechnet, resigniert voller Leidenschaft..

Die Strafe dessen, der Gehör erfleht, ist, dass er reden muss.

Alle Passion erstickt in Vertraulichkeiten.

Jürgen Große lebt und arbeitet in Berlin. Zuletzt erschien von ihm der Aphorismenband *Aus Langeweile* (Edition Erata, Leipzig 2004)

Alexander Litschev, Dietrich Kegler

Die Philosophie der Innerlichkeit

Zum Selbstverständnis der russischen Philosophie

Der ungarische Philosoph J. C. Nyíri veröffentlichte 1988 ein Buch unter dem Titel *Am Rande Europas. Philosophie in Österreich-Ungarn.* Was aber heißt europäische Philosophie? Ist die russische Philosophie keine europäische, das russische Denken ein „Ding an sich" und „für sich" – eine eigenartige Geisteswelt, weder Osten noch Westen, die mit den antiquierten Schemata nicht zu verstehen ist?

Der Anspruch auf Einzigartigkeit des russischen Denkens ist ein Leitmotiv, das die ganze Geschichte der russischen Philosophie durchdringt. Der Titel eines vierbändigen Lehrbuchs für die russischen Hochschulen lautet: *Geschichte der Philosophie: Westen–Rußland–Osten* (Moskau 1995–1999). Dementsprechend kennt

> ## Systeme sind Zwangsjacken für den Geist.

Illustration:
Die Spule der Gerechtigkeit
Christiane Forstnig, 2005, www. butterandjam.com

das russische Denken drei Typen von Weltkulturen und drei historische Typen der Philosophie: westliche, östliche und russische – und dem eigenständigen russischen Denken, wie es sich in der russischen Philosophie verkörpert, gehöre die Zukunft. Dies ist keine Fantasterei halb gebildeter Nationalisten, sondern die These eines russischen Fachphilosophen, und zwar veröffentlicht in der führenden Fachzeitschrift *Voprosy Filosofii.*[1] Diesen Standpunkt teilen auch andere Philosophen wie zum Beispiel M. Gromov und A. Gulyga, welche die russische Philosophie als „einmaliges Phänomen der Weltphilosophie" betrachten.

Die heutige Renaissance und Verbreitung des eigenen geistigen Erbes ist nicht nur eine begreifliche Reaktion auf die jahrzehntelange Abwertung und Missachtung der früher verbotenen einheimischen Philosophie. Sie ist die wichtigste Hoffnungsträgerin einer neuen geistig-kulturellen Identität in der Zeit der Orientierungslosigkeit.

Die Entstehung und Entwicklung der russischen Philosophie seit der Mitte des 19. Jahrhunderts ist eine Gegenreaktion auf die Identitätskrise des nationalen Selbstverständnisses und der Versuch, diese zu bewältigen. Sie spielte immer ganz bewusst nicht nur eine identitätssuchende, sondern auch eine identitätsstiftende Rolle. In der russischen Philosophie als geistigem Identitätsfaktor formierten sich die führenden Ideen im Bewusstsein nationaler Selbsterkenntnis und Selbstbestimmung.

Was heißt „russische Philosophie"?

Nach der traditionellen abendländischen Auffassung ist die Philosophie eine übernationale Angelegenheit. Es versteht sich von selbst, dass einzelne Länder eigene Schulen und Traditionen haben. Trotzdem bleibt das Philosophische in der Substanz immer dasselbe.

Ganz anders ist das Bild der philosophischen Landschaft in Russland. Da gab es und gibt es bis heute zwei Arten der Philosophie: eine „fremde", importierte, abendländische und eine „eigene", eigenständige, „urwüchsige". Die erste geistige Bewegung bestand in einer vorwiegend oberflächlichen Rezeption französischer und deutscher Aufklärung des 18. Jahrhunderts und der späteren Aufnahme des klassischen deutschen Idealismus sowie des Positivismus, Materialismus und Marxismus im 19. Jahrhundert (siehe Erläuterungen).

Die eigentliche russische Philosophie entstand um die Mitte des 19. Jahrhunderts in bewusster Opposition zum fremden, das heißt dem abendländischen Gedankengut. Ihre Entwicklung nahm die Form einer eigenartigen „Phänomenologie des russischen Geists" (siehe Erläuterung) und die Rolle einer Philosophie der nationalen Identität an. Man bezeichnet sie üblicherweise als „russische Philosophie" und nicht einfach als Philosophie in Russland. Sie wurde aus russischer Denkweise, russischer Seele, russischem Volkscharakter, mit einem Wort: aus dem russischen Wesen abgeleitet. Eine nationalrussische Philosophie sollte ihre Quellen also in der Eigenartigkeit des russischen Denkens, der Kultur, der spezifischen Charakterzüge des Volks suchen und von dort her eine russische Weltanschauung als Grundlage des nationalen Bewusstseins ausarbeiten.

Vielleicht kennt keine andere nationale Philosophie so viele Versuche der Erforschung der eigenen Geschichte, Weltanschauung, Seele und insbesondere des nationalen Charakters. Eine Grundeinstellung, die auch für die bedeutendsten russischen Exildenker (nach der Oktoberrevolution) typisch ist. Wenn die russische Philosophie ihrer Berufung treu bleiben wolle und dem russischen Volk etwas Wesentliches zu sagen habe, dann müsse sie „von Anfang an aus der Tiefe der nationalen russischen geistigen Erfahrung, mit dem eigenen nationalen russischen Werk beginnen", so das Pathos.

Aufstand gegen die europäische Vernunft

Aleksej Losev (1893–1987) charakterisiert das Selbstverständnis der „russischen Philosophie" folgendermaßen: „Wir müssen hier Mythologen sein, da fast die gesamte russische Philosophie ein vor-logisches, vor-systematisches, oder besser gesagt ein über-logisches, über-systematisches Gebilde philosophischer Stimmungen und Erfassungen darstellt", eine durchgehend intuitive mystische Schöpfung, welche sich „jenseits der Logik" befindet.

Für Losev ist die eigentümliche russische Philosophie nicht nur anders, sondern auch ein Antipode und krasser Widersacher der westlichen. Sie sei im Gegensatz zur europäischen, mit ihrem Streben nach einer abstrakten und rationalen Systematisierung, eine rein innerliche, intuitive und rein mystische Erkenntnis des Seienden und mit dem wirklichen Leben untrennbar verbunden. Auf Grund dieses Spezifikums besitzt die russische Philosophie nicht nur eine ganz andere ursprüngliche Einstellung und eigene Logik, sondern ist der europäischen geradezu entgegengesetzt; sie versteht sich nicht nur als außereuropäische, sondern als bewusst „antieuropäische" Philosophie: „Die russische urwüchsige Philosophie stellt den unaufhörlichen Kampf dar zwischen der westeuropäischen abs-

trakten Ratio und dem ost-christlichen, konkreten, gottmenschlichen Logos (siehe Erläuterung) und das fortwährende, immer anwachsende Erfassen der irrationalen und geheimen Tiefen des Kosmos durch die konkrete und lebendige Vernunft."[2]

> **Das russische Denken bewegt sich bewusst jenseits der Tyrannei der selbst ernannten Macht der reinen Vernunft.**

Dieses Selbstverständnis der russischen Philosophie ist keinesfalls eine persönliche Vision, sondern eine weit verbreitete Position unter vielen bedeutenden russischen Denkern. „Die russische Philosophie fand zu sich selbst und begriff sich als Gegensatz zum westlichen Denken" – so die Zusammenfassung des im Westen bekanntesten Exilphilosophen Nikolaj Berdjaev (1874–1948). Aus dieser Position der „nationalrussischen Geistesart" und der eigenen Denkweise entfalte sich entsprechend die eigentümliche „nationalrussische Philosophie" im 19. und 20. Jahrhundert.
Berdjaev definiert das Wesen des russischen Philosophierens nicht als Irrationalismus, sondern als „Überrationalismus". Der Kernpunkt der russischen Philosophie besteht in der Forderung, „nicht nur mit der Vernunft, sondern ebenso mit Gefühl, Wille und Glauben zu erkennen".[3]

Ein ähnliches Bild zeichnet sich auch bei Semën Frank (1877–1950) ab, der die russische Philosophie nicht als Wissenschaft, sondern als eine „überwissenschaftliche, intuitive Weltanschauungslehre" versteht, die „an tiefe Eigentümlichkeit der nationalen Denkungsart" anknüpfe. Und diese Denkungsart im Unterschied zu der westlichen (das heißt europäischen) sei nicht irrationalistisch, sondern „ganz antirationalistisch".[4]

> **Der Glaube an Systeme ist ein rein deutsches Vorurteil, von dem man sich schleunigst befreien sollte.**

Dem Selbstverständnis der eigentlichen russischen Philosophie zufolge ist das russische Denken also vorwiegend ganzheitlich, intuitiv, überrational-mystisch, tiefreligiös, wertorientiert, moralisch, leidenschaftlich-emotional, konkret, lebensnah und praktisch-engagiert.

In der ganzen Geschichte der eigentlich russischen Philosophie hat man in einer beständigen Opposition zum Westen immer die Idee der „Ganzheitlichkeit" als Wesensmerkmal des Eigenen hervorgehoben.

So sah Ivan Kireevskij (1806–1856) schon 1852 in der allgemeine Spaltung des Geistes, der Gedanken, Wissenschaften, Gesellschaft, Moral, mit einem Wort

Orthodoxie
Rechtgläubigkeit, Strenggläubigkeit. Richtung, die das Erbe einer reinen Lehre zu wahren sucht. Auch Bezeichnung für die von Rom getrennten christlichen Ostkirchen.

Phänomenologie
Lehre von den Wesenserscheinungen der Dinge. Die Wirklichkeit wird nur insofern als seiend begriffen, als sie auf ein erfahrendes, wahrnehmendes, sich erinnerndes Bewusstsein bezogen ist.

Positivismus
Philosophischer Ansatz, demzufolge nur die Erfahrungswissenschaften Erkenntnisse gewinnen können. Die Philosophie hat lediglich die Aufgabe, deren Ergebnisse zu ordnen und zu verallgemeinern.

aller Formen des sozialen und individualen Daseins des Menschen etwas typisch europäisches. In Russland existiere dagegen ein „besonderes Streben nach der Ganzheit des inneren und äußeren, gesellschaftlichen und privaten, kontemplativen und weltlichen, künstlerischen und moralischen Daseins".[5] Auch Berdaev, hundert Jahre später, bleibt überzeugter Anhänger dieser Vorstellung: „Das russische Denken ist erheblich geschlossener und ganzheitlicher als das differenzierte und in Kategorien eingeteilte westliche Denken."[3]

Für das traditionelle westlich geschulte philosophische Ohr muss dies wie eine wilde, exotische und willkürliche Musik klingen. Oder wie Lev Karsavin (1882–

Wahrheit ist für die Russen nicht wertneutral.

1952) ironisch bemerkt: Die Eigentümlichkeit der russischen Philosophie erscheine dem normalen und vernünftigen Westeuropäer skandalös und als etwas, was ihn „zum Wahnsinn führen könne". Es gab aber auch skeptische Stimmen, welche die Existenz einer eigenständigen russischen Philosophie bezweifelten.

So verneinte Vladimir Solov'ëv (1853–1900) schon 1888 mit einer vernichtenden Kritik die Möglichkeit einer nationalen Philosophie entschieden: Alles Philosophische an der russischen Philosophie sei völlig unrussisch. Und das, was sich als russisch erweise, sei absolut unphilosophisch.

In der Einführung in die russische Ausgabe der *Internationalen Zeitschrift für Philosophie – Logos* (1910) schrieb ein anonymer Kritiker: „Bewußt nach einer Synthese strebend, schritt das russische Denken unbewußt dem Chaos, seinem Elemente, entgegen, wobei es das ganze kulturelle Rußland, soweit es von ihm beherrscht wurde, mit sich riß ... Die Grundprinzipien der russischen Philosophie wurden durch das ruhige Feuer theoretischer Geistesarbeit nie geläutert und gebildet, sondern tauchten meistens als etwas Fertiges aus den dunklen Tiefen des inneren Erlebens auf."[6] Andere Kritiker behaupten heute, dass die russische Philosophie nur an einer „Neurose der Eigentümlichkeit" leide, die eine „zukünftige philosophisch reflektierende Psychoanalyse" heilen solle (Evgenij Barabanov).

Ein Streit, der auch heute noch lebendig ist, und zwar in der schicksalhaften Frage: „Existiert überhaupt eine russische Philosophie?" oder „Wie ist Philosophie auf Russisch möglich?".

Nationalisierung der philosophischen Begriffe

Programm der russischen Philosophie war und ist es, „eine Metaphysik (siehe Erläuterung) zu schaffen, die dem Geist des Volks entspricht". Der einzig richtige Weg wurde darin gesehen, die Seele und die Geisteswelt des russischen Volks zu reflektieren. Daher wurde auch eine „Nationalisierung" philosophischer Schlüsselbegriffe vorgenommen.

In Russland ist die philosophische Begrifflichkeit selbst aus der slawischen Volks- und Kirchensprache entstanden. Und der Reichtum der russischen Sprache bietet vielfältige Möglichkeiten für Begriffsbildungen an. Selbst der Begriff Wahrheit hat im Russischen eine ganz andere Bedeutung als in westlichen Sprachen und wird philosophisch auch anders interpretiert. Wahrheit ist für die Russen nicht wertneutral. Sie ist Ausdruck des Strebens, „die Wahrheit als Richtigkeit mit der Wahrheit als Gerechtigkeit zu vereinigen".

Diese Besonderheit der „russischen Weltanschauung" ist mit der Eigentümlichkeit der russischen Sprache eng verbunden, in der zwei Wörter für Wahrheit existieren, deren Bedeutung sich nur teilweise überschneidet – istina und pravda. Die traditionelle Übersetzung dieser Wörter lautet „Wahrheit" für *istina* und „Wahrheit-Gerechtigkeit" für *pravda*. Andere Übersetzungen lauten „objektive Wahrheit" und „subjektive Wahrheit". Aber diese Interpretationen sind entschieden zu eng und nicht in der Lage, die Vieldeutigkeit des Inhaltes zu erfassen. Die bedeutungsgeschichtliche Untersuchung der beiden Wörter zeigt deren tiefgehende Vieldeutigkeit.[7] Während *istina* erstens absolute Wahrheit, zweitens geistiger Besitz oder drittens als

Russen sind bestrebt, die Wahrheit als Richtigkeit mit der Wahrheit als Gerechtigkeit zu vereinigen.

Aufklärung
Geistige Strömung des 18. Jahrhunderts, die durch den Glauben an die Vernunft und den Kampf gegen Autoritätsgläubigkeit und Traditionsgebundenheit geprägt ist.

Idealismus, deutscher
Bezeichnung für die vorherrschende Strömung in der deutschen Philosophie nach Kant (etwa 1790–1830). Ihr Charakteristikum ist der Versuch, die Wirklichkeit aus einem Prinzip herzuleiten, bei Fichte zum Beispiel aus dem Ich.

Ziel des Erkenntnisstrebens die wirkliche Lage der Dinge meint, bezeichnet *pravda* vielmehr die Vorstellung einer gerechten Ordnung der sozialen Welt, das heißt ein sittliches Dasein und Verhalten, und ist auch Ausdruck einer religiös-metaphysischen Wahrheit. Noch im Altrussischen meint *pravda* nicht nur Gerechtigkeit, sondern auch „Rechtlichkeit" (Recht, Gesetz, Verordnung, Vertrag...). Daher auch *Russkaja Pravda* (*Russische rechtliche Gerechtigkeit*) als Titel der mittelalterlichen Sammelwerke russischen Rechts. Darüber hinaus spielt *pravda* gleichzeitig die Rolle der *istina* als Bezeugung des wahren und wirklichen Sachverhalts (zum Beispiel: „die ganze Wahrheit sagen"). Mehr noch: Während *istina* in Einzahl und Mehrzahl gleichberechtigt benutzt wird, ist *pravda* nur in streng singularischer Form im Gebrauch, was ebenfalls den besonderen Stellenwert dieses Begriffs anzeigt.

In der russischen Philosophie erhalten *istina* und *pravda* später die Bedeutung einer erkenntnistheoretischen und moralischen Einheit. Der Versuch der Synthese beider Begriffe kommt der Suche nach der Zweieinigkeit der Wahrheit gleich, welche den existenziellen Sinn des russischen Menschen bestimmt.

> ## Erkenntnis gewinnt man nicht nur mittels Vernunft, sondern ebenso mit Gefühl, Wille und Glauben.

Lev Tolstoj sagte einmal, dass der Mensch die *pravda* als Wahrheit der Wahrheiten nicht beweisen, sondern sie nur ausfindig machen könne. Dostoevskij wies denselben Weg – der Mensch müsse endlich begreifen, dass die Wahrheit (*pravda*) vor allem in ihm selbst liegt. Das Verhältnis zur *pravda* als Ausgang und Ziel ist eine typische Selbstinterpretation der russischen Weltanschauung.

Der bedeutendste Begriff für das Verstehen der „nationalrussischen Weltanschauung" ist aber *sobornost'* – ein Begriff von Aleksej Chomjakov (1804–1860). Das Wort *sobornost'* ist fast unmöglich zu übersetzen. *Sobor* bedeutet wörtlich Versammlung, Kathedrale, Kirchenkonzil. Für Chomjakov ist *sobornost'* das Wort für die mystisch-religiös verstandene Gemeinschaft, das im Denken der Slawophilen eine überragende Rolle spielte. Es wird gern als organischer Gemeinschaftsbegriff dem mechanischen des Kollektivs oder Aggregats gegenübergestellt. Es ist Ausdruck des ganzheitlichen und harmonischen Wesens der russischen Orthodoxie (siehe Erläuterung). Diese repräsentiert die Geisteseinheit der Gläubigen und gleichzeitig die Freiheit der einzelnen Personen, unter denen der freie Geist der Liebe zu Gott und zu den gleichberechtigten Gemeindemitgliedern herrscht. Die russischen Philosophen entwickelten weiter den Begriff *sobornost'* als „Chor-Prinzip", als „symbolische Einheit" nicht nur des religiösen, sondern auch des sozialen Lebens und sogar als Prinzip der „All-Einheit" der Welt. Manche betrachteten *sobornost'* als Ideal der sozialen Organisation im Sinne einer kommunitären Gemeinschaftlichkeit (siehe Erläuterung), die als freiwillige Vereinigung freier Persönlichkeiten über Kollektivismus und Individualismus steht.

In dieser Richtung sind die Bemühungen einiger Denker zu verstehen, die das Vorbild der *sobornost'* in der russischen Dorfgemeinde – russisch *mir* – zu entdecken glaubten. Hier kommt wieder die Vieldeutigkeit der russischen Sprache ins Spiel. *Mir* bedeutet sowohl Welt als auch Friede. Darüber hinaus bezeichnet es ebenfalls die Dorfgemeinde, was man auch als Frie-

Illustration:
Ver-bindung
Christiane Forstnig, 2005, www.butterandjam.com

de in der Welt der brüderlichen Einheit der russischen Dorfgemeinde deuten kann. Für Konstantin Aksakov (1817–1860) ist zum Beispiel dieses Gemeindeprinzip „das höchste sittliche Modell" für die soziale Organisation der Menschheit, das auf der Erde in einer unvollkommenen Gestalt und als ein unerreichbares christliches Ideal erscheint. Und das Streben nach diesem Ideal sei ein Prinzip und eine Geistesveranlagung vorwiegend des russischen Volks.

> ## Russische Philosophie ist nicht irrationalistisch, sondern antirationalistisch.

Russische „Wir-Philosophie" gegen westliche „Ich-Philosophie"

Das Wichtigste in der Begriffsgeschichte von *sobornost'* sind aber die Versuche (zum Beispiel von Semën Frank) eine originale „Wir-Philosophie" im Gegensatz zu der europäischen „Ich-Philosophie" zu entwickeln. Der größte Mangel des abendländischen Philosophierens von Descartes bis heute sei die Überbewertung des Ich und des individuellen Bewusstseins als Zentrum und Ausgang des Denkens. Und nur die russische Philosophie, auf Grund der *sobornost'* als „Wir-Anschauung", bilde die Grundlage für eine „Wir-Philoso-

---

Marxismus
Geschichtsphilosophie, die den Lauf der Geschichte als eine Abfolge von Klassenkämpfen interpretiert, an deren Ende eine freie, klassenlose Gesellschaft stehen wird, in der es keine „entfremdete' Arbeit mehr gibt.

Materialismus
Vorstellung, dass alles Existierende eine materiale Grundlage hat und zum Beispiel auch psychische Phänomene im Prinzip mittels physikalischer Wechselwirkungen erklärbar sind.

Metaphysik
Philosophische Lehre von dem, was über die sinnlich erfahrbare Welt hinausgeht.

Kommunitarismus
Strömung in der politischen Theorie, welche eine Erneuerung gesell-schaftlicher Institutionen jenseits staatlicher Programme anstrebt und besonders Gemeinsinn und soziale Tugenden in den Vordergrund stellt.

Logozentrismus
(von griechisch logos: Wort, Gedanke, Begriff, Vernunft) Bezeichnung für die Auffassung, dass die Welt nur auf Basis der Vernunft versteh-bar ist.

phie". Diese neue Orientierung des philosophischen Denkens eröffne ein adäquates Seinsverständnis, das für die moderne europäische Philosophie absolut fremd geblieben sei, weil die Hauptdimension der Welt eigentlich ein „Wir-Sein" demonstriere. Das „Wir-Sein" sei ontologisch eine Einheit von Rationalität und Irrationalität des „kosmischen Seins" sowie der sozial-historischen Existenz der Menschen und somit „transrational", das heißt jenseits der Rationalität. So wird die „Wir-Philosophie" als neue Richtung des Denkens nicht nur Grundlage für eine adäquate Sozialphilosophie, sondern auch für eine Philosophie des Seins und des Geists überhaupt.

Ein anderes wesentliches Merkmal des russischen Denkens ist die tiefe innere Überzeugung, dass dieses nicht einfach unsystematisch, sondern bewusst anti-systematisch sei. Es bekämpfe das „westliche Joch der rationalen Systeme" und „das Joch des Logischen". Deswegen betrachten die Vertreter der nationalrussischen Philosophie im 19. und 20. Jahrhundert „jedes System als Zwangsjacke für den Geist, als Fessel für die freie Entfaltung des Denkens". Der Glaube an Systeme sei ein rein deutsches Vorurteil, von dem man sich schleunigst befreien sollte.

Berdjaev sagte einmal, dass der Anarchismus vor allem eine russische Schöpfung sei. So kann man die russische Denkweise als eine anarchistische bezeichnen. Das bedeutet keinesfalls chaotisch, sondern ein Denken, das sich bewusst jenseits und außerhalb der Tyrannei der selbst ernannten Macht der reinen Ver-

Russische Philosophie ist eine „überwissenschaftliche, intuitive Weltanschauungslehre".

Semën Frank (1877–1950)

nunft bewegt – ohne die abendländischen Wächter der Prinzipien, der Systeme und der Logik, die einzig und allein autorisiert scheinen zu bestimmen, was Philosophie und was Nicht-Philosophie ist. Das mag skandalös klingen. Das Erstaunlichste besteht aber darin, dass sowohl diese als auch andere Thesen der russischen Philosophie schon längst in Einklang mit einigen Herausforderungen des modernen westlichen Denkens stehen und die russische Philosophie in gewissem Sin-

ne als Vorläuferin einiger philosophischer Tendenzen gelten kann, die heute das (post-)moderne westliche Denken selbst entwickelt. So versucht man heute zum Beispiel auch im Westen eine „Wir-Philosophie" zu entwickeln, und zwar mit der Überzeugung, dass diese in der Geschichte der Philosophie kaum betrachtet worden war: Die feministsche oder die kommunitaristische Philosophie verstehen sich auch als eine „Wir-Philosophie" der Zukunft.[8] Jean-François Lyotard versteht das so genannte postmoderne Wissen als „Abschied vom hegemonialen Zwang", das heißt als Befreiung der nunmehr gleichberechtigten, unterschiedlichen Diskursarten, und Jacques Derrida verortete seine Position am Rande des „Logozentrismus" (siehe Erläuterungen) der abendländischen Metaphysik und im Widerstand gegen dessen grenzenlose Herrschaft.[9]

Alexander Litschev ist Privatdozent an der Heinrich-Heine-Universität Düsseldorf, Abteilung für Osteuropäische Geschichte. Dietrich Kegler war Akademischer Rat an der Heinrich-Heine-Universität Düsseldorf, Institut für Erziehungswissenschaft.

Anmerkungen:

1. Ovcinnikov, V. F.: O ponjatii istoriceskogo tipa filosofii (Über den Begriff historischer Typen der Philosophie). In: Voprosy Filosofii (Fragen der Philosophie), Nr. 10, 1996, Seite 173–175
2. Losev, A.: Russische Philosophie. In: Erismann-Stepanova, V.; Erismann, Th.; Matthieu, J. (Hrsg.): Rußland. I. Teil. Zürich 1919, Seite 79, 84 ff.
3. Berdjaev, N.: Die russische Idee. Grundprobleme des russischen Denkens im 19. Jahrhundert und zu Beginn des 20. Jahrhunderts. Eingeleitet, übersetzt und erläutert von D. Kegler. Sankt Augustin 1983, Seite 62, 30
4. Frank, S.: Die russische Weltanschauung. Berlin 1926, Seite 5, 7, 22 ff.
5. Kireevskij, I.: Über das Wesen der europäischen Kultur und ihr Verhältnis zur russischen. In: Winkler, M. (Hrsg.): Slavische Geisteswelt. Band 1: Rußland. Darmstadt 1955, Seite 202–204
6. Anonym veröffentlicht in: Logos. Internationale Zeitschrift für Philosophie und Kultur. Band I, 1910/11, Seite 151
7. Kegler, D.: Untersuchungen zur Bedeutungsgeschichte von Istina und Pravda im Russischen. Frankfurt am Main 1975
8. In diesem Zusammenhang ist die Position des „Fachmanns" F. Ph. Ingold, der die russische Philosophie nach dem Abschied vom Marxismus als fast „am Ende" erklärt, mehr als merkwürdig. Vielleicht handelt es sich dabei um ein weiteres typisches Beispiel für die eurozentrische Hochnäsigkeit, die sich oft als eine „Inkompetenzkompensationskompetenz" selbst manifestiert. Vergleiche: Ingold, F. Ph.: Nach der Wende – schon am Ende. Russische Philosophie im ersten postsowjetischen Jahrzehnt. NZZ 17./18. 2002, Seite 49
9. Neben der national-russischen Philosophie existiert in Russland auch ein Denken, das sich ähnlich entwickelt wie die westliche Philosophie. Russische Historiker und Philosophen behaupten, dass Russland von einer ewigen Spaltung (raskol) geprägt sei: erst kirchlich, danach zwischen Volk und Elite (seit der Europäisierung Russlands) und später zwischen Volk und Intelligenzija. In diesem Sinne kann man auch von einer Spaltung auf dem Gebiet der Philosophie sprechen – eine Spaltung, die heute noch lebendig ist.

Presseschau · Presseschau
Leserbriefe · Leserbriefe

Presseschau

Zu *der blaue reiter* Nr. 18 („Erinnern"):

„... Wie kann man Erinnern gestalten? Wozu brauchen wir ein Denken über Geschichte? Hat die Geschichte einen Sinn? Welche Funktion haben Denkmäler? Den Herausgebern ist es tatsächlich gelungen, solche und ähnliche Fragestellungen in verschiedenen Aufsätzen auf einem wissenschaftlichen und dennoch für interessierte Laien verständlichen Niveau zu erörtern ... *der blaue reiter* gefällt besonders durch das angenehm abwechslungsreiche Layout und die großartigen Bilder. Für den Leser lohnt es sich, dass jede Ausgabe in Zusammenarbeit mit einem Künstler erstellt wird ..."

damals.de, 18. 6. 2004

Zu *der blaue reiter* Nr. 19 („Was ist gerecht?"):

„Ein philosophisches Journal, geistreich und doch allgemein verständlich ..."

FOCUS, 31. 12. 2004

„... an Aktualität wie an journalistischen Formen ist so ziemlich alles drin, was man sich wünschen kann ... Doch das Ergebnis ist gerade im Willen, möglichst viele Facetten abzudecken, ... weder für den reinen Neugier-Leser noch für den studierten Philosophen befriedigend: Zu groß ist die Fallhöhe zwischen den teils recht akademischen Texten und den grau unterlegten Begriffserklärungen zum ‚Kategorischen Imperativ' oder dem ‚Deutschen Idealismus' ..."

Der Tagesspiegel, 9. 1. 2005

„... Wie viel Spaß die Beschäftigung mit philosophischen Fragen bereitet, wie anregend sie ist, zeigt das halbjährlich erscheinende Journal *der blaue reiter* ..."

Sonntag Aktuell, 13. 2. 2005

„... In der zuletzt erschienenen Ausgabe des *blauen reiters*, eines bundesdeutschen Philosophie-Journals, erörtern ein Dutzend Autoren kompakt, kompetent und verstehbar den Gerechtigkeitsbegriff ..."

Die Presse, 19. 2. 2005

„... ein Projekt ..., das nach wie vor nur weitergehen kann, weil es Leser gibt, die Förderabonnements zeichnen, und Mäzene. Dem Produkt aber geht es bestens: Dank der strikten Ausrichtung am Konzept einer fröhlichen Wissenschaft, die fremdwortgespickte professorale Texte so übersetzt, bis Testleser mit Bodenhaftung

ihnen Verständlichkeit auch im Kreis interessierter Laien bescheinigen, ist die Auflage ständig gestiegen ... Dabei überrascht *der blaue reiter* immer wieder mit innovativen Zugängen: So kommt im Heft über Schönheit Starfriseur Udo Walz zu Wort."

Südwest Presse, 6. 4. 2005

Leserbriefe

***der blaue reiter* Nr. 17 („Das Böse"). Zu: Norbert Hoerster: Hat der Embryo ein Recht auf Leben?**

„... Der Begriff ‚Überlebensinteresse', wie Norbert Hoerster ihn gebraucht, ist leider irreführend und wenig hilfreich; zumal seine Gültigkeit auf eine ganz besondere Form des Bewusstseins, das so genannte Ich-Bewusstsein, beschränkt bleiben soll. Alle anderen Bewusstseinsformen werden ausgeklammert, so als könnte man mit ihnen kein Interesse am Überleben haben! Es ist, als wollte Hoerster das Problem mit der Spaltlampe beleuchten. Die gesamte Schöpfung ist nichts anderes als ein Wille zum Sein, ein unbändiger, elementarer Wunsch, zu leben und selbstverständlich auch zu überleben! Jegliche Kreatur will leben! Albert Schweitzer hat dieses ubiquitäre Phänomen ganz einfach formuliert: ‚Ich bin Leben, das Leben will, inmitten von Leben, das leben will. Dies ist nicht ein ausgeklügelter Satz. Tag für Tag, Stunde für Stunde wandle ich in ihm ... Ethik besteht also darin, daß ich die Nötigung erlebe, allem Willen zum Leben die gleiche Ehrfurcht vor dem Leben entgegenzubringen wie dem eigenen. Damit ist das denknotwendige Grundprinzip des Sittlichen gegeben. Gut ist, Leben erhalten und Leben fördern; böse ist, Leben vernichten und Leben hemmen.' Wenn ein Ich-bezogenes Bewusstsein allein den rationalen Zugang zum Leben sucht, wird es immer nur sich selber finden. Viel zu lange schon haben wir die ‚emotionalen Grundlagen des Denkens' (Luc Ciompi) einfach übersehen und nicht wahrhaben wollen ... Der Begriff ‚Überlebensinteresse' beschreibt nur die rein rationale Seite des Phänomens, und diese ist völlig unwichtig. Der unbändige, nicht reflektierte, aus dem Bauch und vom Herzen kommende und ach so selbstverständliche Wille zum Leben bedarf keines Ich-Bewusstseins! Er ist in allem. Es wäre unnütz und einfältig zugleich, diesen Willen unrechtmäßig zu nennen. Kurzum: Der Begriff ‚Überlebensinteresse' im Sinne von Hoerster ist bei der Beantwortung der Frage, ob ein Embryo ein Recht auf Leben habe, wenig hilfreich; schlimmer noch: er ist gefährlich – für das Überleben der Interesselosen!"

Jürgen Bohl, Mainz

echo!

Bücher · Bücher
Bücher · Bücher

Theo Kobusch/Markus Knapp (Hrsg.)

Querdenker.
Visionäre und Außenseiter in Philosophie und Theologie

Wissenschaftliche Buchgesellschaft,
Darmstadt 2005.
304 Seiten, € 42,90

Werke zur Philosophiegeschichte erwecken oft den Eindruck, dass Philosophie von wenigen bedeutenden Geistesgrößen gemacht wird, die das Denken ihrer Zeit und nachfolgender Epochen prägen. Die Denker aus der zweiten Reihe geraten meistens in Vergessenheit oder enden als Fußnoten der Philosophiegeschichte; wenn sie erwähnt werden, dann nur als Querdenker, Dissidenten oder Ketzer, die gegen den Strom schwimmen und sich der herrschenden Meinung nicht anpassen wollen.

Welcher Philosophiestudent kennt heute Origenes, Pelagius, Siger von Brabant oder Franz von Baader? Von Diogenes und seinem Leben kennt man nur noch Anekdoten: dass er in einer Tonne gelebt und Alexander den Großen mit den Worten „Geh mir aus der Sonne" verscheucht haben soll. Aber was weiß man schon von seiner Philosophie? Denker oder ganze Schulen, die einstmals bekannt, populär und einflussreich waren, sind heute in Vergessenheit geraten. Umgekehrt können Personen, die zu Lebzeiten als Außenseiter und Querdenker galten, durch ihr Wirken und ihren Einfluss auf nachfolgende Generationen im Nachhinein auch zu Lichtgestalten ihrer Epoche werden, wie zum Beispiel Sokrates, Martin Luther, Karl Marx oder Nietzsche. Giordano Brunos Parteinahme für das kopernikanische Weltbild (die Sonne, nicht wie zuvor die Erde ist Mittelpunkt der Welt) und seine Lehre von der Unendlichkeit des Universums wurde einstmals als Ketzerei verurteilt – nur ein, zwei Generationen später avancierte dieses Weltbild zum wissenschaftlichen Allgemeingut. Die Geschichte des Christentums mag auch als exemplarisches Beispiel dienen: Aus einer kleinen jüdischen Sekte entwickelte sich eine Weltreligion.

Die Theologieprofessoren Theo Kobusch und Markus Knapp haben 25 Beiträge namhafter Referenten einer Ringvorlesung, die an der Universität Bochum stattfand und sich den „Außenseitern, Ketzern und Querdenkern im philosophisch-theologischen Diskurs" widmete, in einem Buch zusammengefasst. In der Sammlung findet man den Propheten Jeremia neben Häretikern und Ketzern wie Arius, Pelagius, Siger von Brabant und Giordano Bruno, politische Querköpfe wie den Anarchisten Max Stirner und Gustav Landauer, aber auch eigenständige Denker, die sich keiner bestimmten Richtung oder Schule zuordnen lassen wie Raimundus Lullus, Georg Christoph Lichtenberg, Maine de Biran, Ralph Waldo Emerson und Maurice Blondel. Auch zwei Philosophinnen werden vorgestellt: Marguerite Porete und Simone Weil.

Der Leser wird auf eine Reise durch die Philosophie- und Theologiegeschichte eingeladen, die von der Antike bis ins 20. Jahrhundert reicht; es werden dunkle Seitenzweige der Geistesgeschichte erkundet, und auf dieser Reise entdeckt man seltene Fundstücke, gleichsam Orchideen am Wegesrand.

Beim Lesen dieses Buchs drängt sich unweigerlich die Frage auf, wie unsere Welt wohl aussehen würde, wenn sich anstatt der bekannten Meisterdenker diese Querdenker durchgesetzt hätten. Wenn zum Beispiel Pelagius anstatt Augustinus die christliche Gnaden- und Erbsündenlehre geprägt hätte oder wenn Giordano Bruno nicht auf dem Scheiterhaufen verbrannt worden wäre. Oftmals sind es nur die Machtverhältnisse, die darüber entscheiden, welche Ideen sich durchsetzen, welche Lehren zu Dogmen erhoben und welche Theorien als Ketzerei gebrandmarkt werden. Wie nahe Lehrmeinung und Ketzerei beieinander liegen, lässt sich an der Auseinandersetzung mit dem Pelagianismus ablesen. Pelagius erregte mit seiner Freiheits- und Sündenlehre das Missfallen von Augustinus, der sich von ihm persönlich herausgefordert fühlte und ihn zu seinem Erzfeind erklärte. Augustinus gelang es, Kaiser Honorius auf seine Seite zu ziehen, woraufhin Papst Zosimus nachgab – Pelagius wurde exkommuniziert und verbannt, seine Lehre galt fortan als ketzerisch.

Mystische und dunkle Denker wie Plotin, Meister Eckhardt, Jacob Böhme, Johann Georg Hamann oder Franz von Baader gelten heute als Außenseiter, weil sich im Abendland das Vernunftdenken gegen die Mystik durchsetzte. Es ist ein Verdienst des Buchs, auch an diese Denker zu erinnern. Deutlich wird, dass das Querdenker-

der blaue reiter

Illustration:
Jan Tomaschoff

tum durchaus eine positive Funktion hat: Es wirkt als Nährboden, in dem auch unkonventionelle Gedanken gedeihen können. Querdenker wirken als Katalysatoren, als Herausforderungen an die Lehrmeinung und können neue Entwicklungen anschieben und befruchten. Auf jeden Fall sind sie unverzichtbar.

Das vorliegende Buch erweist sich als ideale Ergänzung zu gängigen Werken der Philosophiegeschichte, die sich auf die Hauptströmungen der Geistesgeschichte beschränken. Es ist sicherlich nicht für den Anfänger geeignet, da es eine gewisse Vertrautheit mit der Philosophiegeschichte voraussetzt. Dennoch ist es jedem zu empfehlen, der seinen geistigen Horizont erweitern will.

Thomas Zoglauer

Elmar Holenstein

**Philosophie-Atlas.
Orte und Wege des Denkens**

Ammann Verlag, Zürich 2004.
41 Karten und Schaubilder,
301 Seiten, € 43,90

Der *Philosophie-Atlas* macht augenfällig, dass die eurozentrische Auffassung der Philosophie, die an vielen deutschen Universitäten noch vorherrscht, unhaltbar ist. Auf zahlreichen Weltkarten werden die verschiedenen Zentren der Philosophie, nicht nur im (europäischen) Westen und im (Fernen) Osten, sondern in allen vier Himmelsrichtungen verdeutlicht. Auch wenn es philosophisch gesehen nicht von primärer Bedeutung ist, wann und wo etwas gedacht wird, ist die historische und geografische Einordnung für das Verständnis eine große Hilfe, und die lokale kulturelle Einfärbung des Gedankens ist mehr als bloßes Beiwerk.

Das Studium der Karten vermittelt neben der neuen globalen Perspektive eine gewaltige Fülle an Detailinformationen. Der Atlas ist zugleich eine reichhaltige Enzyklopädie der Philosophie. Die großen Linien, die in den „Leitgedanken" dargestellt werden, stellen die heutige Philosophie und ihre

Geschichte in umfassende interkulturelle Zusammenhänge. Die „Karten und Schaubilder" zeigen „Anfangs- und Modellvorstellungen", bei denen neben Hegels Philosophie der Weltgeschichte und Jaspers' Achsenzeit unter anderem al-Farabis Kreislauf der Philosophie aufgeführt wird, „Vor- und Kontextbedingungen", die das klimatische, historische und wissenschaftsgeschichtliche Umfeld der Philosophie schildern, „Vier Geschichten der Philosophie" im Westen, Süden, Osten und Norden sowie Perspektiven der „Gegenwart und Zukunft". Zwei sehr umfangreiche Register, ein „Personenregister" und ein „Geographisches Register", erschließen den Text und die Karten in mustergültiger Weise. Auf diesem Wege ist der *Philosophie-Atlas* sowohl für interessierte, aber fachlich nicht vorgebildete Leser wie auch für eine fachlich hoch qualifizierte Leserschaft eine geeignete und nützliche Lektüre.

Afrika erhält in dieser Darstellung einen Ehrenplatz. Mit der Ausbreitung des Homo sapiens von Afrika aus über alle Erdteile hat sich die Sprachfähigkeit und damit – nach Holenstein – die Fähigkeit zur Reflexion, zum Aufstellen und Erörtern von Grundsätzen überall hin verbreitet. Das ist ein weit gefasster, aber strikt begründeter Philosophiebegriff, der ausdrücklich zu begrüßen ist, auch wenn er von vielen Fachphilosophen (noch) nicht akzeptiert wird. Dennoch bleibt das Thema „Philosophie in Afrika", sofern es um das Afrika südlich der Sahara geht, unterbelichtet. Holenstein verweist zwar auf die Traditionen der mündlichen Überlieferung in Afrika, aber er vernachlässigt andere Quellen, insbesondere die Sprichwörter oder Weisheitssprüche, die unter anderen von Kwame Gyekye für die Rekonstruktion der Philosophie der in Ghana und teilweise auch in Elfenbeinküste lebenden Akan oder von Gerald Wanjohi für die der Gikuyu in Zentralkenia herangezogen worden sind.

Die „Erstbesiedelung" der Erde durch „anatomisch moderne Menschen" vor 100 000 Jahren konfrontiert Holenstein mit der „Kolonisation durch Europäer" (seit 500 Jahren). Was gegenwärtig in der Nachgeschichte dieser Kolonisation geschieht, erscheint so als eine „zweite Phase der Globalisierung". Für die gesamte dazwischen liegende Geschichte gilt ebenfalls: „Menschliche Kulturen sind keine kompakten, diskret voneinander abgehobenen und homogenen Einheiten. Sie sind in aller Regel kontinuierlich ineinander übergehende und übergreifende und entsprechend heterogene Gebilde." Der große „Fruchtbare Halbmond", der sich von Ostasien über Südasien, das Gebiet des „ursprünglichen Fruchtbaren Halbmonds" vom Oxos/Amu Darya bis zum Nil (das

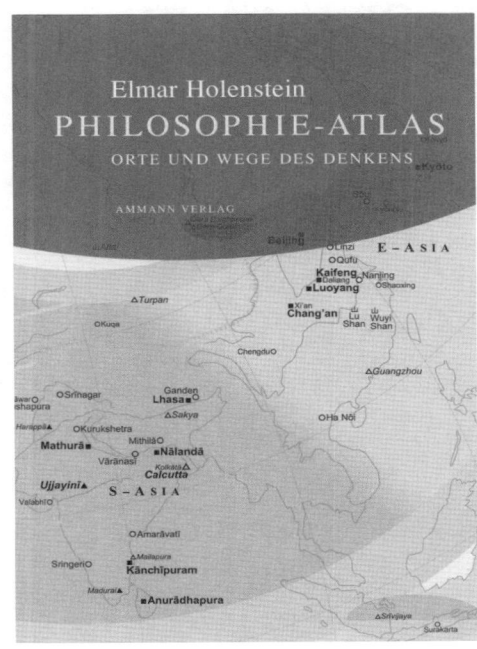

heißt von Sogdiane in Westzentralasien, Iran, Iraq, Syria, Phoinike bis Aigyptos) und schließlich bis Europa erstreckt, erhält wegen der „Schrift- und Wissenschaftskulturen der vergangenen fünftausend Jahre" eine herausgehobene Stellung – der die spezifische Bedeutung der mündlichen Überlieferung für die Philosophie gegenübergestellt werden müsste.

Die Gegenwart, in der sich die USA militärisch, politisch, wirtschaftlich, wissenschaftlich, sprachlich und kulturell zur „alleinigen Supermacht" entwickelt hat, stimmt den Verfasser auch in philosophischer Hinsicht nicht optimistisch. „Kulturelle Monopole sind so bedenklich wie es wirtschaftliche sind." Kartografisch ausgedrückt, besteht die „Gefahr einer Verflachung der Erdkugel zu einem Erdkreis". Holenstein folgert daraus: „Daß ein derartiger Zustand – N-Amerika im Zentrum der Erde – stabil bleibt, ist, geographisch-geopolitisch betrachtet, nicht wahrscheinlich." Als Zukunftsperspektive entwirft er eine „geostete Karte", auf der die Landmasse sich von Afrika über Europa, Asien und Nordamerika bis Südamerika erstreckt mit dem „neuen Nabel der Erde" nordöstlich der Philippinen, die „das Ungleichgewicht zwischen den Kontinenten der nördlichen und der südlichen Hemisphäre" weitestgehend auszugleichen sucht, so dass ein „Zurück zur Ausgangslage" möglich wird.

Heinz Kimmerle

bücher

Martin Hartmann

GEFÜHLE
Wie die Wissenschaften sie erklären

campus EINFÜHRUNGEN

Martin Hartmann

Gefühle.
Wie die Wissenschaften sie erklären

Campus Verlag,
Frankfurt/New York 2005.
184 Seiten, € 12,90

Die Wissenschaften scheinen sich derzeit im Sog der Gefühle zu befinden. Hirnforscher und Psychologen entdecken die Rolle der Gefühle für Entscheidungsfindungen, Kulturwissenschaftler untersuchen Codes, nach deren Regeln man Gefühle ausdrücken oder leugnen kann, Medienwissenschaftler analysieren die Macht der inszenierten Gefühle, und Philosophen stellen die Frage nach der Rationalität des Gefühls neu. Schon spricht man von der „emotionalen Wende" in den Wissenschaften. Da kommt ein Buch gerade recht, das den Leser in die aktuelle Lage der Gefühlsforschung hervorragend einzuführen vermag.

Martin Hartmanns Streifzug durch die wissenschaftlichen Versuche, Gefühle zu erklären, beginnt mit Ausgang des 19. Jahrhunderts und konzentriert sich auf die philosophischen und kognitionswissenschaftlichen (die Erforschung intellektueller Leistungen betreffenden) Unternehmungen der letzten Jahrzehnte. Dass Ergebnisse und Thesen anderer Disziplinen nur erwähnt werden, wenn sie in dieser philosophischen Perspektive wichtig erscheinen, mag bedauern, wer mit der Ankündigung des Titels eine vollständige Übersicht der Erklärungsmodelle erwartet hat. Indes erweist sich Hartmanns Leitfrage, wie sich unsere Gefühle zu Urteilen, Wertungen, Überzeugungen und Wünschen verhalten und welche Rolle der Körper spielt, als fruchtbar, die Vielfalt der Ansätze in einem ersten, orientierenden Zugriff zu bändigen.

Ausgangspunkt seiner Einführung ist der 1884 veröffentlichte Aufsatz „What is an Emotion?" von William James. Hartmann stellt ihn als Schlüsseltext dar. Er enthält Fragestellungen, die sich im Laufe der Erforschung menschlicher Gefühle immer wieder aufdrängen. Zunächst: Wie lassen sich Gefühle überhaupt erforschen? Sind sie uns durch Selbstbeobachtung zugänglich, wie James meinte, oder nur über eine Analyse ihrer Ausdrucksformen? Lässt sich wissenschaftlich Verlässliches über Gefühle nur auf Basis messbarer Daten erfassen oder verhindert dieser Weg zu begreifen, wie es ist, ein Gefühl zu haben? Ob wir uns dem Phänomenbereich der Gefühle hirnphysiologisch, sprachphilosophisch oder phänomenologisch nähern, entscheidet schließlich über den Aspekt der „Gefühle", der jeweils erforscht wird. Die zweite Frage, die James aufwirft, betrifft das Verhältnis von körperlicher Veränderung und Gefühl. Ein Gefühl wie etwa Furcht, werde – so James – durch körperliche Wandlungsprozesse ausgelöst, nicht umgekehrt: „Wir fliehen nicht vor dem Bär, weil wir uns vor ihm fürchten, wir fürchten uns vor ihm, weil wir fliehen." Da Gefühle auf körperliche Vorgänge, verbunden mit einer bestimmten Form ihrer Wahrnehmung, bezogen sind, kann James eine dritte Frage, nämlich die nach dem Ort der Gefühle, für Hirnforscher attraktiv beantworten: Sie lassen sich in jenem Bereich des Gehirns lokalisieren, in dem Sinneseindrücke und Bewegungsabläufe koordiniert werden.

So sind Positionen vorgegeben, an denen sich noch heute die Geister scheiden. Während neurowissenschaftliche Ansätze an der stark physiologischen Ausrichtung anknüpfen konnten, reiben sich eben daran andere Modelle, denen zufolge Gefühle nicht im Registrieren körperlicher Veränderungen aufgehen.

Welche Probleme sich hier ergeben, stellt Hartmann prägnant und auch dem Laien nachvollziehbar dar. Sowohl empirische Einwände als auch philosophische Argumente werden zu einem Tableau gefühlstheoretischer Ansätze entfaltet. Hauptaugenmerk gilt dem „Kognitivismus", dem gemäß Gefühle mit Urteilen, Wertungen oder Überzeugungen verbunden sind sowie der gerade in letzter Zeit laut gewordenen Kritik daran. Im Durchgang der einzelnen Argumente ist das abschließende Plädoyer des Autors für einen „umfassenderen Zugriff" auf die Gefühlsproblematik sehr plausibel.

Handliches Format, grafisch hervorgehobene Zusammenfassungen vor jedem Kapitel, strukturiertes Literaturverzeichnis sowie ein Glossar empfehlen zudem den Band. Eine gelungene Einführung.

Elke Uhl

Jochen Hörisch

Theorie-Apotheke

Eichborn Verlag,
Frankfurt am Main 2004.
328 Seiten, € 28,50

Analytische Philosophie, Dekonstruktion, Kritische Theorie, Medientheorie, Systemtheorie, Postmoderne, Zivilisationstheorie und einige andere: Mit seiner *Theorie-Apotheke* legt der Literatur- und Medienwissenschaftler Jochen Hörisch in der bescheiden anmutenden Form einer alphabetisch geordneten Auswahl wichtiger Theoriekonzepte der Gegenwart eine der geistreichsten und zudem unterhaltsamsten Publikationen des vergangenen Jahres vor.

Wer zuletzt Hans Ulrich Gumbrechts Abgesang auf die „ehrgeizige" Theoriebildung in der Literaturwissenschaft des letzten Jahrzehnts mit Schwermut vernommen hat und seinen bisher noch ungelesenen Derrida nebst dem verpackten Luhmann bereits in einer abgelegenen Bücherkiste verschwinden sah, dem sei Hörischs *Theorie-Apotheke* als Gegenmittel verschrieben. Dem Mannheimer Kulturtheoretiker geht es darum, die Grundbausteine der interdisziplinär einflussreichsten Theorien vorzustellen, ihre Baupläne zu rekonstruieren und sie auf ihre Brauchbarkeit hin erneut zu testen. Dabei ist die „Vorrede" samt ihres „apothekarischen Wahrheitsbegriffs" noch der schwächste Teil des Buchs: als „Nachahmerprodukt" greift Hörisch hier auf Überlegungen Odo Marquards, Jean-François Lyotards und Jürgen Habermas' zurück, um nach dem Ende der „großen Erzählungen" die vielen kleinen Theorieangebote als „Heilmittel" zu verstehen. Diese können zwar keine absoluten Letztbegründungen mehr liefern, aber doch erfrischende Sinnangebote bereitstellen, um die Unübersichtlichkeit der Lebens- und Denkwelten (wenn auch stets anders und immer wieder neu) zu bewältigen. Das ist als Überbau so einsichtig wie unoriginell und fällt vor allem deshalb merklich ab, weil die Qualität dieses Buchs in den Analysen der Theorien selbst liegt. Und hier, man darf es sagen, ist Hörisch streckenweise brillant, fast überall mindestens gut: witzig und geistreich, pointen- und anekdotensicher sowie stilistisch ansprechend. Dabei gelingt es ihm mit dem richtigen Verhältnis von Fachbegriffen, Erläuterungen und veranschaulichendem Beispiel tatsächlich, die zentralen Punkte der häufig unübersichtlichen Theoriegebäude dem Leser deutlich vor Augen zu stellen sowie deren Genese und Geltung präzise zu kommentieren. Die dabei noch ins Auge fallenden Mängel sind formaler Natur (eine Bibliografie am Ende jedes Eintrags wäre wünschenswert gewesen; an einigen Stellen wirken die Texte nicht optimal aufeinander abgestimmt, so wenn zum Beispiel die Bedeutung von „Subjekt" immer wieder erklärt wird) oder beschränken sich auf den Ausruf: den ein oder anderen Teil hätte man sich in einer höheren Dosierung gewünscht!

Beachtung verdient das in den einzelnen Darstellungen wirksam werdende Theoriekonzept Hörischs, weil es die Unhintergehbarkeit theoretisch-spekulativen Denkens einsichtig zu machen vermag und deshalb erklärten „Theoriegegnern" Paroli bietet: Denn Hörischs Ausführungen lehren, den theoretischen Blick auch zu verstehen als einen, der Komplexität *entbirgt*. Theorien reduzieren nicht nur tendenziell „gefährliche" lebensweltliche Verworrenheit, sie erspüren auch das Scharnier zwischen unerträglicher und notwendiger Komplexität. Hörisch zeigt dies, indem er unablässig bemüht ist, die perspektivische Vielfalt der Theorien und deren kritisch-skeptisches Selbstbewusstsein herauszustellen. Das Theorieprogramm der Moderne verschlüsselt demnach „Wahrheit" als Unschärferelation und etabliert vermittels des Zentralprinzips der Dissonanz Denk- und Wahrnehmungsmuster für eine Komplexität, die ausgehalten wie auch erarbeitet sein will. Das „Projekt der Aufklärung", so wird klar, ist auf diese Umbildung von Komplexität angewiesen – soll es denn weiter geistige Mündigkeit für den Einzelnen und Gerechtigkeit im Ganzen garantieren. Dass Hörischs Text schließlich noch eine Grundeinsicht neuerer Theoriebildung aufnimmt und am Gegenstand der Theorien selbst überzeugend nachweist – die „Sache" existiert nicht unabhängig von ihrer Darstellung, ja vermag erst in deren Qualitäten wesentlich zu werden –, ist dabei mehr als bloßes Bonmot und hebt das Buch aus der Masse uninspirierter und braver Einführungsliteratur weit heraus. Hier kann man dem Denken beim Funkeln zusehen.

Jan Urbich

Mario Bunge/Martin Mahner

Über die Natur der Dinge. Materialismus und Wissenschaft

Hirzel Verlag, Stuttgart/Leipzig 2004.
273 Seiten, € 24,00

Gäbe es einen Preis für intellektuelle Redlichkeit, für das mutige Aufbegehren gegen die „elegant unsinnigen" Versuchungen des Zeit(un)geistes – Mario Bunge und Martin Mahner hätten ihn verdient. Mit *Über die Natur der Dinge* brachten sie nicht nur die bereits tot geglaubte philosophische Metaphysik auf den Stand der naturwissenschaftlichen Forschung, sie wagten auch, in aller Deutlichkeit anzusprechen, was die meisten Autoren heute lieber schamhaft verschweigen, nämlich die prinzipielle Unvereinbarkeit von Wissenschaft und Religion.

Schon der Titel des Buchs ist Programm. Er verweist auf das gleichnamige Lehrgedicht des Lukrez, zweifellos eines der großartigsten Dokumente der bereits in der Antike virulenten Aufklärungsbewegung. Mittlerweile ist zwar hinreichend bekannt, dass die griechischen Atomisten bereits vor 2500 Jahren die Grundlagen der modernen Naturwissenschaften definierten, dennoch neigten die Philosophen bis heute mehrheitlich dazu, diese für den wissenschaftlichen Fortschritt so fruchtbaren Ansätze einer materialistischen Metaphysik (Denksystem, in dem allein materiellen Objekten reale Existenz zukommt) zu ignorieren. Das vorliegende Buch schließt in diesem Zusammenhang aber nicht bloß eine Lücke. Das Projekt der Autoren ist weit ambitionierter. Bunge und Mahner legen mit *Über die Natur der Dinge* in der Tat nichts Geringeres vor als die erste in sich stimmige Ontologie (Aussagensystem über die Beschaffenheit der Realität an sich), die mit den Erkenntnissen des (natur)wissenschaftlichen Forschungsprozesses kompatibel ist.

Gewiss: Ein solch ambitioniertes Projekt verlangt sowohl den Autoren als auch dem Leser einiges ab. Dies gilt insbesondere für das zweite Kapitel des Buchs, in dem die Autoren die Grundbegriffe ihrer Ontologie definieren (materielle Dinge, Eigenschaften, Zustand, Veränderung, Realität, komplexe Dinge (Systeme), Sachverhalte, Kausalität, Zufall und Notwendigkeit). Leserinnen und Leser, die sich zuvor noch nicht mit derart abstrakten Fragestellungen beschäftigt haben, könnten an dieser Stelle vielleicht die Neigung verspüren, vorzeitig aufzugeben. Man sollte diesem Drang jedoch keineswegs nachgeben, denn wer durchhält und den Autoren tapfer durch den Dschungel der Begriffsdefinitionen und -abgrenzungen folgt, wird am Ende belohnt durch eine weit klarere Sicht auf die Natur der Dinge.

Obgleich die Autoren einen konsequenten Materialismus verfolgen, in dem „ausschließlich konkreten bzw. materiellen Objekten reale Existenz" zukommt, reden sie nicht einem „naiven Realismus" das Wort, also einer Eins-zu-eins-Entsprechung von Wissen und Realität. Als „kritische Realisten" legen sie großen Wert auf die Unterscheidung von realen Eigenschaften und Prädikaten (mentalen Repräsentationen von Eigenschaften), von realen Sachverhalten (objektiven Fakten) und Phänomenen (subjektiven Wahrnehmungen) beziehungsweise von realen Dingen (materiellen Objekten) und Konstrukten (immateriellen, ideellen Objekten).

Insbesondere in den letzten drei Kapiteln fahren die Autoren die Ernte ihres schwierigen ontologischen Geschäfts ein. Dort zeigt sich auch die enorme politisch-aufklärerische Dimension ihrer Arbeit. Bunge und Mahner machen nicht nur deutlich, warum eine materialistisch begründete Ethik allen idealistischen Alternativen überlegen ist, sie liefern auch gute Argumente dafür, warum die Menschheit künftig stärker auf Wissenschaft und Aufklärung statt auf Religion setzen sollte. Miteinander zu vereinbaren sind die ontologisch konträren Weltbilder von Wissenschaft und Religion jedenfalls nicht: „Wer auf Konsistenz Wert legt, kann nicht von Montag bis Samstag dem einen anhängen und am Sonntag dem anderen."

Würden wir in einer Welt leben, in der die Qualität von Büchern ausschlaggebend wäre für ihren Erfolg, müsste *Über die Natur der Dinge* zu einem wahren Bestseller werden. Doch die Verhältnisse, wir wissen es, sie sind nicht so. Gerade deshalb sind aufklärerische Bücher wie das hier vorgestellte Werk so dringend notwendig.

Michael Schmidt-Salomon

Illustration:
Jan Tomaschoff

107

Andreas Luckner

Klugheit

Verlag Walter de Gruyter, Berlin 2005.
215 Seiten, € 19,95

Warum moralisch sein, wo doch das Verpflichtende und das Gebotene einem Menschen immer wieder abverlangen, zu tun, was nicht zu eigenem Nutzen führt, ihm sogar zum Schaden gereichen kann? Man muss daher schon sehr moralisch sein, um einzusehen, dass das Gute über den Gütern steht, und man muss schon glauben können, dass moralische Unversehrtheit jedem Schaden vorzuziehen ist. Niemand aber wird fragen: Wozu klug sein? Allenfalls möchte man vielleicht wissen, was die Klugheit anzuraten weiß. Der Klugheit entbehren will jedenfalls niemand. Klugheit und Moral stehen offenbar in einer merkwürdigen Opposition. Beider wechselvolle Geschichte erzählt Andreas Luckner auf so spannende Weise, dass man meinen könnte, einen Krimi zu lesen.

Dabei geht es im vorliegenden Buch nicht bloß um ein intellektuelles Abenteuer, sondern um eine fundierte Orientierung für die Lebensführung. En passant fundiert das Buch auch eine Theorie philosophischer Praxis: Luckner unterscheidet drei Dimensionen der Desorientierung. Sie betreffen das Tun, das Wollen und das Menschsein schlechthin. So unterscheidet Luckner die Vermittlung von Wissen, die Klärung von Absichten und eine existenzielle Beratung. Letztere erfordert Rückhaltlosigkeit und Geistesgegenwart, die man nicht einfach erlernen kann.
Von einem Buch, das aus einer Habilitationsschrift hervorgegangen ist, darf man erwarten, dass es artig sein Thema durchexerziert. Weniger zu erwarten steht, dass in brillanter Weise zugleich auch der lesende „Laie" beim Durchwandern verschlungener Denkwege auf so angenehme Art mitgenommen wird und ihm auch noch stets an markanter Stelle Plattformen zum Überblick freigelegt werden. Der Autor schreibt nämlich – wie es etwa Robert Spaemann von einem wahrhaft gebildeten Akademiker erwartet – „in einer nuancenreichen Umgangssprache. Er beherrscht eine Wissenschaftssprache, aber er wird von ihr nicht beherrscht und braucht wissenschaftliche Terminologie nicht als Krücke in der Lebensorientierung und in der Verständigung mit anderen." Luckner gelingt es, unterschiedliche Konzepte von Klugheit sprechend zu machen und zu zeigen, wie aktuell eine Klugheitsethik heute ist. Sehr treffend übrigens seine Diagnose, dass es heute vielleicht noch mehr als an Moral an Klugheit fehle. So schwer es sein mag, sich – wegen

der Aussicht auf ihre Kosten – für die Moral zu entscheiden: Erst danach geht es um die Umsetzung. Bekanntlich steckt der Teufel im Detail, und dem wird man eben nur auf kluge Weise Herr.
Um der einstigen „Mutter aller Tugenden" nahe zu kommen, geht Luckner daran, den großen Block, der den Zugang zur tugendethischen Tradition versperrt, vorsichtig auseinander zu legen (Tugendethik: Lehre, derzufolge das Gute nicht durch die Einhaltung von absolut geltenden Pflichten (Kant) erreicht werden kann, sondern durch die Entfaltung der in der menschlichen Natur angelegten Tugenden). Im Ausgang von Aristoteles analysiert Luckner auch die Klugheitskonzepte von Thomas von Aquin, Niccolò Machiavelli und Michel E. de Montaigne sowie jene von Gracián und Descartes.
Am Schluss muss das Dilemma der Orientierung in einer Zeit zur Sprache kommen, in der der Mensch auf sich selber gestellt ist. Luckner umschreibt es so: „Lieber orientierungslos als fremdbestimmt." So sehr ist „Freiheit" zum Letztwert aufgestiegen, dass „klug sein" jetzt nur heißen kann: „Sich öffnen für die Erfahrung der eigenen Möglichkeiten und der Bescheidung auf sie. Es ist ihre Endlichkeit, die eine Person dazu macht, was sie ‚eigentlich', das heißt ihrem Selbstverständnis nach ist." Ausgehend von einer Lebenszeit, die Frist und Sammlung umfasst, geht es der Klugheit darum, der Weisheit einen Weg zu bereiten. Es geht um eine innere, nicht um äußere Sicherheit (wie einst beim „Gottvertrauen"). Man muss sich der Welt und der mit ihr verbundenen möglichen Desorientierung aussetzen: „Nur dort, vor Ort, ist Selbstorientierung möglich, für die der Name ‚Klugheit' steht." Ein sehr säkulares Buch für eine Zeit, die, weil sie nicht glauben kann, umso dringender der Klugheit bedarf. Sie gewinnend zur Sprache zu bringen, ist ein Verdienst Luckners.
Gerade wegen der der Klugheit innewohnenden Dynamik auf das rechte Miteinander hin sollte das schöne Buch allen Therapeuten, Seelsorgern, Pädagogen und philosophischen Praktikern als Pflichtlektüre aufgetragen werden. Thema und Ausführung, Stoff und Form sind glänzend miteinander verbunden. Auch allen anderen neugierigen „Passanten" kann es nur wärmstens empfohlen werden.

Thomas Gutknecht

Michaela Ott

Gilles Deleuze zur Einführung

Junius Verlag, Hamburg 2005
160 Seiten, € 11,50

„Ich gehöre zu einer Generation, einer der letzten Generationen, die man mehr oder weniger mit der Philosophiegeschichte umgebracht hat", sagte Deleuze einst im Rückblick über die eigenen Anfänge. Die Mumifizierung der Klassiker war ihm im selben Maße verhasst, wie er das eigene Werk auf Unklassifizierbarkeit anlegte. Doch nun wird er langsam selbst zum Klassiker, zu einer der großen Figuren in der vergangenen Epoche der wilden französischen Nachkriegsphilosophie. Eine verständliche Einführung zu Gilles Deleuze, die dem Anfänger oder gebildeten Laien einen Überblick verschafft, stand lange aus.

Diese Lücke zu schließen mag in vielen Fällen eine ehrenwerte Pflichterfüllung sein – bei Gilles Deleuze wird es zur Herkulesaufgabe: Sein Werk sträubt sich gegen alle Systematisierungen, spielt mit dem Gestus des beständigen Neubeginns, des Labyrinthischen, des Umwegs und des philosophischen Anarchismus. Wer hier eine Einführung schreiben will, steht zwischen Scylla und Charybdis, sprich vor der Wahl zwischen Trivialisierung und gewaltsamer Systematisierung einerseits und einer den rätselhaften Duktus nur reproduzierenden Nacherzählung andererseits. Eine äußerst schwierige Aufgabe hat sich Michaela Ott also gestellt – und elegant gelöst.
Ott liefert zunächst die Rekonstruktion der deutschsprachigen Deleuze-Rezeption und kommt dabei zu einem recht ernüchternden Ergebnis: Deleuzes Denken stößt auf Ablehnung oder wird bloß nacherzählt. Doch weder die Verächter noch die Verehrer haben ihn als Philosophen ernst genommen. Wer jedoch mit Ott versucht,

Deleuzes Denken chronologisch nach-
zuverfolgen, wird durch den Gestus
des Anti-Systematischen die wieder-
kehrenden Fragestellungen und Themen erkennen, die sein Denken geleitet haben. Bereits in seinem frühen
Texten über Kant zeigt sich das Schema
einer subversiven Aufsprengung von
dessen Philosophie. Kant habe die Aufklärung und Freiheit verraten, die Dik-
tatur der Vernunft proklamiert und damit eine aufgesetzte Zwangsharmonie
zwischen den Vernunftvermögen her-
beikonstruiert, so Deleuze. Er zeigt
uns an Kant nicht den Vater der Moderne, sondern den Vater der modernen
Pseudo-Moderne, der – kaum dass die
alten Götter hinwegphilosophiert wurden – uns neue Unverhandelbarkeiten
aufhalst, denen wir erneut absoluten
Gehorsam schulden.

Wo die klassische Aufklärung mit
Kant die Klarheit des Arguments und
die strenge der Gedankenführung ein-
fordert, verteidigt Deleuze die Freiheit
beständiger Sinnverschiebung. Die
Wiederholung selbst trägt nach Deleuze bereits den Keim der Veränderung
in sich, ist sie doch immer schon mehr
als bloße Wiederholung. Das versteckt
machtförmige Denken in Identitäten
und Repräsentationsfiguren wird mit
Nietzsche und Heidegger zum Ein-
sturz gebracht – und zwar indem man
dem Text so lange die eigene Melodie
vorsingt, das heißt den Text so lange
mit dessen eigenen Denkstrukturen
konfrontiert, bis sich die Haarrisse im
Marmorpalast der Vernunft zu bers-
tenden Bruchlinien auswachsen. Ott
gelingt es, diese Grundtendenz verständlich und ohne Verkürzungen dar-
zustellen, wenn auch der Text, wie im
Falle von Deleuze unumgänglich, ohne
anspruchsvolle akademische Begrifflichkeit nicht auskommt. Die von
Nietzsche stammende Indienstnahme
der Philosophie für das Leben lässt Deleuze im Rückblick als einen Philosophen der Lebenskunst erscheinen.

Felix Heidenreich

Franz Schupp

**Geschichte der Philosophie im
Überblick**

Felix Meiner Verlag, Hamburg 2003.
3 Bände, 1624 Seiten, € 124,00

**Die vorliegende Philosophiegeschichte
beruht auf Vorlesungen, die Franz
Schupp zwischen 1979 und 2002 re-
gelmäßig an der Universität Paderborn
gehalten hat. Diese langjährige Beschäftigung mit der Geschichte der
Philosophie erweckt auf der einen Seite zunächst ein Vertrauen in die Darstellung: Der behandelte Stoff ist offensichtlich mehrfach durchdacht und
erprobt worden. Auf der anderen wird
dieses Vertrauen aber durch die in
mehreren kleinen Geständnissen zu
Tage tretende sympathische Beschei-
denheit Schupps doch wieder nachhal-
tig erschüttert.**

So gibt Schupp im Vorwort zu, dass er
am Beginn seiner Vorlesungen natürlich an einigen Autoren mehr, an anderen weniger interessiert, dabei aber der
Meinung gewesen sei, dass er die von
ihm bevorzugten Autoren mit der Zeit
„genauer kennenlernen" und sich
„hinsichtlich der weniger geschätzten
Autoren eine annehmbare Kenntnis
erarbeiten würde". Allerdings wurde
daraus, wie er selbst zugibt, nichts: „Einige wenige der von mir geschätzten
Autoren lernte ich mit der Zeit tatsächlich etwas besser kennen, die Unkenntnis der von mir weniger geschätzten
Autoren blieb indes konstant. Diese Situation hat sich bis jetzt, zum Zeitpunkt der Veröffentlichung der Vorlesungen, nicht geändert."

Ein weiteres Geständnis Schupps
lautet, dass diese Vorlesungen nicht zu
seinem Forschungsgebiet gehörten,
was zunächst auch nicht so tragisch ist.
Aber die folgenden Bemerkungen machen dann doch nachdenklich: Die ge-
troffene Textauswahl sei „problematisch und angreifbar"; sie richte sich

nicht nach den „besten Ausgaben und
Übersetzungen"; eine „gründliche Auseinandersetzung mit der Sekundärlite-
ratur" sei ihm „schon aus dem Grunde
völlig unmöglich", dass er „sie fast
überhaupt nicht kenne"; seine „Ge-
währsleute" hätte er nur angegeben,
soweit er sich erinnern könne; ja, er
könne es „nicht ausschließen", dass einer seiner „geschätzten Kollegen eine
besonders schöne seiner Formulierun-
gen", die er sich „irgendwann und irgendwo herausgeschrieben habe", bei
ihm „ohne Quellenangabe wiederfin-
det".

Wenn man diese Bekenntnisse im
Vorwort liest, dann drängt sich die Frage auf, warum Schupp seine Vorlesungen überhaupt publiziert hat, wo es
doch bereits genügend andere Philosophiegeschichten auf dem Markt gibt.
Die Antwort lautet: Er möchte mit seinem Werk zwar nicht in Konkurrenz
treten zu diesen, wie er meint, meist
von und für Fachleute geschriebenen
Philosophiegeschichten. Aber er beab-
sichtige doch, „einem Publikum, das
sich bisher noch nicht mit Philosophie
beschäftigt hatte, Grundlinien von Pro-
blemstellungen und Argumentations-
formen vorzulegen". Zwei Dinge möchte er dabei aufzeigen: Zum einen, dass
„in der Geschichte der Philosophie
auch für die Gegenwart wichtige Fragen gestellt wurden und dort durchaus
auch heute noch interessante Lösungs-
vorschläge vorgelegt wurden", und
zum andern, dass es „in Wirklichkeit
gar nicht unzählige Philosophien gibt,
wie uns heute manchmal suggeriert
wird, sondern es im Prinzip nur einige
wenige systematische Positionen gibt,
auch wenn diese sich historisch gesehen in sehr verschiedenen Formen präsentieren".

Am Ende bleiben dabei – „nicht
schon als These, aber als Denkanstoß" –
zwei systematische Positionen übrig:
eine „griechische Vernunftauffassung",
mit der die Welt „erklärt und gestaltet"
werden soll, und eine „nicht-griechi-
sche", mit der versucht wird, „den
Menschen, vor allem seine Seele zu er-
lösen".

Wem dies als Erkenntnis reicht,
der lese selbst bei Schupp nach, wie
sich diese Positionen historisch in verschiedenen Formen präsentieren. Wem
es nicht reicht, dem sei versichert, dass
Schupp in einigen Kapiteln durchaus
erhellende Interpretationen einzelner
Texte und Autoren vorlegt, die differen-
zierter ausfallen, als es die zitierte Zusammenfassung am Ende seiner *Geschichte der Philosophie im Überblick*
vermuten lässt. Wer von einer Philosophiegeschichte aber erwartet, dass sie
ihren Gegenstand umfassend und wissenschaftlich behandelt, der wird von
Schupps Buch enttäuscht sein.

Thomas Bach

109

TOMASCHOFF

Illustration:
Jan Tomaschoff

Gerhard Gamm

**Der unbestimmte Mensch.
Zur medialen Konstruktion von
Subjektivität**

Philo Verlag, Berlin 2004.
250 Seiten, € 29,00

Unbestimmtheit, so dokumentierte Gerhard Gamm in seinen Büchern *Flucht aus der Kategorie* und *Nicht nichts* eindrucksvoll, avanciert zum Schlüsselbegriff aktueller gesellschaftlicher Praxis. Unter modernen Bedingungen durchzieht Unbestimmtheit in Gestalt von Mehrdeutigkeit, Zufälligkeit, Grundlosigkeit und anderem nicht nur sämtliche Auseinandersetzungen mit den Themen Wissen und Technik, sie markiert auch das Scheitern aller Versuche, das Wesen des Menschen zu bestimmen. Heute steht der Mensch selbst zur Disposition: rechtlich, medizinisch, wissenschaftlich und technisch. Die Rede vom „Ende des Menschen" wird längst nicht nur von Philosophen geführt, sondern – weit wirkmächtiger – in den Bio- und Informationswissenschaften: Ist der Mensch mehr als ein „mit Biomolekülen gefüllter Hautsack"?

Vor diesem Hintergrund durchmustert Gamm sorgfältig die Diskurse der Leibphänomenologie, Gentechnologie, Evolutionstheorie, Neuro- und Kognitionswissenschaft. Ob diese nun von Markl, Roth, Vollmer, Apel, Böhme oder Rorty angeführt werden, gemeinsam ist ihnen die ungehemmte Besetzung der offen gelegten leeren Mitte des menschlichen Selbst. Dies überschreitend verfolgt Gamm mit *Der unbestimmte Mensch* das ungleich schwierigere Projekt, jenseits aller me-

taphysischen Rückendeckung (hier: religiösen Absicherung) und ohne Subjektivität auf reine Materialität zu reduzieren, „einen nach ... Struktur, Genese und normativen Voraussetzungen differenzierten ‚Begriff' von Subjektivität ... zu entwickeln".

Gamms Überlegungen schließen an das Denken von Autoren wie Plessner, Bourdieu, Lévinas, Latour und Derrida an. Viel deutlicher als diesen aber gelingt es ihm, die Subjekte mit dem Gesellschaftlich-Historischen so ineinander zu verflechten, dass Subjektsein keiner übergeordneten Größe, keinem Leib oder Genom noch der Evolution als – letztlich metaphysische – Begründung mehr bedarf.

Die gewiss anstrengende Lektüre fordert die Leser dazu auf, das Buch als ein mehrwöchiges Leseprojekt anzusetzen. Lohnenswert ist die Lektüre dennoch uneingeschränkt: Dem Autor gelingt es, eine tragfähige Perspektive jenseits eines „anything goes" oder neometaphysischer Moderne zu entfalten, ohne damit in Hoffnungslosigkeit zu verfallen. Gamm fasziniert mit der Positivierung (hier: Bestimmung) des Unbestimmten und befreit das „Nichtidentische" aus dem Feld rein ästhetischer Erfahrung.

Darüber hinaus profitieren die Leser – spätestens mittels der Fußnoten – von der komprimierten, verständlich formulierten und präzisen Darstellung aktueller Wissenschafts-, Technik- und Philosophiediskurse. Trotz der stimmigen Gesamtkomposition des Buchs bieten sich alle zehn Buchkapitel auch zur Einzellektüre an. „Gamm-Anfänger" sind gut beraten, zum Beispiel mit dem dritten Kapitel „Fraktale Existenz" (siehe auch: Gamm, Gerhard: Chantals Gesichter. In: *der blaue reiter* Nr. 15) zu beginnen und mit dem fünften Kapitel „Menschliche und nichtmenschliche Wesen" (eine Auseinandersetzung mit Latour) fortzufahren.

Dem Buch ist ein qualifiziertes Lesepublikum auch neben professionellen Philosophinnen und Philosophen zu wünschen, das vor schwierigen Gedanken nicht zurückschreckt, damit die Philosophie des Unbestimmten ihr konstruktives Potenzial auch jenseits geschlossener Philosophiezirkel lebenspraktisch zur Entfaltung bringen kann.

Kathrin Schulz

Klaus Herding, Bernhard Stumpfhaus
(Hrsg.)

**Pathos, Affekt, Gefühl.
Die Emotionen in den Künsten**

Verlag Walter de Gruyter,
Berlin/New York 2004.
648 Seiten, 16 Farbtafeln, € 48,95

Das Motiv, über Emotionen in den Künsten zu reden, sei deren Mangel im Alltag, so die Herausgeber. Was aber ist spannend an der Frage nach den Emotionen in den Künsten?

Der vorliegende Band umkreist diese Frage in vielfältiger, ja labyrinthisch anmutender Weise. Hervorgegangen aus einem Kongress, den die Oper Frankfurt im Jahre 2002 veranstaltet hat, bietet er in vier Sektionen 38 Beiträge von zum Teil sehr namhaften Autoren aus Philosophie, Kunstgeschichte, Architektur, Musik-, Literatur- und Filmwissenschaft sowie Psychologie. Vom unlängst viel zu früh verstorbenen Dichter Thomas Kling ist ein berührend-rätselhaftes Gedicht abgedruckt. Es gibt nüchterne philosophisch-begriffliche Analysen unter anderem von Wolfhart Henckmann und Wolfgang Lenzen, die die Voraussetzungen eines Diskurses über Gefühle klären helfen sollen, philosophiehistorische Bedeutungsanalysen von Vor- und Nachläufern des Gefühlsbegriffs, Diskussionen über das Konzept der Einfühlung und Fragen danach, ob Kunst heilsam ist für denjenigen, der sie macht. Es folgen Beiträge „Zur Genese einer Theorie der Emotionen in der Geschichte der Ästhetik", unter denen die musikwissenschaftlichen Beiträge von Slavoj Zizek und Jörg Zimmermann herausragen. Während Zimmermann Musik als Wissen durch das Gefühl an den Grenzen der Sprache thematisiert, zeigt Zizek, dass sich das stärkste Gefühl, die Liebe, in der Musik gerade als Exzess im Liebesverlangen, als Liebestod, medial eigenständig reflektiert. Beide nehmen gleichermaßen ihren Ausgang bei Richard Wagner.

Zentral für die Ausgangsfrage dürfte indes der Beitrag von Agnes Heller sein, insofern er die emotionalen Dimensionen der Kunstrezeption grundlegend aufzuklären sucht.

Im dritten Teil des Bands wird in zum Teil sehr speziellen Fallstudien das Kunstwerk als Feld des emotionalen Ausdrucks erörtert. Hier findet man vieles besprochen: Emotionskontrolle in der griechisch-römischen Kunst, französische Moralistik und deutsche Poesie, Bilder von Caravaggio, Delacroix und Seurats.

Von besonderem Interesse ist der letzte Teil des Bands, ruft er doch auf „zur Auseinandersetzung mit ästhetischen Normen in den Medien der Gegenwart". Indem Daniel Libeskind, Peter Eisenman und Lars Suybroek ihre großen Projekte vorstellen, provozieren sie in der Tat nicht nur Fragen nach dem emotionalen Potenzial der Architektur. Aufschlussreiche Studien über Video, Film und Kino schließen sich an. Dass ein Band, der sich den Emotionen in den Künsten widmet mit dem Hinweis, es ermangele ihnen im Alltag, ausgerechnet mit einer Betrachtung über Emotionen in der alltäglich penetranten Werbung endet, mag überraschen.

Spannend an der Frage nach den Emotionen in den Künsten sind freilich weniger die Gefühle der Künstler oder die jeweiligen ästhetischen Strategien der Affekterzeugung. Spannend erscheint vielmehr die Frage, ob es nachvollziehbare Anhaltspunkte dafür gibt, dass die Gefühle der eigenen Kunsterfahrung in angemessener Weise auf ein Kunstwerk reagieren. Diese Frage geht in der immensen Themenvielfalt und fachspezifischen Erörterung bisweilen leider unter. Komplexe Argumentationen und anspruchsvolle Fachsprache machen den Band überwiegend für Fachleute interessant. Wer sich bereits eingehend mit dem Thema befasst hat, wird jedoch eine Fülle von Anregungen finden.

Uwe Gaam

Benjamin Libet

Mind Time

Suhrkamp Verlag,
Frankfurt am Main 2005.
298 Seiten, € 19,80

Die Frage nach dem Zusammenhang von Bewusstsein und Gehirn, der berüchtigte „Weltknoten" (Arthur Schopenhauer) des Leib-Seele-Problems, ist in den letzten Jahren auch ins Blickfeld der Hirnforscher gerückt. Eine unumstrittene Pionierleistung waren dabei die Untersuchungen des kalifornischen Neurologen Benjamin Libet in den siebziger und achtziger Jahren. Umstritten sind jedoch deren Interpretationen. Nun hat Libet ein allgemein verständliches Buch zu seinen Erkenntnissen geschrieben und sich aufs Glatteis der philosophischen Interpretationen gewagt. Dabei ist er jedoch ausgerutscht.

Die alltägliche Erfahrung, dass die Reizung einer Hand mittels Stromstößen zu dem Zeitpunkt wahrgenommen wird, zu dem die Reizung erfolgt, wird von Libets Experimenten in Frage gestellt. Gibt man einer Versuchsperson mit einer Elektrode mindestens 0,5 Se-

Illustration:
Jan Tomaschoff

kunden lang einen Stromstoß an jenem Teil ihrer Großhirnrinde, der Empfindungen in der Hand repräsentiert, fühlt die Versuchsperson den Reiz 0,5 Sekunden nach dem Beginn der Stimulation. Reizt man die Hand 0,25 Sekunden vor der direkten Stimulation des Gehirns, wird die Stimulierung der Hand gar nicht wahrgenommen, sondern nur die der Großhirnrinde (und zwar wieder erst 0,5 Sekunden nach Beginn der Stromstöße). Daraus folgt, dass der Reiz an der Hand bis zum Zeitpunkt der direkten Reizung des Gehirns noch nicht bewusst war (gleichwohl er im Normalfall viel schneller registriert würde) beziehungsweise derart „maskiert" wird, dass er überhaupt nicht mehr wahrgenommen wird. Und der Clou: Wird die Hand 0,25 Sekunden nach Beginn einer Stimulation im Gehirn gereizt, erlebt die Versuchsperson den Reiz an der Hand etwa 0,25 Sekunden bevor sie die direkte Reizung des Gehirns wahrnimmt. Das Zeiterlebnis direkter Reizungen des Gehirns mittels Elektroden, so das Ergebnis von Libets Versuchen, unterscheidet sich wesentlich von der Stimulation der Peripherie (hier der Hand), obwohl letztlich in allen Fällen dieselbe Hirnregion aktiviert wird.

Diese Befunde werden kontrovers diskutiert. Sie legen aber nahe, dass unser Zeiterleben in doppelter Hinsicht illusionär ist: Unser Bewusstsein hinkt entgegen dem Alltagsverstand den Ereignissen gravierend hinterher, und wir bemerken das nicht einmal, weil unser Referenzrahmen ebenfalls verschoben ist. Außerdem können uns Informationen systematisch entzogen werden, wie die Experimente mit den maskierten Reizen zeigen.

Auch bei Willensakten scheinen subjektive und objektive Zeit verkehrt. Handlungen in Reaktionstests werden sogar erst bewusst, nachdem sie ausgeführt worden sind. Und Handlungen – zumindest den einfachen spontanen oder geplanten Fingerbewegungen in Libets Experimenten – geht 0,3 bis 0,8 Sekunden vor ihrem Bewusstwerden

ein so genanntes Bereitschaftspotenzial voraus. Eine Änderung der elektrischen Feldstärke über dem Bereich der Großhirnrinde bereitet die Bewegungen vor. Zwar bleibt noch eine Zeitspanne von etwa 0,1 Sekunden, in der man die Handlungsabsicht auch unterdrücken kann (von Libet als „Veto" bezeichnet), doch zeigen die Experimente, dass die neuronale Vorbereitung der Handlung, die Entstehung des unbewussten Bereitschaftspotenzials, immer *vor* dem bewussten Entschluss auftritt. Es scheint, als wäre der Wille nicht die Ursache, sondern die Folge dieser Gehirnaktivitäten, und die Willensfreiheit eine Illusion.

So werden die Experimente auch von vielen Hirnforschern und Philosophen gedeutet. Libet selbst, und das mag sogar einige Experten überraschen, interpretiert seine Ergebnisse aber gerade umgekehrt: als Indiz für eine Willensfreiheit im strengen philosophischen Sinn (er sympathisiert sogar mit René Descartes, mit dem er einen fiktiven Dialog führt). Wesentlich für Libet ist das neuronale „Veto". Warum es nicht seinerseits determiniert (vorherbestimmt) ist, kann Libet auch nicht überzeugend erklären. Vermutlich wird das „Veto" nämlich von einem weiteren Bereitschaftspotenzial bedingt.

Wahrscheinlicher als Libets Deutung ist die Annahme einer doppelten Kontrolle unseres willkürlichen Verhaltens: durch unbewusste Wünsche, Motive, Antriebe und Erfahrungen, die vom limbischen System aus wirken, sowie durch eine Art „Zensur" der in der Großhirnrinde repräsentierten Pläne durch die Basalkerne, die festlegen, ob eine Bewegung ausgeführt werden soll und ob sie der Situation angemessen ist. So drängt sich einmal mehr auf, dass die starke Form der Willensfreiheit sich hauptsächlich auf Wunschdenken gründet. Dabei kommt es doch, wie schon John Locke betont hat, weniger darauf an, dass der Wille frei ist, als darauf, dass der Mensch es ist.

Rüdiger Vaas

111

John Rawls

Geschichte der Moralphilosophie.
Hume – Leibniz – Kant – Hegel

Hrsg. von Barbara Herman.
Aus dem Englischen von
Joachim Schulte.

Suhrkamp Verlag,
Frankfurt am Main 2004.
486 Seiten, € 16,00

Das vorliegende Buch fußt auf Vorlesungsskripten aus dem Jahr 1991. John Rawls, dessen *Geschichte der Moralphilosophie* eine ganze Generation amerikanischer und kontinentaler Philosophen beeinflusste, bestand darauf, dass der Charakter einer Vorlesung erhalten bleibt, was die editorische Bearbeitung auf ein Mindestmaß reduzierte.

Der amerikanische Philosoph verbindet eine Relektüre der Klassiker der Moralphilosophie – Hume, Leibniz, Kant und Hegel – mit einer Neubestimmung der Moralphilosophie als solcher. Die Interpretationen der Texte dieser Klassiker sind subtil und geradezu aufregend. In seinen Vorlesungen eröffnet Rawls neben der historischen Ebene die Perspektive auf aktuelle philosophische Fragen und Probleme. Es ging ihm nicht um oberflächliche Kritik, sondern um einen fruchtbaren Ideentausch über die Jahrhunderte hinweg.

Seine überraschenden und präzisen Deutungen der zentralen Texte der moralphilosophischen Tradition erweisen in überzeugender Weise die Aktualität der Klassiker und sind zudem Beispiele einer heute seltenen „Tugend", um es mit einem Begriff aus der Moralphilosophie zu beschreiben, nämlich die einzelnen Texte aufeinander zu beziehen und wechselseitig zu erhellen. Mit anderen Worten: Texte verschiedener Philosophen so zu vernetzen, dass ein philosophisches System oder Gebäude entsteht, das im Stande ist, Tradition und Aktualität zu verbinden.

Rawls war der Meinung, dass sich Hume, Leibniz, Kant und Hegel, die er für die besten Köpfe in der Moralphilosophie hielt, mit den schwierigsten Fragen der gebotenen Lebensführung beschäftigt haben. Rawls wirft einen ausführlichen Blick auf Humes Moralpsychologie, wobei er besonders dessen Kritik des rationalen Intuitionismus berücksichtigt (Intuitionismus: Theorie, derzufolge die Realität mittels intuitiver, das heißt unmittelbar erfassbarer Aussagen beschreibbar ist). Im Mittelpunkt der Rawls'schen Betrachtungen Kants steht naturgemäß der kategorische Imperativ („Handle nur nach derjenigen Maxime, durch die du zugleich wollen kannst, daß sie ein allgemeines Gesetz werde."). Hegel wiederum wird von Rawls wegen seiner Kritik

an Kant in das Buch einbezogen. Rawls' Hauptinteresse ist es aber nicht, Hegels Kritik an Kant zurückzuweisen; vielmehr ist ihm daran gelegen, Hegels Begriff der Sittlichkeit zu erfassen. Bei Leibniz interessiert ihn auf der Basis der Vernunft, des Urteils und Willens vor allem der Begriff der Freiheit. Schließlich vergleicht er die großen Denker mit den großen Komponisten und Malern, zum Beispiel Kant mit Mozart und Beethoven.

Im Jahr 1997 hat Rawls in einem Aufsatz eine beredte Schilderung seiner Lehrmethode festgehalten: „Ich bin stets davon ausgegangen, daß die Autoren, die wir studierten, viel gescheiter gewesen waren als ich selbst. Wären sie es nicht gewesen, warum hätte ich dann meine eigene Zeit und die der Studenten mit ihrer Lektüre vergeuden sollen?" Deshalb sei Rawls *Geschichte der Moralphilosophie* jenen empfohlen, die keine Zeit vergeuden und gescheiter werden wollen.

Janko Ferk

Martin Cohen

99 moralische Zwickmühlen

Campus Verlag, Frankfurt am
Main/New York 2004.
344 Seiten, € 19,90

Ein Schiff sinkt, aber es stehen zu wenige Rettungsboote zur Verfügung, um alle Schiffbrüchigen zu retten. Ein Rettungsboot ist hoffnungslos überladen und droht selbst zu sinken. Da klammert sich einer der Ertrinkenden an dem Boot fest und bringt es dadurch in eine gefährliche Schieflage. Soll der Ertrinkende zurückgestoßen werden? Dies ist nur eines von 99 Beispielen moralischer Zwickmühlen, die Martin Cohen in seinem Buch beschreibt und zur Diskussion stellt.

Ist es moralisch, mit gentechnischen Methoden Designerbabies, das heißt Babies mit gewünschten Eigenschaften, zu erschaffen? War die Bombardierung Dresdens 1945 legitim? Oder ist die Vernichtung von Saaten gentechnisch manipulierter Pflanzen durch Ökoaktivisten moralisch zu rechtfertigen? Diese und ähnliche Beispiele regen zum Nachdenken an. Und auch in den Märchen der Gebrüder Grimm kann man moralische Dilemmas entdecken.

Das angenehm zu lesende Buch von Cohen ist in zwei Teile gegliedert. Im ersten Teil werden die Probleme, oftmals in unterhaltsame Geschichten verpackt, dargestellt. Daran knüpft eine Frage an, die den Leser ermuntert, sich selbst Gedanken zu machen und Stellung zu beziehen. Im zweiten Teil werden weitere Erläuterungen und Hintergrundinformationen geliefert, der philosophische Gehalt der Geschichte wird herausgearbeitet und es werden Anregungen zum weiteren Nachdenken geliefert. Nebenbei lernt man die Lehren wichtiger Philosophen kennen. Wer aber erwartet, dass das Buch auf alle Fragen eindeutige Antworten liefert, wird enttäuscht. Der Autor macht seinen Lesern von Anfang an klar, dass er keine Verhaltensregeln bieten kann und jeder seine eigene Lösung finden muss. Das Buch bietet nützliche Hilfestellungen für die persönliche Urteilsbildung, aber keine definitiven Antworten. Das ist wohl das Charakteristikum aller moralischen Dilemmas: Sie operieren in einer moralischen Grauzone und zeigen die Grenzen ethischer Rationalität auf.

Cohens Beispiele decken die ganze Bandbreite der angewandten Ethik ab: Es geht um Umweltethik, medizinische Ethik, Tierschutz, Wirtschafts- und Unternehmensethik und die Ethik von Krieg und Frieden. Dabei werden die Relativität moralischer Standpunkte, die Verteilungsgerechtigkeit sowie juristische Dilemmas zwischen Recht und Moral behandelt; thematisiert wird auch die immer wiederkehrende Frage nach dem guten Leben. Es verwundert allerdings, weshalb viele der in der Fachliteratur ausführlich diskutierten klassischen Beispiele moralischer Dilemmas in dem Buch nicht zu finden sind: so zum Beispiel das Heinz-Dilemma von Kohlberg, das Résistance-Dilemma von Sartre oder die berühmte von Benjamin Constant an Kant gerichtete Frage, ob man selbst dann die Wahrheit sagen muss, wenn man dadurch Menschenleben gefährdet. Diese Beispiele böten noch genügend Material für ein weiteres Buch mit moralischen Zwickmühlen.

Cohens Buch ist höchst unterhaltsam geschrieben und frei von jeglichem akademischen Jargon. Es richtet sich an den philosophisch interessierten Laien und ist auf Grund seiner didaktischen Konzeption hervorragend für den Ethikunterricht an Schulen geeignet. Ein Glossar mit Erklärungen zu den wichtigsten im Buch erwähnten Begriffen und Philosophen sowie weiterführende Literaturhinweise runden das Buch ab und laden zu weiterer Lektüre ein.

Thomas Zoglauer